Rainer Zitelmann

DER AUFSTIEG DES DRACHEN UND DES WEISSEN ADLERS

Wie Nationen der Armut entkommen

FBV

Bibliografische Information der Deutschen Nationalbibliothek
Die Deutsche Nationalbibliothek verzeichnet diese Publikation in der Deutschen Nationalbibliografie. Detaillierte bibliografische Daten sind im Internet über http://dnb.d-nb.de abrufbar.

Für Fragen und Anregungen
info@finanzbuchverlag.de

Originalausgabe, 1. Auflage 2023

Türkenstraße 89
80799 München
Tel.: 089 651285-0
Fax: 089 652096

Redaktion: Ansgar Graw
Korrektorat: Anja Hilgarth
Umschlaggestaltung: Monika Tomaszewska
Umschlagabbildung: Shutterstock / iLoveCoffeeDesign, noct work
Satz: Zerosoft
Druck: GGP Media GmbH, Pößneck
Printed in Germany

ISBN Print 978-3-95972-710-5
ISBN E-Book (PDF) 978-3-98609-367-9
ISBN E-Book (EPUB, Mobi) 978-3-98609-368-6

Wir produzieren nachhaltig
www.m-vg.de

Weitere Informationen zum Verlag finden Sie unter

www.finanzbuchverlag.de

Beachten Sie auch unsere weiteren Verlage unter www.m-vg.de

Inhalt

Vorwort

Ich habe mehrere Bücher über Reichtum geschrieben – warum schreibe ich jetzt ein Buch über Armut? Weil ich in meinen Forschungen zu dem vermeintlich paradoxen Ergebnis gekommen bin, dass nur eine Gesellschaft, die Reichtum zulässt und Reichtum positiv sieht, Armut überwinden kann.

Repräsentative Meinungsumfragen, die ich in zahlreichen Ländern habe durchführen lassen, zeigen, dass die Menschen besonders in zwei Ländern Reichtum und Reiche im Vergleich positiver sehen: in Polen und in Vietnam. Zugleich sind dies auch Länder, in denen die Menschen – trotz der unterschiedlichen politischen Systeme – den Begriff »Kapitalismus« sehr viel positiver beurteilen als ihre Zeitgenossen in den meisten anderen Ländern.

Und es sind zwei Länder, die in den vergangenen Jahrzehnten außerordentlich stark an wirtschaftlicher Freiheit gewonnen haben. Die amerikanische Heritage Foundation erstellt seit 1995 ein Ranking der wirtschaftlichen Freiheit – man kann es auch Kapitalismus-Skala nennen –, und in keinem Land vergleichbarer Größe nahm die wirtschaftliche Freiheit in diesem Zeitraum so sehr zu wie in Polen und Vietnam.

Beide Länder verbindet jedoch noch mehr: Sie waren der Schauplatz schrecklicher Kriege, in denen Abermillionen Menschen ihr Leben ließen – der Zweite Weltkrieg in Polen und der Indochinakrieg in Vietnam. Nach den Kriegen wurden in beiden Ländern sozialistische Planwirtschaften errichtet, die das zerstörten, was der Krieg noch nicht zerstört hatte. Vietnam war eines der ärmsten Länder der Welt und Polen eines der ärmsten Länder Europas. Ich schildere in diesem Buch das Leben in diesen Ländern in den Zeiten der Planwirtschaft, und Sie werden sehen, wie bitterarm die Mehrheit der Menschen dort war.

Die Vietnamesen begannen 1986 mit marktwirtschaftlichen Reformen, die man Doi-Moi-Reformen nennt. Wenige Jahre später entschloss sich auch Polen zu marktwirtschaftlichen Reformen. In beiden Ländern führten diese Reformen zu einem bemerkenswerten Wirtschaftswachstum und einer dramatischen Verbesserung des Lebensstandards. Ich werde dies mit Zahlen und Statistiken zeigen sowie anhand von Lebensberichten der Menschen in diesen Ländern.

Das Buch beginnt mit einem Kapitel, in dem ich zeige, was nicht gegen Armut hilft, nämlich Entwicklungshilfe. In den beiden folgenden Kapiteln analysiere ich, wie Kapitalismus den Polen und den Vietnamesen geholfen hat, ihren Lebensstandard zu verbessern und der Armut zu entkommen. Ich denke, viele andere Länder könnten davon eine Menge lernen.

Ich danke meinen Freunden in Polen und Vietnam, die mir bei diesem Buch geholfen haben. Le Chi Mai aus Hanoi hat für mich Übersetzungen und Interviews gemacht, und ich danke Nguyen Quoc Minh-Quang, Vu Dinh Loc, Nguyen Trong Hoa, Lam Duc Hung und Nguyen Thi Quat für diese Interviews. Dem Rechtsanwalt Dr. Oliver Massmann, der seit 25 Jahren in Hanoi tätig ist und maßgeblich an der Formulierung des Freihandelsabkommens zwischen den USA und Vietnam beteiligt war, danke ich für seine Informationen. Dinh Tuan Minh, Vertreter eines liberalen Thinktanks, hat mir bei einem Gespräch in Hanoi manche wichtigen Zusammenhänge erklärt. Besonders danke ich Professor Andreas Stoffers, dem Leiter der Friedrich-Naumann-Stiftung in Vietnam, der für mich zahlreiche Kontakte hergestellt hat.

In Polen haben mir mein Verleger Krzysztof Zuber (Wydawnictwo Freedom Publishing) und mein Berater Marcin Chmielowski geholfen – Danke dafür! Zu danken habe ich auch dem ehemaligen Finanzminister von Polen, Professor Leszek Balcerowicz, dessen Reformen ein wesentlicher Grund für Polens wirtschaftliche Gesundung und Aufstieg waren. Danken möchte ich zudem Marcin Zieliński (Forum Obywatelskiego Rozwoju) und Marek Tatała (Fundacja Wolności Gospodarczej), Mateusz Machaj (Instytut Edukacji Ekonomicznej im.

Ludwiga von Misesa) sowie Alicja Wancerz-Gluza (Mitbegründerin des Karta-Zentrums) und Tomasz Borkowski.

Mein Dank gilt auch meinen Freunden Dr. Christian Hiller von Gaertringen und Dr. Gerd Kommer, die das Buch kritisch gelesen haben, Ansgar Graw, der es hervorragend lektoriert hat, und Sebastian Taylor, der es ins Englische übersetzt hat.

Ich bewundere die Menschen in Polen und Vietnam, und mich verbindet mit ihnen auch etwas sehr Persönliches: Denn die beiden längsten und wichtigsten Beziehungen in meinem Leben hatte ich mit Monika, deren Eltern aus Polen kamen, und Trang, deren Eltern aus Vietnam stammen.

Rainer Zitelmann, März 2023

1. Was gegen Armut hilft – und was nicht

Frank Bremer hat sein Leben dem Kampf gegen die Armut verschrieben, sich in 30 Ländern in Afrika, Zentralasien, der Karibik und dem Indischen Ozean mit Entwicklungshilfe befasst und war an Projekten in den Bereichen ländliche Entwicklung und Umwelt beteiligt. Nach mehr als 50 Jahren Engagement in der Entwicklungshilfe zieht Bremer eine bittere Bilanz: »Entwicklungshilfe ist ein Vorhaben, das für ein nicht erreichbares Ziel – die Armutsminderung – für eine falsch ausgewählte Zielgruppe – die afrikanischen Kleinbauern – mit einer nicht funktionierenden Methode – der Hilfe zur Selbsthilfe – in einem untauglichen Format – dem Projekt – wirkungslose Aktivitäten durchführt, das wie Strohfeuer außer schönen Erinnerungen bei allen Beteiligten keine nachhaltigen Spuren hinterlässt, den größten Teil der Mittel für die Projektdurchführung verwendet und damit viel Geld für eine ursprünglich gute Idee verschwendet.«[1]

Das klingt sehr hart – und ich werde später anhand von Forschungen zeigen, was an diesem Urteil überspitzt ist und was zutrifft. Um es vorweg zu sagen: Der Kampf gegen die Armut bleibt eine der wichtigsten Aufgaben für die Menschheit – aber Entwicklungshilfe (das politisch korrekte Wort dafür lautet inzwischen »Entwicklungszusammenarbeit«) ist dafür das falsche Mittel. Oft hat sie nichts bewirkt und manchmal sogar das Gegenteil dessen, was beabsichtigt war.

Bremer gibt in seinem Buch »50 Jahre Entwicklungshilfe – 50 Jahre Strohfeuer« einen Dialog zwischen dem Chef einer Dorfgemeinschaft und einem deutschen Entwicklungshelfer (»Selbsthilfeexperten«) wieder, das zwar fiktiv ist, aber Originalformulierungen aus den tatsächlich stattgefundenen Gesprächen verwendet und auf Jahrzehnten von praktischen Erfahrungen in diesem Bereich basiert. Die Fortschrittskontrolle für dieses Projekt hatte Bremer durchgeführt. Ich zitiere den Dialog in voller Länge – C ist der Chef der Dorfgemeinschaft und S der Selbsthilfeexperte:

»C: Sir, wir benötigen einen kleinen Damm für unsere Viehtränke und unsere Landwirtschaft in der Trockenzeit.

S: Das ist ein sehr sinnvolles Ziel, aber lassen Sie mich erklären, was Sie zuerst brauchen. Sie müssen Ihre Managementkapazitäten verbessern, um ein Problem wie den Damm anzugehen; deswegen benötigen Sie Analyseinstrumente, Meetings und Training, wie man Meetings abhält und mit Gruppendynamik umgeht, sowie Überlegungen, wie Frauen beteiligt werden können; Sie brauchen Techniken für Verhandlungen und Entscheidungsfindungen, die Sie durch die Beratung unserer Experten lernen können, Sie brauchen …

C: Oh Sir, das scheint viel Zeit zu kosten. Wenn frisches Wasser zu lange im Mund bleibt, wird es zu Speichel. Und unser Damm?

S: Einen Schritt nach dem anderen, Sie müssen prozessorientiert denken. Glauben Sie mir, unsere Selbsthilfespezialisten wissen, was Sie benötigen, um Ihren Damm zu bekommen.

C: Okay, wenn wir das alles gemacht haben: Bekommen wir dann unseren Damm?

S: Das ist möglich. Aber bevor Sie ein Großprojekt wie den Damm angehen, sollten Sie klein anfangen, z.B. einen von Hand gegrabenen Brunnen, ohne Pumpe und Seilwinde oder so.

C: Sir, wir haben genug Brunnen und Bohrlöcher, sogar mit Handpumpen. Wir brauchen einen Damm.

S: Fragen Sie mal die Frauen im Dorf. Bestimmt gibt es welche, die noch keinen Brunnen haben.

C: Okay, der Bettler hat keine Wahl. Wir graben den Brunnen. Bekommen wir dann den Damm?

S: Das hängt von Ihnen ab. Fifty-fifty-Beteiligung in cash, zudem Bereitstellung von Arbeit und Baumaterial; cash im Voraus zu bezahlen.

C: 50 Prozent, Sir? Das ist zu viel für die meisten Familien.

S: Möglich, aber wenn Sie nicht 50 Prozent beitragen, wird Ihr ownership feeling nicht stark genug sein für die Nachhaltigkeit. 49 Prozent sind nicht genug.

C: Okay, Sie kriegen die 50 Prozent. Bekommen wir dann unseren Damm?

S: Das hängt von vielen Faktoren ab: Können wir die anderen 50 Prozent finanzieren? Ist es technisch machbar? Haben wir genug Zeit? Anyway, denkt immer daran, dass für euch der Lernprozess wichtiger ist als das Ergebnis. Wir sehen uns im nächsten Meeting.«[2]

Bremer versichert: Was wie eine Karikatur klinge, habe sich so abgespielt. Im Ergebnis sei kein einziges Rückhaltebecken realisiert worden, dafür sei aber die Zielgruppe theoretisch belehrt worden, wie man sich selbst helfen könne. Das Konzept »Hilfe zur Selbsthilfe« wird oft mit dem Spruch erklärt: »Anstatt den Armen Fische zu schenken, zeigen wir ihnen, wie man angelt.« Bremer hält nichts von solchen Weisheiten, auch wenn sie auf den ersten Blick plausibel klingen: »Überall auf der Welt wissen die Menschen, die am Wasser leben, wie man fischt, ob mit Angeln, Netzen, Reusen oder Speeren, und wie man Fisch durch Räuchern, Trocknung oder in Salzlake haltbar macht.«[3] Dafür brauchen sie keine Entwicklungshelfer.

Natürlich, der Spruch ist nicht wörtlich zu nehmen, sondern als Beispiel gedacht, aber Bremer kritisiert das Prinzip der Entwicklungshilfe, das auf sogenannten »Projekten« beruht. Obwohl heute so viel von Nachhaltigkeit geredet werde, seien diese Projekte in den seltensten Fällen nachhaltig. Kaum jemand beschäftige sich damit, was beispielsweise zehn Jahre nach dem Auslaufen eines solchen Projektes daraus geworden sei. Wer durch die afrikanischen Landschaften fahre, sehe immer wieder vor sich hin rostende und wie Grabkreuze wirkende Schilder von Projekten als letzte Zeichen, dass da mal was war, manchmal sogar von mehreren Gebern am selben Ort. Selbst für die Demontage der Schilder sei nach Projektende kein Geld vorhanden – bestenfalls würden Dorfschmiede sie für die Herstellung von Kochtöpfen verwenden.

Während der Laufzeit waren viele Projekte in gewisser Weise erfolgreich, da genug Geld für Material, Betriebsmittel, Fahrzeuge und hohe Gehälter vorhanden war. Doch wenn diese Bezuschussung auslief, zeigte sich, dass diese hoch subventionierten Projekte durchweg unwirtschaftliche Strohfeuer waren, von denen schon kurz nach ihrem Ende nichts übriggeblieben sei.[4]

Bremer kennt sich besonders gut im westafrikanischen Côte d'Ivoire (Elfenbeinküste) aus, dem weltweit größten Exporteur von Kakao. 1977 schrieb der studierte Ethnologe, Soziologe und Entwicklungsökonom seine Doktorarbeit über die Geschichte der Kakaoproduktion in der Elfenbeinküste, wo er heute lebt. Seine bittere Bilanz der Entwicklungshilfeprojekte für dieses Land: Mit Ausnahme eines Forstprojektes habe keine der 24 abgeschlossenen Maßnahmen eine nachhaltige Wirkung gehabt. »Sie waren hinsichtlich dieses Kriteriums somit Fehlschläge oder eben Strohfeuer, die insgesamt 125 Millionen Euro gekostet haben.«[5]

Ein anderes Beispiel ist der Aufbau und Unterhalt einer Veterinärapotheke in Burundis früherer Hauptstadt Bujumbura. Das Projekt dauerte mit ein und derselben entsandten Fachkraft 22 Jahre an. Aber die Apotheke war kurz nach dem Auslaufen der Förderung schon nicht mehr funktionsfähig und wurde geschlossen. »Das passiert«, so Bremer, »wenn sich die Entwicklungshilfe auf privatwirtschaftliches Terrain begibt, aber auf Bedarfsanalysen, Geschäftspläne und Rentabilitätsrechnungen verzichtet und so mit Steuergeldern eine subventionierte Spielwiese für entsandte Fachkräfte einrichtet.«[6]

Wenn die Finanzierung auslaufe, werde das Projekt abgeschlossen, was aber die Entwicklungshelfer keineswegs daran hindere, ein paar Jahre später im selben oder einem anderen Land ein ähnliches Projekt aufzulegen, dessen Scheitern man von Anfang an vorhersagen könne.

Bremers Fazit fällt daher niederschmetternd aus: »So geht das seit 50 Jahren, und von dieser Art Projekt lebt die ganze internationale Entwicklungshilfeindustrie, die mit öffentlichen Mitteln finanziert wird. Die vermeintlich begünstigten armen Bauern, die von den Projekten erreicht werden sollten, sind an dessen Ende nicht weniger arm und wieder sich selbst überlassen. Dafür wurden aber viele Arbeitsplätze für entsandte Fachkräfte und ihre Betreuer in den Zentralen geschaffen.«[7]

William Easterly, Professor für Ökonomie und Afrikastudien an der New York University, hält Entwicklungshilfe ebenfalls für weitgehend nutzlos, oft sogar für kontraproduktiv. Eines der Beispiele aus seinem Buch »Wir retten die Welt zu Tode«: In zwei Jahrzehnten wurden in Tansania zwei Milliarden USD an Entwicklungshilfemitteln für den Straßenbau ausgegeben. Aber das Straßennetz ist nicht besser geworden. Weil die Straßen nicht instandgehalten wurden, verfielen sie schneller, als die Geldgeber neue bauen konnten, berichtet Easterly. Was sich hingegen wirkungsvoll in Tansania entwickelte, war eine gigantische Bürokratie. »Für seine Geldgeber, die das Empfängerland mit tausend Missionen von Entwicklungshilfevertretern im Jahr überfluten, produzierte Tansania jedes Jahr 2.400 Berichte.« Die Entwicklungshilfe habe also nicht geliefert, was die Armen benötigten (Straßen), sondern stattdessen vieles, was den Armen wenig nützt.[8]

Dambisa Moyo stammt aus Sambia und lebt seit Anfang der 1990er-Jahre in den USA, wo sie zunächst mit einem Stipendium ihr Studium fortsetzte. An der American University in Washington, D.C. studierte sie Chemie und absolvierte nach ihrem Bachelor dort ein MBA-Programm in Finanzwirtschaft. Sie machte außerdem an der Kennedy School of Government der Universität Harvard einen Master-Abschluss und erwarb von der Universität Oxford einen Ph.D. in Volkswirtschaftslehre. In ihrem Buch »Dead Aid« rechnet Moyo mit der Entwicklungshilfe ab: Eine Studie der Weltbank belege, dass mehr als 85 Prozent der Fördergelder für andere Zwecke verwendet wurden als ursprünglich vorgesehen, oft umgeleitet in unproduktive Projekte.[9] Selbst da, wo die Mittel in an sich sinnvolle Projekte fließen, werden die kurzfristig positiven Folgen von negativen Langzeitfolgen konterkariert, zum Beispiel weil durch Hilfsprojekte lokale Firmen in den Ländern zerstört werden.

Oft sind es modische Themen, die gefördert werden, so etwa Ökofarmen: Sie blieben, so Bremer, »zwölf Jahre lang eine folgenlose Spielwiese für entsandte Experten und ihre Fachgutachter für die in diesen Jahren in Mode gekommene ökologische bzw. standortgerechte Landwirtschaft. Insgesamt sind mit diesen Projekten ca. 20 Millionen Euro in den Savannensand gesetzt worden.«[10]

Die Öffentlichkeit in den Geberländern interessiert das nicht. Die Projekte sind weit weg – und ob sie etwas bewirken, wird höchstens in der Wissenschaft hinterfragt. Die Politiker und die Medien befassen sich verständlicherweise eher mit den Themen, die die Wähler und Leser in den Geberländern beschäftigten und interessieren – und nicht mit der Frage, ob die Milliardensummen für die Entwicklungshilfe sinnvoll verwendet werden. Allenfalls fragen manchmal Politiker oder Medien kritisch nach, ob es zum Beispiel sinnvoll ist, dass Deutschland an China hohe Zahlungen an Entwicklungshilfe gibt – allein im Jahre 2017 waren es 630 Millionen Euro.[11]

Befürworter der Entwicklungshilfe verweisen gerne darauf, dass die Armut in den vergangenen Jahrzehnten massiv zurückgegangen ist: 1981 lag die Quote der Menschen, die in extremer Armut lebten, noch bei 42,7 Prozent, im Jahr 2000 war sie bereits auf 27,8 Prozent gesunken und 2021 lag sie unter 10 Prozent.[12] Das ist ein toller Erfolg – doch der kam nicht wegen, sondern trotz der Entwicklungshilfe zustande.

Vor allem ist der Rückgang der Zahl der Armen weltweit auf die Entwicklung in zwei bevölkerungsreichen Staaten in Asien – China und in geringerem Ausmaß Indien – zurückzuführen. Über China habe ich in meinen Büchern »Kapitalismus ist nicht das Problem, sondern die Lösung« und »Die 10 Irrtümer der Antikapitalisten« ausführlich geschrieben. Ich möchte an dieser Stelle deshalb nur so viel wiederholen: Noch Ende der 1950er-Jahre starben beim größten sozialistischen Experiment der Menschheitsgeschichte – Maos »Großem Sprung nach vorne« – etwa 45 Millionen Chinesen, die meisten an Hunger. Und auch 1981, nach dem Ende von Maos sozialistischer Planwirtschaft, lebten 88 Prozent der Chinesen in extremer Armut. Erst durch die Einführung des Privateigentums und kapitalistische Reformen ist die Zahl der Chinesen, die in extremer Armut leben, auf heute etwa 0,5 Prozent gesunken.

Auch Vietnam, noch Anfang der 90er-Jahre das ärmste Land der Welt, hat durch die seit 1986 einsetzenden marktwirtschaftlichen Doi-Moi-Reformen die Zahl der armen Menschen von 80 Prozent auf unter 5 Prozent gesenkt – dazu schreibe ich mehr in Kapitel 3.

Doch kommen wir zurück zur Entwicklungshilfe. Ist das von Autoren wie Frank Bremer, William Easterly und Dambisa Moyo gezeichnete Bild zu einseitig? Im Jahr 2000 fand eine Studie der amerikanischen Ökonomen Craig Burnside und David Dollar[13] über »Aid, Policies, and Growth« viel Beachtung. Sie versuchten den Nachweis zu erbringen, dass unter bestimmten Voraussetzungen – insbesondere wenn die Nehmerländer gut regiert würden – Entwicklungshilfe zum Wachstum beitrage.

Der Ökonom Tomi Ovaska überprüfte die Ergebnisse in einem 2003 veröffentlichten Aufsatz (»The Failure of Development Aid«) und stellte Berechnungen für 86 Entwicklungsländer in den Jahren 1975 bis 1998 an. Er kam zum Ergebnis, dass sich Entwicklungshilfe sogar negativ auf das Wachstum auswirke. »Insbesondere stellte sich heraus, dass sich bei einem Anstieg der Entwicklungshilfe um 1 Prozent des BIP das jährliche reale Pro-Kopf-BIP-Wachstum um 3,65 Prozent verringert.«

Auch konnte er in den Daten keine Bestätigung für die These von Burnside und Dollar finden, wonach eine bessere Qualität der Regierung zu einer größeren Effektivität der Entwicklungshilfe führe.[14] Er gelangte daher zu einer anderen Empfehlung: »Entwicklungsländer bei der Schaffung von einem mit freien Märkten kompatiblen wirtschaftlichen Umfeld zu unterstützen, ist ein viel versprechender und potenziell kosteneffizienter Weg, die individuellen Anstrengungen und die Kreativität in diesen Ländern freizusetzen.«[15]

Der bereits zitierte William Easterly verwendete in einem ebenfalls 2003 veröffentlichten Beitrag (»Can Foreign Aid Buy Growth?«) die gleichen Daten wie Burnside und Dollar, fügte weitere hinzu und kam zu dem Ergebnis, dass auch der Befund, Entwicklungshilfe habe bei guten politischen Rahmenbedingungen einen positiven Effekt, einer näheren Überprüfung nicht standhält.[16] Eine ausführliche statistische Untersuchung, die über einen Zeitraum von 24 Jahren reichte – von 1970 bis 1993 – kam zu dem Ergebnis, dass Entwicklungshilfe für das wirtschaftliche Wachstum der Länder nichts gebracht hat.[17]

Auch Easterly weist auf das Problem hin, dass die Ergebnisse von Projekten nur selten mit einem Abstand von drei oder zehn Jahren nach ihrer Beendigung geprüft würden. »Die Weltbank überprüft nur fünf Prozent ihrer Darlehen drei bis zehn Jahre nach der letzten Auszahlung darauf, ob sie Auswirkungen auf die Entwicklung hatten.«[18] Letztlich bedeutet dies, dass man sich für die Auswirkungen der Entwicklungshilfe nicht interessiert oder dass man in Anbetracht der Ergebnisse bewusst nicht näher hinschaut.

Vier Jahre später veröffentlichte Easterly einen weiteren Beitrag zum Thema: »Was Development Assistance a Mistake?« In den vergangenen 42 Jahren seien 568 Milliarden USD (in Dollarwert des Jahres 2007) nach Afrika geflossen, aber das Wachstum des realen Bruttoinlandsproduktes pro Einwohner sei nicht messbar gewesen. Das oberste Viertel aller Empfängerländer von Entwicklungshilfe habe in diesen 42 Jahren 17 Prozent des Bruttoinlandsproduktes als Hilfe empfangen, doch das Wachstum des Bruttoinlandsproduktes pro Kopf habe nahe null gelegen.[19] Die Länder dagegen, die hohes Wachstum verzeichneten, vor allem Indien, China und Vietnam, hätten vergleichsweise wenig Entwicklungshilfe erhalten.[20] Seine Gesamtbilanz der Entwicklungshilfe fällt vernichtend aus: »eine Fokussierung auf die Kreditvergabe und nicht auf die Ergebnisse dieser Kredite; eine Überfülle an Berichten, die niemand liest; ein Hang zu großtuerischen Rahmenplänen und Weltgipfeln; moralische Ermahnungen an alle, anstatt dass eine Agentur die Verantwortung für irgendetwas übernimmt; ausländische technische Experten, denen niemand zuhört; Krankenhäuser ohne Medikamente und Schulen ohne Schulbücher; Straßen und Wassersysteme, die gebaut, aber nicht instand gehalten werden; durch Entwicklungshilfe finanzierte Regierungen, die trotz Korruption und Misswirtschaft an der Macht bleiben, und so weiter.«[21]

Was wirklich helfe, seien nicht Experten mit der Anmaßung von Wissen, sondern spontane Entwicklungen des Marktes, Entwicklungen, die von unten kommen müssten.[22] Die freie Marktwirtschaft, so erklärt Easterly in seinem Buch »Wir retten die Welt zu Tode«, funktioniere, aber sie könne nicht von oben verordnet werden.[23]

Kapitalismus entsteht – anders als Sozialismus – eben nicht durch staatliche Verordnungen und zentrale Planung, sondern als spontaner, dezentraler Prozess. Die Konsequenz aus dieser Erkenntnis ist für Easterly eine größere Bescheidenheit: »Der Westen kann folglich für arme Länder keine umfassenden Reformen zuwege bringen, die durch geeignete Gesetze und Institutionen für funktionierende Märkte sorgen. Wie wir gesehen haben, beruhen die Regeln, nach denen die Märkte arbeiten, auf einer komplexen Bottom-up-Suche nach den sozialen Normen, Beziehungsnetzwerken und formellen Gesetzen und Institutionen, die den größten Nutzen bringen. Doch damit nicht genug. Diese Normen, Netzwerke und Institutionen reagieren auf veränderte Umstände und wandeln sich.«[24]

Um das zu demonstrieren, bringt Easterly ein Beispiel aus China: In dem kleinen Dorf Xiaogang in der Provinz Anhui – dem Herzen der chinesischen Reisanbauregion – hielten 1978 etwa 20 Familien ein Geheimtreffen ab. Die Menschen waren verzweifelt, denn die Kollektivierung der Landwirtschaft und die Abschaffung des Privateigentums hatten – wie schon zuvor in der Sowjetunion – zu Hunger und extremer Armut geführt. In vielen Dörfern Chinas gingen die Menschen deshalb dazu über, das Privateigentum de facto wieder einzuführen, obwohl das eigentlich verboten war. Sie teilten das Land auf, und jeder durfte das behalten, was er auf seinem Stück Land erwirtschaftete.

Zwar hielten die Dorfbewohner ihre Absprache geheim, aber die Reisproduktion nahm so stark zu und das Ergebnis war so spektakulär, dass sie es nicht dauerhaft verbergen konnten. Als die Bewohner anderer Dörfer davon erfuhren, machten sie es den Bewohnern von Xiaogang nach.[25] Zu dieser Zeit hatte Deng Xiaoping seine marktwirtschaftlichen Reformen in China begonnen, und der Staat hielt die Menschen nicht mehr davon ab, nach besseren, marktwirtschaftlichen Lösungen zu suchen.

Doch schon lange bevor das offizielle Verbot von privater Landwirtschaft 1982 aufgehoben wurde, gab es überall in China spontane Initiativen von Bauern, die das private Eigentum entgegen dem sozialistischen Glaubensbekenntnis faktisch wieder einführten.[26] Das Ergebnis war sehr positiv: Die landwirtschaftliche Produktion stieg rapide an, die Menschen mussten nicht mehr hungern. Und 1983 war fast die gesamte Landwirtschaft in China entkollektiviert. Das große sozialistische Experiment Maos, dem so viele Millionen Menschen zum Opfer gefallen waren, war beendet. In diesem Buch werde ich am Beispiel von Vietnam und Polen zeigen, dass Regierungen eine wichtige Rolle spielen, die von ihnen »verordneten« Reformen aber manchmal nur das sanktionierten, was sich schon »von unten« entwickelt hatte.

In dem renommierten »Journal of Economic Surveys« veröffentlichte 2009 der dänische Ökonom Martin Paldam von der University of Aarhus einen Aufsatz mit dem Titel: »The Aid Effectiveness Literature: The Sad Results of 40 Years of Research«. Der Ökonom hatte 97 wissenschaftliche Studien zur Wirksamkeit von Entwicklungshilfe unter die Lupe genommen. Er führte mehrere Metaanalysen durch, das sind statistische Verfahren, die Ergebnisse mehrerer Studien zur selben Fragestellung zusammenfassen und auswerten. Sein Befund: »Unsere drei Metaanalysen der Literatur über die Wirksamkeit von Entwicklungshilfe haben keinen Nachweis für einen signifikant positiven Effekt von Entwicklungshilfe ergeben. Wenn es also eine Wirkung gibt, so muss diese lediglich gering sein. Entwicklungshilfe richtig zu leisten hat sich als ein schwieriges Unterfangen erwiesen.«[27]

Die deutschen Ökonomen Axel Dreher und Sarah Langlotz von der Universität Heidelberg sind im Juni 2017 noch einmal der gleichen Fragen nachgegangen und haben die Auswirkungen von Entwicklungshilfe auf 96 Empfängerländer in dem Zeitraum von 1974 bis 2009 untersucht. Ihr Ergebnis war, dass die bilaterale Hilfe das Wirtschaftswachstum nicht steigern kann. In den Jahren des Kalten Krieges, so ein weiteres Ergebnis, hatte Entwicklungshilfe sogar einen negativen Effekt auf das Wirtschaftswachstum. »Wir untersuchten auch die Auswirkungen der Entwicklungshilfe auf Ersparnisse, Konsum und Investitionen und können weder in der Gesamtstichprobe noch in unseren Unterstichproben eine Auswirkung der Entwicklungshilfe feststellen.«[28]

Die Autoren entschuldigen sich fast dafür, dass sie diese deprimierenden Ergebnisse überhaupt veröffentlichen, sehen sich jedoch dazu verpflichtet, da viele Veröffentlichungen von einer gutmeinenden Einäugigkeit der Autoren gegenüber dem Thema geprägt sind: »Dennoch halten wir es für wichtig, diese Ergebnisse aufzuzeigen und zu veröffentlichen. Denn die über die Wirksamkeit der Entwicklungszusammenarbeit veröffentlichte Literatur ist tendenziell überoptimistisch, was an der institutionellen Voreingenommenheit der Autoren dieser Literatur und der bekannten Voreingenommenheit von Fachzeitschriften liegt, die (nur) signifikante Ergebnisse veröffentlichen.«[29]

Entwicklungshilfe hilft offenbar nicht dauerhaft bei der Bekämpfung der Armut. Damit ist nicht humanitäre Unterstützung gemeint, etwa bei Naturkatastrophen oder Hungersnöten. Solche Hilfen sind richtig und wichtig. Aber das ist nicht das, was mit Entwicklungshilfe oder Entwicklungszusammenarbeit gemeint ist.

Wenn Entwicklungshilfe schon nicht beim wirtschaftlichen Wachstum hilft, dann vielleicht aber bei der Entwicklung demokratischer Strukturen in einer Gesellschaft? Auch dies ist nicht der Fall, wie eine im April 2005 veröffentlichte Studie belegt. Die Autoren Simeon Djankov und Jose G. Montalvo untersuchten Daten von

108 Empfängerländern über einen Zeitraum von fast 40 Jahren, und das Ergebnis war, dass »Entwicklungshilfe eine negative Wirkung auf die Demokratie hat«.[30] Wenn die Ergebnisse von zahlreichen wissenschaftlichen Studien so eindeutig sind, warum hält sich dann dennoch so zäh die Überzeugung, Entwicklungshilfe sei der beste Weg, um Nationen aus der Armut zu befreien? Ich denke, es ist das, was ich den Nullsummenglauben nenne. Viele Menschen glauben, arme Länder seien nur arm, weil die reichen Länder ihnen etwas weggenommen haben. Die Folgerung: Die reichen Länder müssten etwas von ihrem Reichtum abgeben, dann werde es den armen Ländern besser gehen.

Doch das ist eine Illusion, weil die Nullsummenspiel-Annahme, auf dem dieser Glaube basiert, falsch ist. Mit Nullsummenspiel wird in der Wirtschaftssoziologie eine Konstellation beschrieben, in der die Summe der Auszahlungen an die Spieler null ergibt. Der Gewinn eines Spielers ist automatisch der Verlust eines anderen. Nicht-Nullsummenspiele dagegen sind solche Spiele, bei denen die Summe der Auszahlungen an die Spieler nicht konstant ist. In solchen Spielen können beide Parteien gewinnen oder verlieren oder eine Partei kann gewinnen, ohne dass die andere verliert usw. Forscher meinen, der Nullsummenglaube habe seine Wurzeln in vorkapitalistischen Gesellschaftsformen, in denen Situationen mit begrenzten Ressourcen die Norm waren. »Wenn begehrte Ressourcen begrenzt sind, bedeutet deren Verteilung, dass sie bald aufgebraucht sein werden.«[31]

Der amerikanische Ökonom Paul H. Rubin hat gezeigt, dass »folk economics«, also volkstümliche oder laienhafte Vorstellungen vom Wirtschaftsleben, ganz auf die Frage der Verteilung des Reichtums fokussiert sind, nicht jedoch auf dessen Erzeugung.[32] »Der entscheidende Punkt: Das volkstümliche Wirtschaftsdenken beschränkt sich auf eine Ökonomie des Verteilens, nicht auf eine Ökonomie des Schaffens von Wohlstand. Naive Menschen oder Wirtschaftslaien betrachten Preise als Instrumente zur Verteilung von Wohlstand, aber verstehen nicht den Einfluss, den diese auf die Allokation von Ressourcen und die Produktion von Gütern sowie Dienstleistungen haben. Im volkstümlichen Wirtschaftsdenken ist die Menge der –

insgesamt oder von jedem Einzelnen – gehandelten Güter fix und unabhängig vom Preis. Zudem ist jeder Einzelne auf die Verteilung von Vermögen und Einkommen konzentriert ... und nicht auf Effizienzgewinne durch ökonomische Aktivitäten.«[33]

Rubin führt diese Art des Denkens auf Prägungen im menschlichen Gehirn zurück, die er evolutionsbiologisch erklärt:[34] Über Millionen Jahre gab es kaum Wachstum und technische Effizienzsteigerungen. Das Tempo von Änderungen war so langsam, dass der einzelne Mensch diese im Laufe seines Lebens kaum wahrnehmen konnte. Jeder Mensch lebte in einer Welt mit einer konstanten Technologie, und es gab keinen Vorteil für Menschen, die ein Verständnis für Wachstum hatten – eben weil es dieses Wachstum praktisch nicht gab. Es gab auch kaum Arbeitsteilung, sieht man einmal von der Teilung der Arbeit zwischen Jungen und Erwachsenen sowie zwischen Männern und Frauen ab. Handel war kein Ausdruck systematischer Arbeitsteilung, sondern eher ein Ergebnis des Zufalls – jemand hatte zu einem bestimmten Zeitpunkt etwas im Überfluss, was der andere brauchen konnte.

Wenn Menschen in solchen Gesellschaften Vor- oder Nachteile hatten, dann basierten diese tatsächlich meistens darauf, dass der eine den anderen übervorteilte. Daher, so Rubin, strebten die Menschen danach, Situationen zu vermeiden, in denen sie von anderen übervorteilt werden konnten.

In vorkapitalistischen Gesellschaften beruhte der Reichtum der einen tatsächlich oft auf Raub und Machtausübung, also den Verlusten der anderen. Das Marktsystem basiert jedoch nicht auf Raub und ist kein Nullsummenspiel. Es beruht darauf, dass derjenige reich wird, der die Bedürfnisse möglichst vieler Konsumenten befriedigt. Das ist die Logik des Marktes. Und das für kapitalistische Systeme charakteristische Wirtschaftswachstum ermöglicht es, dass manche Menschen und auch ganze Nationen reicher werden – ohne dass dies auf Kosten anderer Menschen und Nationen geschieht, die gleichsam automatisch ärmer würden. Dies möchte ich in diesem Buch am Beispiel von zwei Ländern zeigen, die beide noch vor 30 Jahren sehr arm waren – Polen und Vietnam.

2. Polen: Der Aufstieg des weißen Adlers

Schlangestehen hatte sich im sozialistischen Polen zu einer regelrechten »Wissenschaft« entwickelt, wie es Iwona Kienzler in ihrem Buch »Życie w PRL. I strasznie i śmiesznie« über den Alltag unter der Herrschaft der kommunistischen Arbeiterpartei beschreibt: Da Warteschlangen an der Tagesordnung waren und man oft mehrere Stunden anstehen musste – beim Kauf von Möbeln oder Haushaltswaren sogar über mehrere Tage hinweg –, entstanden einige findige Systeme. Eines davon war die sogenannte ›Warteschlangenliste‹. Sie kam zum Einsatz, wenn die Wartezeit nicht Stunden, sondern Tage betrug. In diesem Fall wurden alle Wartenden in eine Liste aufgenommen, damit die Leute nicht die ganze Zeit über anwesend sein mussten. Die Liste wurde alle paar Stunden vorgelesen und die Anwesenheit abgefragt. Wer sich nicht anwesend meldete, wurde von der Liste gestrichen.

Der Zeitplan für die Aufnahme in die Liste wurde im Voraus bekannt gegeben. Bei einer Wartezeit über mehrere Tage hatte man sich drei- bis viermal am Tag zu melden. Manche nahmen sich dafür Urlaubstage, andere baten ihre Vorgesetzten darum, sich kurzzeitig von der Arbeit entfernen zu dürfen, oder man bezahlte andere Personen dafür, sich stellvertretend für einen zu melden (man nannte das »einen Schlangesteher anheuern«). Die Warteschlangenliste lag in der Obhut eines selbsternannten Warteschlangen-Ausschusses.[35]

Ein anderes Beispiel aus dem Buch »80-te. Jak naprawdę żyliśmy w ostatniej dekadzie PRL« (Die 1980er-Jahre: Wie wir im letzten Jahrzehnt des kommunistischen Polens wirklich lebten) von Joanna Solska: Um effektiver einkaufen zu können, wurde Missbrauch getrieben mit den Privilegien, die schwangeren Frauen und Frauen mit Kindern zustanden: »Geschäfte waren Orte, in denen sich der Gegensatz zwischen theoretischem und realem Sozialismus manifestierte. In der Theorie wurden Frauen von dem System respektiert und erhielten Privilegien, wenn sie Kinder hatten oder schwanger waren. Eines dieser Vorrechte war die Möglichkeit, einkaufen zu können, ohne dabei anstehen zu müssen. So marschierten Frauen mit Kindern einfach in die Geschäfte (manche liehen sich die Kinder von Freunden aus) und gingen direkt zur Kasse. Je knapper ein Produkt war, desto mehr Frauen mit Kindern kamen. Und während sie alle Bestände in dem Laden aufkauften, kam der Rest der Leute in der Schlange kaum voran.«[36]

Auch Tomasz Agencki, mit dem ich einen Film über Sozialismus und Kapitalismus in Polen produziert habe (»The Rise of the White Eagle«), berichtet von der Findigkeit der Polen, wenn es darum ging, Tauschgeschäfte an die Stelle konventioneller Käufe treten zu lassen. Ja, es sei von Vorteil gewesen, den Verkäufer zu kennen, der einem einige Produkte besorgen konnte: »Tatsächlich aber war die Realität vielschichtiger: Du musstest den Verkäufer in einem Schuhgeschäft kennen. Der konnte dir dann ein Paar Schuhe verkaufen, das du als Bestechung weitergibst an jemanden, der dir ein Fahrrad verkauft. Das Fahrrad schenkst du jemandem, der eine Torte besitzt, um so die Hochzeitstorte für die Tochter deines Elektrikers zu bezahlen. Diese Praxis wurde in einigen Filmen dargestellt, speziell in denen von Stanislaw Bareja. Im Polnischen gibt es für diese Absurdität sogar ein spezielles Wort, das sich von seinem Namen ableitet: Bareismus.«

Nach Karl Marx war der Sozialismus nicht mehr als ein Übergangsstadium zum Kommunismus. Im Kommunismus sollten alle Menschen nach ihren Bedürfnissen leben können. Die Polen, die in der Schlange standen, um das Nötigste zum Leben zu bekommen, hatten dafür nur Spott übrig. Ein Witz in Polen lautete:

»Wie wird das Problem der Warteschlangen in den Geschäften gelöst, wenn wir den vollständigen Kommunismus erreicht haben?«

»Es wird nichts mehr geben, wofür man Schlange stehen muss.«[37]

Das alles ist nicht sonderlich lange her, es sind Erinnerungen an die 1980er-Jahre. Das heutige Polen hat damit nichts mehr zu tun.

Seit 1989 hat sich das inflationsbereinigte Bruttoinlandsprodukt pro Einwohner verdreifacht.[38] Polen verzeichnet seit 1989 ein durchschnittliches reales Wirtschaftswachstum von 3,5 Prozent pro Jahr und ist in den Jahrzehnten nach Beginn der marktwirtschaftlichen Reformen zur sechstgrößten Volkswirtschaft innerhalb der Europäischen Gemeinschaft aufgestiegen.[39] Polen hatte seit den Reformen 1989 die am schnellsten wachsende Wirtschaft Europas und gilt als »Europe's Growth Champion« – so der Titel eines Buches von Marcin Piatkowski. Dieses erstaunliche Wachstum hat einen Hauptgrund: In kaum einem Land vergleichbarer Größe ist die wirtschaftliche Freiheit in den vergangenen Jahrzehnten so stark gestiegen.

Die Heritage Foundation berechnet seit 1995 jedes Jahr den »Index of Economic Freedom«. Der theoretisch höchste Wert wäre 100, aber keines der 177 erfassten Länder erreicht diesen Wert – Spitzenreiter waren 2022 Singapur und die Schweiz mit 84,4 bzw. 84,2 Punkten. Der theoretisch niedrigste Wert wäre 0, den Nordkorea mit 3,0 fast erreicht. Polen steht mit 68,7 Punkten auf Platz 39, was zunächst nicht besonders bemerkenswert erscheint und keinen der oberen Spitzenränge bedeutet. Allerdings ist Polen damit bereits wirtschaftlich freier als beispielsweise Spanien, Israel, Frankreich oder Italien.[40]

Viel wichtiger als der absolute Rang ist jedoch die relative Veränderung seit 1995, und hier ist Polen in der Tat Spitze: Die Punktzahl stieg von 50,7 im Jahr 1995 auf 69,7 im Jahr 2021 – im Jahr 2022 verlor Polen einen Punkt und kommt nun auf 68,7. Es gibt zwar einige sehr kleine Länder wie Georgien (3,7 Millionen Einwohner) oder Bulgarien (6,9 Millionen Einwohner), die einen noch stärkeren Zuwachs erlebten. Doch von den Ländern, die mehr als 30 Millionen Einwohner haben, erlebte nur Vietnam, das sich von 41,7 auf 60,6 Punkte steigerte, einen vergleichbar großen Zuwachs an wirtschaftlicher Freiheit.[41]

Aber die wirtschaftliche Freiheit in Polen ist aktuell in Gefahr. Insbesondere seit dem Jahr 2015, in dem die PiS-Partei die Macht übernahm, wurden Sozialausgaben massiv erhöht, die Privatisierung weitgehend gestoppt und sogar bereits privatisierte Banken und Betriebe in Staatseigentum überführt. Kurzum, Polen ist dabei, den Weg der

Marktwirtschaft, die das Land so erfolgreich gemacht hat, zu verlassen. Obgleich sich diese Entwicklung im Ranking der Heritage Foundation bislang noch nicht angemessen spiegelt, hat Polen in den vergangenen Jahren an wirtschaftlicher Freiheit verloren. Das ändert nichts an der Erfolgsgeschichte Polens in den 25 Jahren von 1990 bis 2015. Doch lassen Sie uns die Geschichte von Anfang an betrachten.

Wir beginnen mit einem Rückblick in die dunkle Zeit, als Polen zuerst einen schrecklichen Krieg und die vierte Teilung des Landes erlebte und dann ein sozialistisches Regime.

Ein geschundenes Land

Polen wurde zwischen Preußen, Russland und Österreich in den Jahren 1772, 1793 und 1795 drei Mal aufgeteilt und verschwand bei der letzten dieser drei Polnischen Teilungen als Staat für 123 Jahre vollständig von der europäischen Landkarte. Die Zweite Polnische Republik entstand erst nach dem Ersten Weltkrieg, aber existierte nur 21 Jahre, von 1918 bis 1939.

Das Ende Polens wurde in dem Hitler-Stalin-Pakt zwischen dem nationalsozialistischen Deutschland und der sozialistischen Sowjetunion beschlossen. Am 23. August 1939 unterzeichneten in Moskau der deutsche Außenminister Joachim von Ribbentrop und dessen sowjetischer Amtskollege Wjatscheslaw Molotow diesen Vertrag – wobei die Teilung in einem geheimen Zusatzprotokoll festgehalten wurde. Im September 1939 überfielen zuerst deutsche und dann sowjetische Truppen das Land, besetzten es und feierten den Sieg am 22. September in einer gemeinsamen Siegesparade.

Der Vorschlag einer gemeinsamen Parade der deutschen und sowjetischen Truppen ging von deutscher Seite aus. Ein deutsches Kamerateam filmte, und die Heeresschau der Truppen Adolf Hitlers und Josef Stalins wurde im Oktober 1939 in der »Deutschen Wochenschau« gezeigt.

Dabei nahmen die Kommandeure Heinz Wilhelm Guderian und Semjon Moissejewitsch Kriwoschein gemeinsam im Zentrum der

Stadt Brest-Litowsk den Vorbeimarsch eines deutschen und eines sowjetischen Panzer-Bataillons ab. Ein deutsches Militärorchester spielte die Nationalhymnen der beiden Siegermächte. Unmittelbar danach verließen die deutschen Truppen die Stadt und es wurde ein Grenzstein gesetzt, der jetzt die Sowjetunion und die deutsche Besatzungszone voneinander trennte.

Das Deutsche Reich hatte knapp die Hälfte Polens mit 21,2 Millionen Menschen besetzt. Der östliche Teil des Landes mit 13,2 Millionen Einwohnern wurde sowjetisch. Die Ergebnisse der Terrorherrschaft waren erschütternd: »Zwischen fünf und sechs Millionen polnische Bürger verloren ihr Leben, darunter fast drei Millionen polnische Juden. Bei der Mehrheit handelte es sich um zivile Opfer (die überdies auch nach dem Ende der Kriegshandlungen noch ums Leben kamen), erschossen durch Einsatzgruppen, vergast in deutschen Vernichtungslagern wie Auschwitz-Birkenau, Majdanek, Chełmno, Treblinka, Sobibór und Bełżec oder umgebracht infolge von Zwangsarbeit, Lagerhaft oder damit verbundenen Entbehrungen. Dabei wurden nicht nur Juden Opfer eines Genozids, sondern auch andere Polen. Die Aktionen gegen die polnische Elite wie zum Beispiel die Sonderaktion Krakau, gerichtet gegen die Professoren der Krakauer Universitäten, oder die Rede Heinrich Himmlers am 4. Oktober 1943 in Posen vor SS-Gruppenführern, in der er den Völkern Osteuropas eine Sklavenrolle zuwies, belegen ebenso wie der Generalplan Ost und die Aktion Reinhardt den genozidalen Charakter der deutschen Besatzungspolitik in Polen auch gegenüber den ethnischen Polen.«[42]

Auch die Sowjets übten eine brutale Terrorherrschaft in Polen aus: Zwischen April und Mai 1940 wurden etwa 15.000 polnische Offiziere – Kriegsgefangene – ermordet. Sie wurden durch Genickschuss getötet und ihre Leichen anschließend in Massengräbern in Katyn, Charkiw und Miednoje verscharrt. Auf der Grundlage desselben Dekrets wurden auch 7.000 Mitglieder der polnischen Elite, die zuvor verhaftet und in NKWD-Gefängnissen eingesperrt worden waren, ermordet. Bis zur Aufdeckung des Massakers von Katyn durch die Deutschen im Jahr 1943 hatte die polnische Regierung vergeblich versucht, in

Erfahrung zu bringen, was mit den Vermissten geschehen war. Die Sowjets leugneten das Verbrechen und beschuldigten die Deutschen, die Gräueltat begangen zu haben.

Für die Polen wurde das »Massaker von Katyn« zum Synonym für den sowjetischen Völkermord und für die Lügen des Regimes. Mehr als 320.000 Polen wurden in einer Welle von vier Massendeportationen im Februar, April und Juni 1940 sowie im Juni 1941 in die Sowjetunion verschleppt. Die Deportationswellen erfassten zunächst »Kulaken«, militärische Siedler und Waldarbeiter, dann folgten nacheinander die Familien der durch das Dekret vom 5. März 1940 zum Tode verurteilten Gefangenen, Flüchtlinge aus der deutschen Besatzungszone und schließlich die Bewohner der Grenzgebiete.[43]

Aber es gab auch nirgendwo einen so großen Widerstand wie in Polen – hier seien sowohl der Aufstand der polnischen Juden im Warschauer Ghetto am 19. April 1943 als auch der Warschauer Aufstand am 1. August 1944 genannt. Warschau hatte vor dem Krieg 1,3 Millionen Einwohner, gegen Ende des Aufstandes waren es noch 350.000.[44] Die polnische Hauptstadt verlor durch Krieg, Besatzungsterror und Holocaust etwa so viele Menschenleben wie zur gleichen Zeit ganz Frankreich.[45]

Insgesamt beklagte Polen nach Schätzungen fünf bis sechs Millionen Opfer im Zweiten Weltkrieg. Besonders große Verluste hatten die Eliten zu erleiden, die die deutschen und russischen Besatzer vernichten wollten. »Der Bevölkerungsverlust Polens beläuft sich den Schätzungen nach auf 22 Prozent (der höchste aller vom Krieg betroffenen Länder). Das Land verlor gar 40 Prozent seiner Ärzte, ein Drittel seiner Lehrer, Wissenschaftler und Dozenten und 26 Prozent seiner Anwälte.«[46]

Vom 4. bis zum 11. Februar 1945 trafen sich der sowjetische Diktator Josef Stalin, US-Präsident Franklin D. Roosevelt und der britische Premierminister Winston Churchill im sowjetischen Badeort Jalta auf der Halbinsel Krim. Bezüglich Polens wurde der Beschluss gefasst, dass die Sowjetunion einen Teil der östlichen Gebiete bekommen sollte. Die neue Ostgrenze Polens sollte die sogenannte »Curzon-Linie« werden. Polen sollte mit Gebietszuwächsen im Norden und Westen auf Kosten Deutschlands entschädigt werden. Die endgültige Festlegung der polnischen Westgrenze wurde allerdings auf eine Friedenskonferenz nach Kriegsende vertagt.

Ein weiteres tragisches Kapitel der deutsch-polnischen Geschichte ist die Vertreibung der Deutschen. Der britische Premier Winston Churchill erklärte 1944 im britischen Unterhaus: »Vertreibung ist, soweit wir in der Lage sind, es zu überschauen, das befriedigendste und dauerhafteste Mittel. Es wird keine Mischung der Bevölkerung geben, wodurch endlose Unannehmlichkeiten entstehen, wie zum Beispiel im Fall von Elsass-Lothringen.«

Vom Ende des Krieges 1945 bis Ende 1949 wurden mehrere Millionen Deutsche aus den Gebieten vertrieben, die jetzt polnisch geworden waren – viele verloren dabei ihr Leben. Insgesamt verließen durch Flucht und Vertreibung zwischen acht und neun Millionen Deutsche nach 1944/45 ihre Wohnorte innerhalb der neuen polnischen Grenzen.

Die Vereinbarungen der Siegermächte sahen vor, dass »ein starkes, freies, unabhängiges und demokratisches Polen« errichtet werden sollte. Auch den anderen europäischen Staaten sollte das Recht zugestanden werden, »sich die Regierungsform, unter der sie leben werden, selbst zu wählen«. Doch davon konnte nicht die Rede sein, denn die sozialistische Sowjetunion zwang Polen, dem nun zu Ostdeutschland gewordenen Mitteldeutschland und etlichen ost- und mitteleuropäischen Ländern ihr System auf.

Bei der Umsetzung dieses Zieles half die Polnische Vereinigte Arbeiterpartei PZPR, die am 15. Dezember 1948 aus der Vereinigung der Polnischen Arbeiterpartei (PPR) und der Polnischen Sozialistischen Partei (PPS) entstanden war. Viele PPS-Mitglieder waren eigentlich gegen die Vereinigung, wurden aber in die neue Partei gezwungen.

Die Teilnehmer des PZPR-Gründungskongresses ließen den sowjetischen Diktator Stalin hochleben, also jenen Mann, der zusammen mit Hitler die vierte polnische Teilung beschlossen und den Krieg gegen das Land begonnen hatte. Aber diese historischen Fakten zählten jetzt nicht mehr. Die Delegierten verabschiedeten ein Manifest, in dem die Geschichte des Zweiten Weltkrieges umgeschrieben wurde. Der Begriff der »Unabhängigkeit« Polens wurde umgedeutet: »Demnach sollte vor dem Zweiten Weltkrieg der ›Monopolkapitalismus‹ der größte Feind der staatlichen Unabhängigkeit Polens gewesen sein... Während des Krieges mit dem ›Hitlerfaschismus‹ habe allein die Sowjetunion die polnische Nation vor der ›physischen Vernichtung‹ gerettet.«[47]

Sozialismus in Polen

Das neue politische System in Polen wurde als »Volksdemokratie« bezeichnet, welche die »Diktatur des Proletariats« umsetzen werde. 1946 fand eine Volksabstimmung statt, in der die Polen über drei Fragen entscheiden sollten: Es ging um die Abschaffung des Senats, die Landreform und Verstaatlichungen von Unternehmen sowie um die Bestätigung der Westgrenze entlang von Oder und Neiße. Die Ergebnisse wurden jedoch gefälscht. Ebenso verfuhren die neuen Machthaber bei der ersten »Wahl« im Januar 1947: Angeblich stimmten 80 Prozent für den sogenannten Demokratischen Block (Kommunisten, Sozialisten und mit ihnen verbündeten Parteien), aber es gibt Anzeichen dafür, dass eigentlich die Oppositionspartei Polnische Volkspartei (PSL) gewonnen hätte.[48]

Von den 1.157 Mitgliedern, die die Woiwodschaftskomitees im Jahr 1953 hatten, verfügten 61 Prozent nur über eine Grundschulausbildung oder gar keine Ausbildung, 70 Prozent waren Arbeiter und 11,5 Prozent Bauern. Lediglich ein Prozent der Personen, die in den Komitees für den politischen Bereich zuständig waren, hatten einen Hochschulabschluss.[49] Das heißt: Für Arbeiter und Bauern gab es neue Möglichkeiten zum sozialen Aufstieg, wenn sie der Parteilinie treu und »ideologisch gefestigt« waren. Unter den 7.000 Personen, die führende Posten in der Wirtschaft innehatten, gehörten 53 Prozent der PZPR an, unter den Leitern der zentralen Verwaltungsorgane der Wirtschaft waren 75 Prozent Parteimitglieder.[50] Die Gewerkschaften waren, so wie auch in anderen nunmehr sozialistischen Ländern, keine eigenständigen Interessenvertretungen der Arbeiter mehr, sondern sie waren

»Transmissionsriemen«, um die Vorgaben der Partei in der Arbeiterschaft durchzusetzen.

1952 wurde eine neue Verfassung für Polen erarbeitet, und zwar in einer durch das ZK der Partei gebildeten Kommission. Vorbild war die sowjetische Verfassung aus dem Jahr 1936. Stalin las persönlich den Verfassungsentwurf und fügte rund 50 Korrekturen ein.[51] Dass tatsächlich die Sowjetunion die Politik bestimmen sollte, verdeutlichte Stalin dadurch, dass er einen sowjetischen Marschall, Konstantin Rokossovsky, zum ersten polnischen Verteidigungsminister machte.[52]

Wie in anderen sozialistischen Staaten wurde ein Großteil jener Betriebe (insofern dies in Polen nicht ohnehin schon in der Vorkriegszeit oder in der Besatzungszeit geschehen war[53]) verstaatlicht. Preise wurden durch eine Planbehörde festgesetzt.

Die Arbeitsproduktivität in Polen wuchs nur langsam. In den 50er-Jahren stieg sie in Polen um 2,6 Prozent p.a. Zum Vergleich: In Westdeutschland betrug das Wachstum 6,6 Prozent. In den 60er-Jahren wuchs die Produktivität in Polen um 2,1 Prozent jährlich, in Westdeutschland immer noch um 5,2 Prozent.[54] Und Polens BIP pro Einwohner erhöhte sich in der Zeit des Sozialismus, also von 1950 bis 1989, nur um 2,2 Prozent im Jahr.[55]

Selbst wenn man den offiziellen polnischen Zahlen glaubt, an denen Zweifel begründet sind, ist klar: »Polen war das Schlusslicht der europäischen Wirtschaft«, so Piatkowski.[56] Dieses langsame Wachstum war bemerkenswert, denn nach dem Zweiten Weltkrieg war Polen eines der ärmsten Länder in Europa, die Menschen verdienten im Jahr nur 2.500 USD (in Preisen von 1990). Eigentlich sollten solche Länder schneller wachsen. Dazu ein weiterer Vergleich: Die südeuropäischen Länder Spanien, Portugal und Griechenland, die in den 50er-Jahren so arm waren wie Polen, wuchsen mit der doppelten Rate.[57]

Das schwache Wachstum der polnischen Wirtschaft ist noch aus einem anderen Grund bemerkenswert: Die neuen Territorien im Westen, also insbesondere die ehemals deutschen Gebiete Pommern, Schlesien und das südliche Ostpreußen, die Polen dazugewonnen hatte, waren reicher, hatten eine bessere Infrastruktur, eine weiter entwickelte

Industrie, größere Städte und eine produktivere Landwirtschaft als die der östlichen Gebiete, die Polen an die Sowjetunion abgeben musste.[58]

Polen war nach dem Zweiten Weltkrieg ein weitgehend agrarisch geprägtes Land. Zunächst versuchten die Kommunisten, ihre – bereits in der Sowjetunion kläglich gescheiterten – Rezepte auch in der polnischen Landwirtschaft durchzuführen. Die Kommunisten denunzierten die wohlhabenderen Bauern, die, wie in der Sowjetunion, »Kulaken« genannt wurden, als »Ausbeuter«, »Spione« und »Diebe«. Landwirtschaftliche Betriebe oberhalb von 50 Hektar wurden enteignet und in kleine Parzellen aufgeteilt. Auf ihnen sollten nunmehr »Kleinbauern« tätig sein und die Landwirtschaft in neuer, der Ideologie genehmer Form prägen. »Es scheint im Rückblick aber, als sei diesen Aktionen nur ein geringer Erfolg beschieden gewesen, da jene ›Kleinbauern‹, die zu neuen Wortführern innerhalb der Dorfgemeinschaft gemacht werden sollten, nur selten die Anerkennung der anderen Dorfbewohner fanden.«[59] Die kommunistische Politik der Kollektivierung in Polen scheiterte, nur wenige Prozent der landwirtschaftlichen Flächen wurden kollektiv bewirtschaftet. Stattdessen versuchte der Staat, mit großem Druck auf die Bauern Abgaben zu erzwingen. Allein in den Jahren 1952 bis 1955 wurde etwa eine halbe Million Bauern wegen Nichterfüllung der Zwangsabgaben verhaftet.[60]

Wirtschaftliche Anreize wurden durch Druck ersetzt. Ein wichtiges Instrument war der Staatssicherheitsdienst, der 1953 etwa 33.000 Mitarbeiter zählte. 90 Prozent waren Parteimitglieder, mehr als bei jeder anderen staatlichen Behörde. Aber 18 Prozent der Staatssicherheitsmitarbeiter hatten nicht einmal einen Grundschulabschluss, lediglich 7 Prozent hatten eine Oberschule absolviert.[61]

»Es wird geschätzt, dass die Sicherheitsorgane in den Jahren 1944 bis 1956 ca. eine halbe Million Menschen anzuwerben versuchten. Innerhalb der Gesellschaft verbreitete sich die – im Großen und Ganzen zutreffende – Ansicht, dass ›sie überall sind‹ und dass ›die Wände Ohren haben‹. Bis 1954 umfasste eine interne Personenkartei des Ministeriums mit ›Verdächtigen‹ rund sechs Millionen Menschen, also ein Drittel der erwachsenen Bevölkerung Polens.«[62] Wer einen politisch nicht opportunen Witz erzählte, nicht zu einer der offiziellen Kundgebungen in den Betrieben erschien oder Fehler bei der Arbeit machte (was leicht als Sabotage ausgelegt werden konnte), musste in dieser Zeit mit Repressalien rechnen.

Doch man musste sich gar nichts »zuschulden« kommen lassen, oft reichte bereits die »falsche Klassenzugehörigkeit« aus für Schikanen wie etwa die Verweigerung der Beförderung oder Schwierigkeiten beim Hochschulzugang.

Kleine Ladenbesitzer wurden schikaniert, wie Bronislaw Pindelski, der Besitzer eines kleinen Eisgeschäftes anschaulich berichtet: »Plötzlich fielen drei Steuerprüfer in den Laden ein. Einer von ihnen, wahrscheinlich der Chef, stellte sich vor und zeigte die Untersuchungsanordnung. ›Sie schicken jetzt alle Kunden raus‹, befahl er. ›Hier wird eine gründliche Untersuchung stattfinden. Jeder Kleinladenbesitzer ist ein Dieb und Mauschler. Es darf kein Privatgeschäft in der Obroncow Stalingradu [Straße der Stalingrad-Verteidiger] geben. Es ist eine Schande für diese heldenhafte Straße.‹«[63]

Nach Stalins Tod im Jahr 1953 und der Abrechnung des neuen Staatschefs Nikita Chruschtschow mit dem Stalinismus drei Jahre später in seiner berühmten Geheimrede auf dem XX. Parteitag der KPdSU kam es auch in Polen zu einer Welle der Kritik am Stalinismus. Doch als es in jenem Jahr 1956 zu Protesten kam, die sich gegen die Kommunisten und die Sowjetunion richteten, geriet die Situation fast außer Kontrolle und es bestand die Gefahr, dass die Sowjetunion – ähnlich wie sie es in Ungarn im gleichen Jahr tat – militärisch intervenieren würde. Der gerade erst ins Amt gelangte Parteichef Edward Ochab räumte seinen Platz für Władysław Gomułka. Die Sowjets lehnten ihn zunächst ab, was seine Popularität erhöhte. Zwar blieb Polen eine Diktatur, aber die Repressionen waren nicht mehr so stark wie in der stalinistischen Periode.

Gomułka bremste die unter seinen Vorgängern ohnehin noch nicht weit fortgeschrittene Kollektivierung der privaten Landwirtschaft und erlaubte im begrenzten Rahmen private Kleinunternehmen. Von 10.000 landwirtschaftlichen Genossenschaften, die im September 1956 existierten, blieben bis zum Ende des Jahres nur 1.500 bestehen.[64] Dies und die Beendigung des Kampfes gegen die »Kulaken« führte zur Popularität Gomułkas in der Landbevölkerung. Während bis zum Jahr 1960 in der UdSSR, der DDR und in Bulgarien über 90 Prozent, in der Tschechoslowakei und Rumänien über 80 Prozent und in Ungarn 71 Prozent des Bodens kollektiviert wurden, befanden sich in Polen nur 13 Prozent des Bodens im Staatsbesitz.[65]

1959 erreichte die Lebensmittelproduktion das höchste Niveau seit dem Ende des Zweiten Weltkrieges, und dies war fast ausschließlich den kleinen und mittelgroßen Einzelbauern zu verdanken. Mitte der 1950er-Jahre verdoppelte sich die Zahl der Handwerksbetriebe und die der Kleinläden stieg um 80 Prozent.[66]

Aber zunehmend wurde deutlich, dass das planwirtschaftliche System auch in Polen nicht funktionierte. 1956 und 1957 wurde über Wirtschaftsreformen diskutiert. Im Januar 1957 wurde ein Ökonomischer Rat unter der Leitung des Wirtschaftswissenschaftlers Oskar Lange einberufen, der sich für einige moderate und systemimmanente Reformen des Wirtschaftssystems einsetzte. Doch obwohl die Vorschläge keineswegs für eine Rückkehr zum Kapitalismus eintraten, lehnte die Parteiführung sie ab.

Es gab immer wieder Reformbestrebungen in dem sozialistischen Land, die alle eine Gemeinsamkeit hatten: Die jeweiligen Reformer wollten mehr Wettbewerb sowie einige Marktmechanismen einführen und den Betrieben größere Eigenständigkeit bei ihren Entscheidungen geben. Aber sie scheuten sich vor dem entscheidenden Schritt, nämlich das Dogma des Staatseigentums an Produktionsmitteln und die Planwirtschaft infrage zu stellen.

Obwohl sich der Lebensstandard verbesserte, fiel Polen im Vergleich zu anderen Ländern immer mehr zurück. »Ein Vergleich der wirtschaftlichen Leistung Polens mit Ländern, die sich in den 1930er- und den 1940er-Jahren auf einem ähnlichen Entwicklungsniveau befunden hatten, zeigt, dass Polen Mitte der 1960er-Jahre begann, den Modernisierungswettlauf zu verlieren, sowohl im Hinblick auf die wirtschaftlichen Kriterien ... als auch hinsichtlich der Indikatoren des Lebensniveaus. Die Reallöhne wuchsen jährlich weniger als zwei Prozent, was praktisch eine Stagnation bedeutete. Der Durchschnittsbürger verwendete ca. 50 Prozent seiner Einkünfte für den Kauf von Lebensmitteln, rund 18 Prozent für die Kleidung.«[67]

Anfang der 1970er-Jahre verbesserte sich in der Regierungszeit von Edward Gierek (1970 – 1980) der Lebensstandard auch in Polen und der polnische Soziologe Gavin Rae spricht von »einer Zeit des bemerkenswerten Wirtschaftswachstums ... verbunden mit einem Anstieg von Einkommen, Konsum und Lebensstandard«.[68] Doch dieses Wachstum basierte auf einer immer höheren Verschuldung gegenüber dem Ausland, was eine Ursache für die späteren, noch größeren Probleme war. Das sozialistische Wirtschaftssystem erwies sich als unfähig, nachhaltiges Wachstum zu generieren.

Ende der 1970er-Jahre spitzte sich die wirtschaftliche Situation wieder zu: Quartal um Quartal verringerten sich die Warenmengen, die Schlangen vor den Geschäften, insbesondere vor den Fleischläden, wurden immer länger. »Um teurere Waren wie Kühlschränke, Fernsehgeräte, Möbel und dergleichen zu erwerben, mussten die Interessenten mehrere Tage lang in den Warteschlangen ausharren. Ein solch drastischer Warenmangel ließ ein breit gefächertes Korruptionssystem aufkommen und gegenseitige Gefälligkeiten im Rahmen von Seilschaften zur Gewohnheit werden. Als äußerst kostbar und vorteilhaft erwies sich beispielsweise die Bekanntschaft mit einem Verkäufer, der die begehrte Ware ›zurücklegen‹ konnte. Da die Vertreter der verschiedenen Machtebenen über Güter, die Mangelware waren, verfügten, standen ihnen viele Möglichkeiten offen, ihre ›Klientel‹ anzuwerben. Das Leben eines Durchschnittsbürgers gestaltete sich allmählich immer schwieriger, sodass sich im Zuge der ständigen ›Jagd‹ nach Waren der Grundversorgung und des stundenlangen Anstehens in Warteschlangen, Frustration und Aggression mehrten.«[69]

Vor allem das Problem mit der Fleischversorgung hielt sich hartnäckig. Eine der vorgeschlagenen Lösungen, mit der sich das Problem auf geheimnisvolle Weise verringern lassen sollte, war die Einführung des sogenannten »fleischfreien Montags« im Jahr 1959. Von da an war nicht nur der Fleischverkauf, sondern auch der Fleischverzehr an einem Montag verboten. »In der heutigen Zeit fasten die Katholiken freitags und die Marxisten montags«, kommentierte ein Journalist ironisch.[70]

Um besser zu verstehen, wie der Alltag im sozialistischen Polen aussah, traf ich mich in Warschau mit Alicja Wancerz-Gluza, Mitbegründerin des Karta-Zentrums, eines nicht-staatlichen historischen Archivs. Alicja war zunächst in der 1980 gegründeten unabhängigen Gewerkschaft Solidarność aktiv und nach der Ausrufung des Kriegsrechts in Polen im Dezember 1981 im antikommunistischen Untergrund. Am 4. Januar 1982 gründete sie zusammen mit ihrem Mann und einer kleinen Gruppe von Freunden die Untergrundzeitung »Karta«, die gegen das neu installierte Regime unter General Jaruzelski opponierte. Daraus wurde später das Karta-Archiv, das u. a. 6.000 Interviews mit Zeitzeugen und etwa 400.000 Fotos und andere Dokumente sammelte.

In dem Gespräch erklärt Alicja mir den Alltag in der sozialistischen Planwirtschaft in Polen. Sie zeigt eine große Sammlung von Karten, die man bis zum Zusammenbruch des sozialistischen Regimes Ende der 80er-Jahre brauchte, um Lebensmittel und andere Produkte zu kaufen. Die ersten Karten gab es 1976 für Zucker. Bis zum Ende des Sozialismus kamen immer weitere dieser Bezugsscheine hinzu – für alle möglichen Produkte wie etwa Fleisch, Fett, Butter, Waschmittel, Seife, Zigaretten, Benzin und sogar Schuhe. Auf den Karten gab es auch sogenannte Ersatzgutscheine, die mit Nummern versehen waren. Beispielsweise wurde plötzlich bekannt gegeben, dass man für die Karte Nummer 3 Schulmaterial für Kinder oder Binden für Frauen kaufen konnte.

Das ganze Kartensystem war mit einer enormen Bürokratie verbunden, wie sie charakteristisch ist für Planwirtschaften: 200.000 Personen waren mit der Verteilung der Karten beschäftigt, 40.000 mit der Buchhaltung und 6.000 mit der Kontrolle. Auch alle Betriebe, Universitäten, Schulen und Wohnungsverwaltungen waren mit der Verwaltung der Karten befasst.[71] In der Praxis funktionierte das Kartensystem so: Die Verkäuferin schnitt mit einer Schere kleine Coupons von den Karten ab. Um eine solche Karte zu erhalten, brauchte man wiederum andere Karten, auf denen jeden Monat alle am Arbeitsplatz ausgegebenen Karten registriert wurden.

Wenn man beispielsweise zwei Wochen Urlaub machte, musste man vorher im Hotel seine Lebensmittelkarten abgeben und bekam dann neue Karten, damit man dort Mahlzeiten zu sich nehmen konnte. Es war eine echte Tragödie, wenn eine solche Karte verloren ging.

Joanna Solska schreibt in ihrem Buch über die 80er-Jahre in Polen ironisch: »Du hast deine Lebensmittelkarte verloren? Das bedeutete für dich eine Ernährungsumstellung: Lebensmittelkarten sollte man besser nicht verlieren, denn es gab keine Duplikate. Wer seine Karte für Fleisch verloren hatte, musste halt für den Rest des Monats Vegetarier werden.«[72]

Alicja: »Etwas ganz Besonderes war es, als ich vom Standesamt eine Karte für weiße Strumpfhosen für meine Hochzeit bekam, sowie eine Bescheinigung, dass wir – weil wir heirateten – goldene Eheringe in einem Juweliergeschäft kaufen durften. Aber wir hatten kein Geld dafür und wollten auch keine Ringe. So gab es für alle Anlässe spezielle Karten, z. B. konnte man für die Beerdigung eine Karte für eine schwarze Strumpfhose bekommen.«

Aber nur weil man eine Karte hatte, hieß das noch lange nicht, dass man das Produkt auch kaufen konnte. Oft musste man stundenlang in den Läden Schlange stehen. Karten wurden getauscht, wenn man ein bestimmtes Produkt nicht brauchte, sondern ein anderes. So konnte zum Beispiel eine Wodka-Karte (ein Erwachsener durfte eine Flasche pro Monat kaufen) gegen eine Kaffee-Karte getauscht werden.

Für die Kinder gab es Karten für Milchpulver und Süßigkeiten (sogenannte »Schokoladenersatzprodukte«). Um Möbel, eine Waschmaschine oder einen Fernseher zu kaufen, musste man in den sogenannten »kolejki społeczne«, (»sozialen Schlangen«) stehen. Manchmal musste man ein oder zwei Monate lang immer wieder kommen und stunden- oder tagelang anstehen. Man muss sich das so vorstellen, dass die Familienmitglieder ihren Platz in der Schlange einnahmen und nach einigen Stunden Wartezeit mit anderen Familienmitgliedern tauschten. Oft wurden der Großvater oder die Großmutter dazu bestimmt, in der Schlange zu stehen, weil sie am ehesten die Zeit hatten, über viele Tage auszuharren. Alle ein oder zwei Stunden wurden Namen verlesen – und wenn jemand nicht da war, fiel er aus der Schlange heraus und die ganze Wartezeit war umsonst gewesen.

Joanna Solska berichtet: Erhielt ein Laden eine Lieferung, dann kauften die Leute auch Dinge, die sie gar nicht brauchten. Denn sie konnten damit heimlich Tauschhandel betreiben und dafür etwas anderes erwerben: »Sah man einen Mann mit zwei Babytöpfchen, hieß das nicht, dass er Vater von Zwillingen war. Oder dass er überhaupt Kinder hatte. Für Umstehende war sofort klar: In dem Laden hatte man die Möglichkeit, zwei Töpfchen zu ergattern.«[73]

Schwierig war es auch, Telefone zu bekommen. Alicja: »In meiner Nachbarschaft gab es 1986 im neuen Stadtteil für viele Straßen und Gebäude nur eine einzige Telefonzelle – ein öffentliches Telefon, und niemand hatte ein privates Telefon.« Ihre Eltern zogen 1960 in ihre Genossenschaftswohnung und beantragten sofort einen Telefonanschluss. Das Telefon wurde dann 13 Jahre später, im Jahr 1973, angeschlossen. Und das ging nur deshalb so »schnell«, weil ihr Vater Mitglied der Polnischen Vereinigten Arbeiterpartei war. Normalerweise musste man im sozialistischen Polen noch länger auf ein Telefon warten – im Durchschnitt 18 Jahre. Das lag an den Schwächen des planwirtschaftlichen Systems, hatte aber auch politische Gründe: »Die Behörden waren nicht in der Lage, mehrere Millionen Gespräche gleichzeitig abzuhören. Daher war die Zahl der Anschlüsse sehr begrenzt.«[74] Auslandsgespräche waren sowieso nur im Postbüro möglich, wo man sie mehrere Stunden vorher anmelden musste. Im Jahr 1987 hatten erst 12 Prozent der Polen ein Telefon.[75] In der DDR waren es 1989 etwa 16 Prozent. Und in der Bundesrepublik Deutschland 99 Prozent.[76]

Auch Autos waren rar: In Polen besaßen 1990 nur 14 Prozent der Menschen ein Auto,[77] in der Bundesrepublik waren es 68 Prozent (1989).[78] Auf ein Auto mussten die Polen mehrere Jahre warten, ohne die Sicherheit, am Ende tatsächlich ein Fahrzeug erwerben zu können.

Natürlich konnte man auch gebrauchte Autos kaufen, aber die waren teilweise teurer als ein Neuwagen. Nur weil Alicjas Vater in der Partei war, bekam er einen Sondergutschein für ein Auto, einen Fiat 126p. Den Gutschein bekam er im Jahr 1980 als Belohnung dafür, dass er Erster Parteisekretär in seiner Fabrik geworden war.

Warten musste man auf alles, natürlich auch auf eine Wohnung. Alicja erinnert sich: »Als mein späterer Mann fünf Jahre alt war, begannen seine Eltern, Geld in eine Genossenschaft einzuzahlen, um dann 25 Jahre später das Recht zu haben, eine kleine Wohnung zu kaufen. Meine Eltern fingen etwas später an zu sparen, weil sie vorher für meine Schwester gespart hatten.« 25 Jahre später, sie war 29 und ihr Mann 30 Jahre alt, konnten sie die Anrechte, die beide in den vielen Jahren Anspartätigkeit erworben hatten, zusammenlegen und eine kleine 3-Zimmer-Wohnung beziehen. Die war damit allerdings noch längst nicht schuldenfrei, sondern musste weiter abgezahlt werden.

Kleine Ladenbesitzer wurden auch noch in den 70er-Jahren drangsaliert, wie Mieczysław F. Rakowski, Chefredakteur der Wochenzeitung »Polityka«, im März 1975 in seinem Tagebuch festhielt: »Ich hatte mal die Gelegenheit, dem Ersten Sekretär des Provinzkomitees bei der Arbeit zuzusehen ... Als wir eine Straße entlanggingen, zeigte er auf ein kleines privat geführtes Geschäft und sagte: ›Hier gibt es immer noch einige kleine Ladenbesitzer, aber wir sind schon dabei, sie loszuwerden. Dort drüben gab es ein kleines Eisgeschäft, wo die Leute immer Schlange standen. Ich erlegte dem Inhaber eine Steuernachzahlung von einer halben Million auf. Er zahlte anstandslos. Also erlegte ich ihm eine weitere halbe Million auf. Da konnte er nicht mehr durchhalten. Und jetzt ist er weg.‹ So also regiert unser netter kleiner Sekretär. Verdammt noch mal!«[79]

Die Situation wäre noch schlimmer gewesen und das System wäre wohl früher kollabiert, hätte sich nicht ein umfassender Schwarzmarkt entwickelt. »Schattenwirtschaft und Korruption waren die Mechanismen, die es möglich machten, in der Planwirtschaft zu überleben. Denn sie verringerten die durch die Entscheidungen der Planer erzeugte Ineffizienz und führten das Element des Marktes ein. In ähnlicher Weise wurde der ›Schwarzmarkt‹ zu einer Art von Unterbau für den offiziellen Konsumgütermarkt (der sich permanent im Ungleichgewicht befand). Obwohl diese Praktiken strafbar waren, wurden sie daher von der Obrigkeit geduldet und teilweise sogar mit Hilfe des Staatssicherheitsdienstes kontrolliert.«[80]

Iwona Kienzler berichtet in ihrem Buch »Życie w PRL. I strasznie i śmiesznie«, wie wichtig der Schwarzmarkt in Polen war: Selbst Landwirte mussten ihre Werkzeuge und Maschinen auf dem Schwarzmarkt kaufen, da diese in den staatlichen Geschäften nicht erhältlich waren. Schon der Zugang zu einfachen Dingen wie Gummis oder Bindegarn bereitete ernsthafte Probleme. Bindegarn wurde zu einem Symbol für die Ineffektivität der sozialistischen Wirtschaft, da dessen Knappheit auf dem Markt während der Erntezeit die Arbeit im ganzen Land behinderte – und zwar Jahr für Jahr in der gesamten sozialistischen Periode in Polen. Nach 1989 verschwand das Problem wie von Zauberhand. Heute exportiert Polen Bindegarn.[81]

Der Journalist Piotr Andrzejewski schrieb 1986 über den Schwarzmarkt: »Krzysio macht 100 Prozent Gewinn mit Orangen, die er in Hamburg für 1,60 D-Mark kauft. Ja, wir mögen Krzysio nicht, er ist geldgierig und unangenehm. Ich muss aber zugeben: Noch weniger mag ich es, dass unser bürokratischer Handelsapparat nicht in der Lage ist, das Problem der Versorgung unseres Marktes mit Zitrusfrüchten zu lösen. Und wenn dieses Ungeheuer mit Pauken und Trompeten verkündet, er werde den polnischen Markt mit Zitrusfrüchten überschwemmen, und dann die Hälfte der Früchte verderben lässt, ehe sie in die Läden kommen, frage ich mich immer wieder: Wo bleibt die Arbeiter-und-Bauern-Inspektion? Und mit wem sollte sie sich überhaupt befassen: mit Krzysio oder mit dem Urheber des Zitrusfrüchteskandals?«[82]

Beim Thema Orangen fällt mir diese Geschichte ein: Eine polnische Bloggerin erzählt: »Sie fragen sich vielleicht, warum Orangen stets Erinnerungen an die Feiertage im kommunistischen Polen hochbringen? Nun, die Feiertage waren die einzige Zeit, in der die Menschen im Kommunismus Zitrusfrüchte bekamen. Es war eine so große Sache, dass wir vom staatlichen Fernsehen über die aktuellen Positionen der verschiedenen Transportschiffe für diese Früchte auf dem Laufenden gehalten wurden.«[83] Marcin Zielinski sagte mir, seine Großmutter gebe ihm bis heute Orangen als Weihnachtsgeschenk, weil sie diese nach ihren Erfahrungen aus der sozialistischen Zeit noch als etwas ganz besonders Begehrenswertes und Seltenes empfinde.

Man kann den Kommunisten in Polen nicht vorwerfen, dass sie nicht immer wieder versucht hätten, das System zu reformieren. Aber da die Reformer systemimmanent blieben, also sich davor scheuten, das sozialistische Wirtschaftssystem als solches infrage zu stellen, waren sie zum Scheitern verurteilt. Bartłomiej Kaminski zeigt in seinem Buch »The Collapse of State Socialism«, dass die Reformen in den 80er-Jahren die Probleme der Wirtschaft teilweise sogar vergrößerten.

Auf den ersten Blick schienen die 1980 beschlossenen Reformen sehr radikal und sogar weitergehend als die Reformen in Ungarn oder in Jugoslawien.[84] Die Zauberformel hieß SSS – self-dependent, self-managed, and self-financed. Self-management hieß, dass die Entscheidungen auf die Ebene der Betriebe verlagert werden und von Arbeitern getroffen werden sollten. Self-financing sollte bedeuten, dass die Unternehmen weniger Unterstützung vom Staat bekämen und ein engerer Zusammenhang zwischen den erzielten wirtschaftlichen Ergebnissen und der Entlohnung der Arbeiter bzw. des Managements hergestellt werden sollte. Self-dependence stand für eine größere Unabhängigkeit von den zentralen staatlichen Planungsbehörden.[85]

Eines der wesentlichen Merkmale der Reformen in den 80er-Jahren war, dass teilweise finanzielle Anreize an die Stelle staatlicher Kommandos traten. »Durch die Reformen änderte sich die Mischung der staatlichen Instrumente zugunsten der Finanzinstrumente, die theoretisch Instrumente der indirekten Kontrolle sind. Das Problem dabei war: Sie konnten nur als Instrumente der direkten Kontrolle eingesetzt werden, weil die Reformmaßnahmen nicht annähernd dazu in der Lage waren, den Staat von der Wirtschaft zu entkoppeln.«[86]

Die Reformen sollten den Sozialismus verbessern, aber nicht abschaffen. Das staatliche Eigentum an Produktionsmitteln, das wesentliche Merkmal des Sozialismus, blieb weitgehend unangetastet. Man scheute davor zurück, eine wirkliche Marktwirtschaft einzuführen – und am Ende verstrickte man sich in noch mehr Regulierungen und Ungereimtheiten, sodass die Situation nicht besser, sondern schlechter wurde. »Aus der Analyse des polnischen Experiments mit der Wirtschaftsreform lässt sich die Folgerung ziehen, dass der Einsatz von marktwirtschaftlichen Maßnahmen in einem nicht-marktwirtschaftlichen Umfeld die schlechtesten Elemente aus beiden Welten vereint: Die ›Monetarisierung‹ der zentralen Kontrollen führte zu einem Nebeneinander von galoppierender Inflation und Knappheit. Durch das Fehlen von Wettbewerb und Märkten entstand der Druck, das Maß der direkten mikroökonomischen Eingriffe durch den Staat zu erhöhen.«[87]

Die vielen Reformversuche, die es immer wieder gab,[88] hatten trotzdem etwas Gutes: Denn dadurch wurden die Illusionen auf einen »dritten Weg« zwischen Kapitalismus und Sozialismus zerstört. Zwar ist es richtig, wenn Gavin Rae schreibt, es sei unvorstellbar, dass die ursprüngliche Solidarność -Bewegung ein Programm wie das ab 1990 durchgeführte radikale kapitalistische Reformprogramm gutgeheißen hätte und dass dies auch nicht dem entsprach, was am »Runden Tisch« verabredet worden war.[89] Richtig ist aber auch, wie Rae ebenfalls schreibt: »Durch das Scheitern der aufeinanderfolgenden Reformen in den letzten Jahren des Sozialismus verstärkte sich in der Gesellschaft die Überzeugung, dass das System nicht reformierbar sei und dass es einen klaren politischen und wirtschaftlichen Bruch mit der Vergangenheit geben müsse.«[90]

Hierdurch bekam ein wirklicher Reformer, Leszek Balcerowicz, eine Chance. Er hatte verstanden, dass systemimmanente Reformen vergeblich sein würden und nur eine Überwindung des Sozialismus und Einführung des Kapitalismus zu einer Besserung führen könne – dazu später mehr.

Die Bilanz der sozialistischen Wirtschaft war ernüchternd: 1989 war Polen eines der ärmsten Länder in Europa. Ein polnischer Arbeitnehmer verdiente durchschnittlich weniger als 50 USD im Monat – weniger als ein Zehntel des Wertes in der Bundesrepublik Deutschland. Selbst wenn man die unterschiedliche Kaufkraft berücksichtigt, verdiente ein Pole 1989 nicht einmal ein Drittel des Gehalts eines Westdeutschen.[91] Und Marcin Zielinski ergänzt: Der Begriff Kaufkraft hatte in einem sozialistischen Land wie Polen eine ganz andere Bedeutung als in kapitalistischen Wirtschaftssystemen. In Polen stand vielleicht ein niedriger Preis auf dem Preisschild, aber es war schwer, das Produkt zu erhalten.

»Die Polen waren ärmer als ein Durchschnittsbürger aus Gabun, der Ukraine oder Surinam. In Bezug auf das Einkommen hinkte Polen sogar hinter den anderen kommunistischen Ländern seiner Vergleichsgruppe her: Das Pro-Kopf-BIP war gerade einmal halb so hoch wie das Einkommensniveau in der Tschechoslowakei.«[92]

1988/89 waren die Regale in vielen polnischen Geschäften noch leerer, als man es ohnehin im Sozialismus kannte. Oft gab es nur noch Brot, Milch und Essig. Und selbst die grundlegendsten Nahrungsmittel konnte man nur gegen Lebensmittelmarken bekommen.[93] Auch die Infrastruktur war heruntergekommen. Es gab weniger als 200 Kilometer Autobahn, die meist in den ehemaligen deutschen Gebieten lagen und unter den Nationalsozialisten gebaut worden waren.[94]

Die Ausgangsbedingungen waren also miserabel und niemand erwartete, dass Polen in den kommenden Jahrzehnten Schauplatz eines Wirtschaftswunders werden sollte. Die Beobachter hätten eher erwartet, dass Ungarn Vorreiter sein würde oder vielleicht die Tschechoslowakei, die DDR oder Slowenien. Aber Polen? Auf dieses Land setzte angesichts der schlechten Ausgangsbedingungen niemand.[95]

Politischer Wandel

Die Voraussetzungen dafür wurden durch den politischen Wandel in Polen seit den 80er-Jahren geschaffen. Der entscheidende Impuls für das Ende der sozialistischen Diktatur ging von den Arbeitern aus. Die ganze Nachkriegsgeschichte in Polen ist durchzogen von immer neuen

Streiks und anhaltenden Protesten der Arbeiterschaft, die oft brutal niedergeschlagen wurden.

Ein Beispiel sind die Streiks, die am 14. Dezember 1970 in der Danziger Werft begannen. In der Nacht vom 15. auf den 16. Dezember wurden die streikenden Arbeiter von Armeeeinheiten mit Panzern umzingelt. Als sie den Betrieb verließen, wurde auf sie geschossen und Soldaten marschierten auf das Betriebsgelände. Am 15. Dezember brachen auch in der Werft von Gdingen (Gdynia) Streiks aus. Es gab Todesopfer und Verletzte. »Die Brutalität der Repressionseinheiten – nicht nur während der Ereignisse auf den Straßen, sondern auch gegenüber den bereits Festgenommenen – war schockierend. In den Gefängnissen und in provisorischen Haftanstalten wurden die Menschen bis zur Bewusstlosigkeit geschlagen und schwer verletzt.«[96] Ich besuchte im Januar 2023 die Danziger Werft, wo es heute zwei Museen und eine Gedenktafel gibt. Auf der Gedenktafel stehen die Namen der Arbeiter, die damals getötet wurden – die jüngsten von ihnen waren 15, 16 oder 17 Jahre alt.

Auch in vielen anderen Städten kam es in dieser Dezemberwoche zu Streiks und Demonstrationen, bei denen 45 Personen getötet wurden. Von ihnen waren zwölf unter 20 und 24 unter 30 Jahren gewesen. 1.100 Menschen wurden verwundet, die meisten waren Arbeiter.[97]

Psychologisch wichtig war, dass im Oktober 1978 ein Pole, der 1920 in Wadowice geborene Karol Józef Wojtyła, zum Papst gewählt wurde (Johannes Paul II). Die Polen waren voll Begeisterung darüber, und der Papst stand eindeutig für die Werte der Freiheit. Millionen Polen säumten die Straßen, als er im Juni 1979 seine Heimat besuchte.

Im August 1980 begann eine neue Streikwelle. Die Arbeiter der Lenin-Werft in Danzig forderten neben höheren Löhnen die Zulassung freier Gewerkschaften. Es ist bemerkenswert, dass die Arbeiterschaft, angeblich ja die herrschende Klasse in der »Diktatur des Proletariats«, jene Kraft war, die sich immer wieder gegen die Herrschenden auflehnte und ihrem Unmut durch Streiks und Demonstrationen Nachdruck verlieh. Die kommunistische Regierung musste schließlich dem Druck nachgeben und die Gewerkschaft anerkennen – bald schon traten rund zehn Millionen Polen Solidarność bei. Immer mehr Menschen sagten sich von der Kommunistischen Partei los. Bis 1981 verließen 350.000 Mitglieder die PZPR, vor allem Arbeiter.[98]

Die Sowjetunion hatte zu Recht Angst vor dieser Entwicklung, denn es drohte eine Signalwirkung in andere sozialistische Staaten. In Polen befürchteten die Menschen, die Sowjetunion könne militärisch intervenieren, so wie sie es 1953 in Ost-Berlin, 1956 in Budapest oder 1968 in Prag getan hatte. Am 13. Dezember 1981 verhängte die Regierung in Polen das Kriegsrecht und inhaftierte den populären Arbeiterführer Lech Wałęsa. Solidarność und die gesamte Opposition mussten jetzt wieder im Untergrund agieren.

Die wirtschaftliche Lage verschärfte sich weiter. Ende der 1980er-Jahre kam es erneut zu Massenstreiks. Die polnische Regierung musste der Bildung eines sogenannten »Runden Tisches« zustimmen. Er wurde im Februar 1989 ins Leben gerufen. An ihm nahmen neben der kommunistische Partei PZPR auch die Gewerkschaft Solidarność und die katholische Kirche teil, die in Polen damals noch mächtiger und einflussreicher war als heute.

Ein Ergebnis der Verhandlungen am Runden Tisch war die Wiederzulassung von Solidarność, ein anderes war, Wahlen durchzuführen, die zwar nicht dem Standard von freien Wahlen in demokratischen Ländern entsprachen, sich aber von Scheinwahlen, wie sie für kommunistische Staaten typisch sind, deutlich unterschieden. 161 der 460 Sitze des polnischen Parlaments Sejm konnten frei gewählt werden. Bei vorangegangenen Wahlen waren die Listen von der PZPR und den anderen regimetreuen Parteien belegt, nun konnten erstmals auch unabhängige Personen kandidieren. Außerdem wurde die zweite Kammer des Parlaments, der Senat, wieder eingeführt. Hier konnten die Wahlberechtigten über alle 100 Sitze abstimmen. Bei der Sejm-Wahl im Juni 1989 trat das »Bürgerkomitee Solidarność« an und erreichte bereits im ersten Wahlgang die absolute Mehrheit der frei zu wählenden Sitze im Sejm. Nach dem zweiten Wahlgang war klar, dass neben allen 161 Sejm-Abgeordneten der Solidarność auch 99 ihrer 100 Kandidaten einen Sitz im Senat gewonnen hatten.

Balcerowicz und die ökonomischen Reformen

Die wirtschaftliche Lage im sozialistischen Polen schien unterdessen aussichtslos. Selbst Teile der herrschenden Partei hatten inzwischen erkannt, dass nur mehr unternehmerische Freiheit Polen retten könne. Deshalb wurde am 27. September 1988 der Unternehmer Mieczysław Wilczek, der seit 1985 Berater verschiedener Ausschüsse des Sejm war, von Ministerpräsident Mieczysław Rakowski zum Industrieminister (Minister przemysłu) in dessen Kabinett berufen. Dieses Ministeramt bekleidete er bis zum Ende der Amtszeit Rakowskis und seiner Ablösung durch Tadeusz Syryjczyk am 12. September 1989.

Im Jahr 1988 legte Wilczek einen nach ihm benannten Gesetzentwurf (ustawa o działalności gospodarczej, oder »Act on Business Activity«, auch Ustawa Wilczka genannt) im Sejm vor, der die Gründung von kleinen Unternehmen in den letzten Monaten der Polnischen Volksrepublik in die Wege leitete. Vereinfacht gesagt, erlaubte das Gesetz jedem polnischen Bürger jede Art von wirtschaftlicher Aktivität.

Dass die regierenden Kommunisten ein solches Gesetz akzeptierten, war eine Verzweiflungstat, die man mit Lenins »Neuer Ökonomischer Politik« verglichen hat.[99] Sogar der Führer der sowjetischen Oktober-Revolution musste Anfang der 1920er-Jahre erkennen, dass eine Fortsetzung der radikalen Wirtschaftspolitik das Bestehen der Sowjetmacht bedroht hätte. Die industrielle Produktion war bereits auf ein Zehntel des Wertes von 1913 gesunken, die Menschen hungerten. Lenin unternahm darauf eine Kehrtwendung und verkündete auf dem X. Parteitag der KPR im März 1921 die »Neue Ökonomische Politik« (NEP). Lenin gab zu, »dass wir an der ökonomischen Front eine ziemlich schwere ökonomische Niederlage erlitten haben«.[100] Immerhin war Lenin so klug, zu erkennen, dass eine Lösung nur in der »Wiederherstellung des Kapitalismus in beträchtlichem Ausmaß« bestehen konnte. »In wie großem Ausmaß, das wissen wir nicht.« So hat Lenin es selbst wörtlich formuliert.[101]

Die NEP in der Sowjetunion legalisierte die gewinnorientierte Produktion, das Privateigentum in der Konsumgüter-Produktion und den Erwerb von Reichtum. Außerdem band es die Bauern durch eine

»Naturalsteuer« in das ökonomische System. Den Staatsbetrieben erlaubte Lenin, ihre Fabriken an Privatpersonen zu verpachten sowie Finanzierung und Logistik von unternehmerischen Tätigkeiten in private Hände zu geben. Im Juli 1921 wurde sogar die Gewerbefreiheit für Handwerker und kleinindustrielle Betriebe wiederhergestellt.[102]

Das Gesetz von Wilczek in Polen ging noch weiter. Dort hieß es unter anderem:

> »Artikel 1: Die Aufnahme und Ausübung einer unternehmerischen Tätigkeit ist frei und steht allen bei gleichen Rechten und unter Einhaltung der gesetzlich vorgeschriebenen Bedingungen offen.
>
> Artikel 2: (...) Ein Unternehmen, das eine wirtschaftliche Tätigkeit ausübt, im Folgenden ›Unternehmen‹ genannt, kann eine natürliche Person, eine juristische Person oder eine Organisationseinheit ohne Rechtspersönlichkeit sein, die im Einklang mit den gesetzlichen Bestimmungen gegründet wurde ...
>
> Artikel 4: Unternehmen dürfen im Rahmen ihrer wirtschaftlichen Tätigkeit alles tun, was nicht durch das Gesetz verboten ist ...
>
> Artikel 5: Ein Unternehmen darf ohne Einschaltung der Arbeitsbehörden eine unbegrenzte Anzahl von Mitarbeitern beschäftigen.«[103]

Viele Polen betrachteten das am 23. Dezember 1988 verabschiedete Gesetz wohl als ihr schönstes Weihnachtsgeschenk. Roman Kluska, Gründer der Firma Optimus, erinnert sich, wie herrlich einfach es auf einmal war, ein Unternehmen zu gründen:

»Um zu lernen, wie man eine Firma führt, musste man damals nur ein paar Gesetze lesen: das Handelsgesetz, das Steuergesetz, das Zollgesetz und das Arbeitsgesetz. Ich habe das praktisch über Nacht gemacht. Damals gab es in Polen Zehntausende von Menschen wie mich. Jeder von ihnen gründete ein kleines Unternehmen und machte sich an die Arbeit. Arbeit und mentale Kraft waren das Einzige, was zählte. Das waren wunderbare Zeiten. Beamte hatten nicht viel zu sagen. Und das Steuerrecht war so einfach, dass ich bei einer Prüfung dem Prüfer nicht einmal eine Tasse Tee anbieten musste.«[104]

Das Ergebnis war beeindruckend und das Gesetz setzte viel unternehmerische Initiative frei. Die Polen hatten auf wirtschaftliche Freiheit so lange gewartet und nun schien sie endlich da zu sein: »Nach jahrelanger Unterdrückung wurde in Polen das Unternehmertum endlich wieder zugelassen. Die Polen stellten Stände – mobile und faltbare Marktstände aus Blech – auf und starteten ein Geschäft. Sie holten ihr ›unter dem Kopfkissen verstecktes‹ Bargeld hervor und begannen, Unternehmen zu gründen. Innerhalb von etwa einem Dutzend Monaten wurden rund zwei Millionen Unternehmen gegründet und sechs Millionen Arbeitsplätze geschaffen.«[105]

Bis dahin fand private Geschäftstätigkeit oft unter absurden Bedingungen statt. Alicja vom Karta-Archiv erinnert sich: »Mitte 1988 bot mir ein Freund eine Stelle in einer neu gegründeten Computerfirma an, die Menschen helfen sollte, die aus dem Untergrund kamen, Verfolgte, ehemalige Häftlinge usw. Meine Firma befasste sich mit dem Import von Computern aus Singapur und Hongkong. Es war ein sehr schwieriges Verfahren, denn Computer konnten nur von Privatpersonen ›für den Eigenbedarf‹ gekauft werden. Das Risiko war hoch und man musste viele Wochen auf ein Paket warten, von dem man nicht sicher sein konnte, ob es überhaupt ankommen würde. Wenn man aber einen solchen Computer bekam, konnte man ihn später an andere Leute ›verschenken‹. Zum Beispiel schenkte die Tante den Computer ihrem Neffen, und nur dieser wiederum konnte den Computer über unsere Firma verkaufen ... Es war verrückt, und man musste sehr kreativ sein, um die dummen Vorschriften zu umgehen. Der Gewinn aus dem Verkauf eines solchen Computers war aber enorm! Mein Mann und ich haben auch einen Computer mitgebracht – dank der Hilfe eines ›erfahrenen‹ Freundes und geliehenen Geldes.«

Die Reform von Mieczysław Wilczek war der letzte von vielen Versuchen, innerhalb des bestehenden sozialistischen Systems Reformen durchzuführen – ein Versuch, der schon über das System hinauswies. Einerseits hat diese Reform Positives bewirkt, andererseits gab es jedoch auch negative Effekte, wie Marcin Zielinski erwähnt: »Weil es nur eine Teillösung war, konnte sie zu einer ›Oligarchisierung‹ der Wirtschaft führen, da sie es der Nomenklatura (hochrangigen Amtsträgern) ermöglichte, wirtschaftliche Vorteile aus ihrer gesellschaftlichen Stellung zu ziehen. So wurden beispielsweise viele Privatunternehmen von Angehörigen der Nomenklatura gegründet, die staatliche Unternehmen leiteten, mit denen sie als Eigentümer zusammenarbeiteten. Der Anreiz bestand darin, mit privaten Unternehmen Gewinne und mit staatlichen Unternehmen Verluste zu erzielen. So wurden Letztere schließlich in den Konkurs getrieben, um ihre Übernahme zu ermöglichen.«

Wie erwähnt, erkannten immer mehr Menschen in Polen, dass das planwirtschaftliche System nicht funktionierte. Auch Wirtschaftswissenschaftler machten sich Gedanken, wie man es überwinden könnte. Einer davon war Leszek Balcerowicz, der später noch eine große Rolle spielen sollte.

Balcerowicz wurde 1947 in Lipno geboren und studierte Außenhandel an der Hochschule für Planung und Statistik in Warschau, »der wirtschaftswissenschaftlichen Fakultät mit der wahrscheinlich größten Offenheit in den sozialistischen Ländern«.[106] 1975 promovierte er – seine Doktorarbeit basierte auf einer umfassenden Untersuchung der westlichen Literatur zum Thema technischer Wandel. Er trat Ende der 60er-Jahre der Polnischen Vereinigten Arbeiterpartei (PZPR) bei, weil er nur innerhalb der Partei die Chance sah, etwas zu verändern. Dass das sozialistische Einparteiensystem zu einem Ende, ganz zu schweigen von einem friedlichen Ende, kommen würde, glaubte damals kaum jemand.

Balcerowicz erhielt in den 1970er-Jahren ein Stipendium für die USA. Sein dortiges Studium schloss er mit einem Master of Business Administration ab, eine Besonderheit für einen Polen unter den damaligen politischen Verhältnissen. Er gründete bei Entstehen der Solidarność ein Team, das Pläne für eine Wirtschaftsreform ausarbeitete. Wie auch die anderen Reformer begann er mit Ideen, die im Rahmen eines sozialistischen Systems zu mehr Marktwirtschaft und Wettbewerb führen würden, doch schon bald erkannte er, dass innerhalb des engen planwirtschaftlichen Korsetts keine wirklichen Änderungen möglich sind.

»Ich war beeindruckt von der Naivität der ›sozialistischen Seite‹, vertreten durch Oskar Lange und andere, und der Vernunft des ›antisozialistischen‹ Lagers, für das Ludwig von Mises und Friedrich Hayek standen. Ich ging voll und ganz konform mit von Mises' ironischer Vorhersage, dass eine wirkungsvolle Reform des Sozialismus eine Rückkehr zum Kapitalismus nach sich ziehen werde.«[107]

Balcerowicz studierte wirtschaftliche Erfolgsgeschichten auf der einen Seite – beispielsweise von Taiwan, Südkorea oder Ludwig Erhards Wirtschaftsreformen in Deutschland – und andererseits die vergeblichen Versuche, innerhalb sozialistischer Systeme Reformen durchzuführen. Im Frühjahr 1989 schrieb er einen Aufsatz über die notwendigen Reformen in Polen, in dem er für rasche Liberalisierungen plädierte. Damals hatte er noch keine Ahnung, dass er ein paar Monate später für die Wirtschaftsreformen in Polen verantwortlich sein würde. Er hatte nie geplant, in die Politik zu gehen.

Aber die Wahlen vom Juni 1989, die mit einem überwältigenden Sieg von Solidarność endeten, änderten alles – auch für sein eigenes Leben. Ende August 1989 fragte ihn der neue polnische Ministerpräsident Tadeusz Mazowiecki, ob er »sein Ludwig Erhard werden« wolle (Ludwig Erhard hatte in Deutschland nach dem Zweiten Weltkrieg die Marktwirtschaft in Westdeutschland eingeführt). Von 1989 bis 1991 war Balcerowicz in den ersten nichtkommunistischen Regierungen unter Mazowiecki und dessen Nachfolger Jan Krzysztof Bielecki Vizepremier und Finanzminister.

Die Ausgangsbedingungen in Polen waren besonders schwierig – schwieriger als in vielen anderen sozialistischen Ländern. Denn zusätzlich zu den allgemeinen Problemen, unter denen alle sozialistischen Planwirtschaften leiden, gab es eine sehr hohe Inflation und eine gewaltige Staatsverschuldung. Die Situation verschlechterte sich auch dadurch, dass die Schulden bei westlichen Gläubigern stärker und stärker stiegen, sodass Polen im Jahr 1984 »der drittgrößte Schuldner der Welt« war.[108] Die Auslandsschulden Polens (vor allem bei kapitalistischen Ländern) explodierten von 1,1 Milliarden USD im Jahr 1971 bis auf 40 Milliarden USD im Jahr 1989, stärker als in den anderen sozialistischen Ländern.[109] Die Inflation lag 1989 auf das Jahr gerechnet in Polen bei 640 Prozent, während sie in Ungarn 18,9 Prozent, in Bulgarien 10 Prozent und in der Tschechoslowakei und Rumänien sogar nur 1,5 bzw. 0,6 Prozent betrug.[110]

Eine andere Ausgangsbedingung scheint auf den ersten Blick positiv, hatte aber auch eine sehr negative Seite. Wie erwähnt, fand in Polen – anders als in anderen sozialistischen Staaten – keine groß angelegte Kollektivierung der Landwirtschaft statt, weil sich der Widerstand der Bauern als zu mächtig erwies. Allerdings hatten die 2,7 Millionen Privatbetriebe eine durchschnittliche Größe von lediglich 7,2 Hektar, wobei 30 Prozent davon weniger als 2 Hektar aufwiesen.[111] Zum Vergleich: In der Bundesrepublik Deutschland war die von einem Landwirt bearbeitete Fläche zwischen 1950 und 1989 von 2,9 auf 12,5 Hektar gewachsen. Diese extreme Zersplitterung des Farmlandes gehörte zu den negativen Ausgangsbedingungen in Polen.

Und dies alles waren nur die Polen-spezifischen Faktoren, die die Situation im Land besonders schwierig machten. Das Wesentliche waren natürlich die Probleme, die jedes planwirtschaftliche System mit sich bringt: Das Fehlen von echten Preisen, weil sie staatlich festgesetzt wurden, das Fehlen von Wettbewerb, die Orientierung nicht am Gewinn, sondern an vom Plan vorgegebenen Produktionszielen – all dies sind die Faktoren, von denen schon Ludwig von Mises in seinem 1922 erschienenen Buch »Gemeinwirtschaft« erklärte, dass sie der Grund dafür sind, warum Sozialismus nicht funktioniert.

Die wohl wichtigste Erkenntnis, die Balcerowicz hatte und die der Grund für den Erfolg seines Reformprogramms war, lautete: Kleine Reformschritte werden bei diesen Problemen nichts helfen. Nur schnelle, umfassende und radikale Reformen in allen Bereichen können die Situation ändern. Balcerowicz hatte, was für einen Ökonomen nicht selbstverständlich ist, auch ein gutes politisches Gespür, das ihm sagte: Es gibt in der aufgewühlten Situation nur ein sehr kurzes Zeitfenster für Reformen. Entweder wird dieses Zeitfenster mit entschlossenen, schnellen Reformmaßnahmen genutzt, oder man ist zögerlich, und dann wird es schwierig oder unmöglich, solche Schritte umzusetzen.

»Der Hauptgrund für den Erfolg der polnischen Wirtschaftsreformen«, so Balcerowicz, »scheint das hohe Tempo der Anfangsphase zu sein, als die Grundmauern für ein liberales Wirtschaftssystem und makroökonomische Stabilität gelegt wurden. Für die Befürworter der marktorientierten Reformen war es leichter, diese als Fait accompli zu verteidigen, als angesichts einer starken populistischen Opposition im Parlament nach den Wahlen vom Oktober 1991 die Reformen nur schrittweise voranzubringen.«[112]

Was war die Strategie von Balcerowicz und wie setzte er sie durch? Kurzfristig ging es darum, durch eine vernünftige Geldpolitik die Inflation einzudämmen. Zudem musste das Problem der Auslandsschulden durch Verhandlungen mit den Gläubigern gelöst werden. Von denen war eher ein Schuldenerlass zu erwarten, wenn sie sahen, dass Polen marktwirtschaftliche Reformen durchführen würde. Die hatte Balcerowicz ohnehin im Sinn – nur hatte er jetzt mit dem Hinweis auf die ausländischen Gläubiger noch ein zusätzliches Argument dafür. Zugleich hoffte er, dass durch radikale Liberalisierung der Preise kurzfristig das Angebot an Waren verbessert werden könnte, sodass die Menschen auch im Alltag merkten, was ihnen die Reformen an Positivem brachten.

Eine weitere Aufgabe, die er sich stellte, war, Institutionen zu schaffen, die für das Funktionieren einer kapitalistischen Wirtschaft wichtig sind, also beispielsweise eine unabhängige Zentralbank und eine Börse. Ebenfalls auf dem Programm stand die Privatisierung von Staatsunternehmen und die Einführung von Import- und Exportkontrollen.

Der Minister erarbeitete seinen Plan, der bald »Balcerowicz-Plan« genannt wurde. Ende 1989 und im Februar 1990 wurde der Plan durch die Regierung verabschiedet, im Juli dann durch das polnische Parlament. Weitere Reformen folgten, darunter ein Versicherungsgesetz, ein Konkursgesetz und eine Steuerreform.

Die Reformen waren ein großer Erfolg. Die Inflation ging stark zurück. Der Verbraucherpreisindex lag in den letzten fünf Monaten des Jahres 1989 auf Jahresbasis bei etwa 3.000 Prozent. Die VPI-Inflation (Ende des Jahres) betrug 1990 249 Prozent, 1991 60,4 Prozent, 1992 44,3 Prozent und 1993 37,6 Prozent.[113] Balcerowicz bemerkt zu diesen Zahlen: Zwar war die Geldentwertung immer noch eindeutig zu hoch, doch sollte man die Disinflation in Polen mit der in den hochinflationären lateinamerikanischen Staaten vergleichen. In Chile und Mexiko dauerte es rund sieben Jahre, die dreistellige Inflation auf 15 bis 20 Prozent zu senken. Es sollte betont werden, dass die Disinflation in Polen in einer Zeit der radikalen Veränderung der relativen Preise stattfand. Das wiederum erforderte eine enorme Erhöhung einiger Schlüsselpreise und hier insbesondere der Energiepreise.[114]

Ein wichtiges Ergebnis der Reformen war, dass schon sehr rasch viel mehr und bessere Produkte in Polen erhältlich waren. Auch Gavin Rae, der etliche Aspekte des Wandels kritisch sieht (er spricht beispielsweise von einem »Ausverkauf nationaler Unternehmen an ausländisches Kapital«), räumt ein: »... die Geschäfte füllten sich mit Waren, die in der Regel von weitaus besserer Qualität waren als im Sozialismus. Die Mangelwirtschaft war beendet und das Angebot an hochwertigen Produkten erreichte allmählich Westniveau.«[115]

Das war eine wichtige Auswirkung für das Alltagsleben der Menschen. Denn radikale Reformen haben naturgemäß stets kurzfristig viele negative Auswirkungen, was die Geduld der Menschen auf eine Probe stellt. Umso wichtiger war es, dass sich rasch für die Mehrheit der Menschen konkret erlebbar auch positive Wirkungen einstellten.

Eine vorhersehbare negative Folge der Reformen war in allen ehemals sozialistischen Staaten, dass das BIP für einige Jahre einbrach, bevor es dann wieder wuchs. Der Rückgang betrug in Polen 1990 11,6 Prozent und 1991 7,6 Prozent. Das Bruttoinlandsprodukt stieg jedoch schon 1992 wieder um 1,5 Prozent und 1993 um 4 Prozent.[116]

Gavin Rae, der die »Schocktherapie« generell kritisiert, muss in seinem Buch »Poland's Return to Capitalism« dennoch einräumen:

»Trotz seiner Schwere fiel der BIP-Einbruch im Verhältnis zu vielen anderen Ländern in Mittel- und Osteuropa relativ gering aus. Auch war der Übergang in Polen dadurch gekennzeichnet, dass das Wachstum hier schneller zurückkehrte als in jeder anderen Wirtschaft in Mittel- und Osteuropa ...«[117]

Bei der Interpretation dieser Daten muss man berücksichtigen, dass die BIP-Daten im Sozialismus aufgrund von verschwenderischen Investitionen und hohen Militärausgaben stark aufgebläht waren. Tatsächlich waren die Ergebnisse also besser, als es die offiziellen Statistiken auswiesen, in denen beispielsweise der sehr rasche Zuwachs des privaten Sektors (von dem ein nicht geringer Teil in der Schattenwirtschaft stattfand) nicht angemessen berücksichtigt wurde.[118]

Das trifft auch für die Arbeitslosenzahlen zu, die von null auf 12 Prozent im Jahr 1991 und 14 Prozent im Jahr 1992 anstiegen und dann länger auf diesem Level verharrten.[119] In allen sozialistischen Ländern dürfte es offiziell nichts Negatives geben, also weder Arbeitslosigkeit, Armut, nennenswerte Kriminalität noch Umweltzerstörung. Menschen wurden statistisch als Beschäftigte erfasst, die keiner bzw. keiner irgendwie sinnvollen Betätigung nachgehen.

Für die DDR hat beispielsweise das Institut für Wirtschaftsforschung (ifo) berechnet, dass in Wahrheit 15 Prozent der Bevölkerung, also 1,4 Millionen Menschen, ohne Arbeit waren – auch wenn das auf dem Papier anders aussah[120] und jeder formal eine Anstellung in irgendeinem Kombinat, einer Fabrik, einem Geschäft, einer Behörde, einem Ministerium oder einer anderen Institution hatte. Experten sprechen dabei von verdeckter Arbeitslosigkeit.

In Polen war diese verdeckte Arbeitslosigkeit noch höher. Schätzungen zeigen, dass in den 1980er-Jahren ein erheblicher Teil der Erwerbstätigen von verdeckter Arbeitslosigkeit betroffen war. Die höchste Arbeitslosigkeit wurde in den Jahren 1981 und 1982 verzeichnet. In der Gesamtwirtschaft belief sie sich auf etwa 29 Prozent, in der Industrie sogar auf 38 Prozent. In den übrigen Jahren schwankte sie in der Gesamtwirtschaft um 20 bis 25 Prozent und in der Industrie um 30 bis 35 Prozent.[121]

Genaue Zahlen sind schwer zu schätzen, aber die verdeckte Arbeitslosigkeit dürfte bei 20 bis 30 Prozent gelegen haben.[122] Bei den Methoden, die Arbeitslosigkeit zu verstecken, waren die Kommunisten sehr kreativ – in einem Aufsatz wird gezeigt, wie durch manipulierte Darstellungen und Statistiken ca. sechs Millionen Arbeitslose verborgen wurden.[123]

Iwona Kienzler berichtet in ihrem Buch »Życie w PRL. I strasznie i śmiesznie«: Der Staat war der größte Arbeitgeber. Er hatte das Monopol auf Arbeit, aber er war auch verpflichtet, jedem Bürger einen Arbeitsplatz zu geben. Mehr noch: Arbeit für alle wurde durch die Verfassung von 1952 garantiert. Sie verpflichtete den Staat dazu, allen Bürgern Arbeitsplätze und Löhne zu sichern. Tatsächlich entstand so ein Paradoxon – das Wichtigste an der Arbeit war ... zur Arbeit zu kommen. In den Fabriken und Betrieben wurden zwar Arbeitsplätze geschaffen, doch die dort hergestellten Waren waren oft völlig nutzlos.

Die ganze Situation wurde in einem populären Witz perfekt auf den Punkt gebracht: »Herr Vorgesetzter, ich und Jozef haben beschlossen, während der Arbeit nicht mehr zu trinken und zu rauchen.« »Na schön. Und was macht ihr dann?«[124]

Sogar die kommunistischen Führer erzählten sich Witze über die angeblich nicht existierende Arbeitslosigkeit. Im April 1987 traf General Jaruzelski den sowjetischen Präsidenten Gorbatschow und berichtete ihm, dass Polens Probleme zum Teil durch die Fiktion der Vollbeschäftigung verursacht seien. Er veranschaulichte das mit einem Witz: »Zwei Kerle schieben die gleiche Schubkarre. Jemand fragt sie: ›Warum macht ihr das zu zweit?‹ Sie antworten: ›Weil der dritte krankgeschrieben ist.‹«[125]

Aus der versteckten Arbeitslosigkeit wurde nach dem Ende des Sozialismus zunächst offene Arbeitslosigkeit. Es war unvermeidlich, dass Menschen, die in Staatsbetrieben arbeiteten, welche international nicht wettbewerbsfähig und nur dank Subventionen und der Abschottung bisher nicht pleitegegangen waren, nun ihren Arbeitsplatz verloren, sodass aus der verdeckten eine offene Arbeitslosigkeit wurde. Die Staatsbetriebe schrumpften. Aber gleichzeitig entstanden zahlreiche neue Betriebe.

Allein in den Jahren 1990 bis 1993 wurden in Polen mehr als eine Million private Firmen gegründet.[126] Die Privatisierung der großen Staatsunternehmen kam nicht so schnell voran, aber viele dieser Firmen »erfuhren durch den Verkauf oder die Verpachtung von Vermögenswerten an den Privatsektor eine radikale Verkleinerung, was zur Entwicklung dieses Privatsektors beitrug«.[127] Ein wichtiges Ergebnis war das enorme Wachstum des privaten Sektors. »Der Anteil des Privatsektors (ohne Landwirtschaft und Genossenschaften) stieg von 13,2 Prozent der Gesamtbeschäftigten im Jahr 1989 auf 34,4 Prozent im Jahr 1992. Unter Einschluss von Landwirtschaft und Genossenschaften stieg der Anteil der Beschäftigung im Privatsektor Ende 1992 sprunghaft auf etwa 60 Prozent aller Beschäftigten und auf etwa 50 Prozent des BIP.«[128]

Einfache Menschen, die bislang als Angestellte oder Beamte gearbeitet hatten, gründeten ihre Firma oder machten sich selbstständig: Jaroslaw B schrieb in einem Brief an die Zeitschrift »Kobieta I Zycie«: »Ich war ein ganz normaler Angestellter in einer der zentralen Institutionen der polnischen Hauptstadt. Ich saß hinter meinem Schreibtisch, schob Papiere von rechts nach links und nahm an langen Konferenzen teil, die zu nichts führten. Von Zeit zu Zeit bekam ich kleine Gehaltserhöhungen und war mächtig stolz darauf. Und als Mann über vierzig fing ich an, mich nach der Rente zu sehnen. Als entschieden wurde, mein Büro aufzulösen, bedeutete das für mich das Ende der Welt ... Zufällig traf ich unterwegs in der Straßenbahnlinie 15 in Warschau einen Freund, der in der Technischen Hochschule arbeitete. Witus war modisch gekleidet und leitete das Gespräch damit ein, sich darüber zu beklagen, dass er gerade seinen Volvo in die Werkstatt gebracht habe und sich jetzt in eine so überfüllte Straßenbahn zwängen müsse. Natürlich erkundigte ich mich bei meinem früheren Kumpel, wie er seinen Lebensunterhalt bestritt. Die Antwort war: ganz einfach mit seinem Wissen. Er erinnerte mich daran, dass wir ja beide Wirtschaftstechniker waren und ich schließlich auch ein Soziologiestudium absolviert hatte ... Ich startete ganz vorsichtig und mit Herzklopfen, aber irgendwie entwickelte sich Schritt für Schritt alles so, wie ich es wollte. Ich holte meine Wirtschaftsbücher unter dem Bett hervor, stellte zwei Buchhalter aus meinem früheren staatlichen Büro ein und es stellte sich heraus, dass das selbstständige Arbeiten einfach faszinierend war.«[129]

Viele Menschen ließen sich vom neuen Geist des Kapitalismus anstecken und wollten Geld verdienen, sogar Kinder. Maciej Duszyński schrieb 1993 in einem Brief an das »Cash«-Magazin: »Mein Name ist Maciej Duszyński und ich bin zehn Jahre alt. Mein Vater liest Cash, so bin ich daran gekommen. Ich wünschte, es gäbe so ein Heft, das nur für Kinder gemacht ist, Kindern Wirtschaft und Kapitalismus beibringt und damit aufzeigt, wie man auf ehrliche Weise Geld verdient.«[130]

Das Wachstum des privaten Sektors führte dazu, dass die ungesunde Konzentration der Wirtschaft auf große Staatsbetriebe zurückging. Es entstand ein gesunder Mittelstand. Die Zahl der Beschäftigten in Industriebetrieben mit 51 bis 100 Angestellten stieg in den Jahren von 1989 bis 1991 um 202 Prozent an, während die Zahl der Beschäftigten, die in Firmen mit mehr als 5.000 Beschäftigten arbeiteten, um 35,6 Prozent zurückging.[131]

Auch für ausländische Investoren wurde Polen plötzlich attraktiv. Im Jahr 1989 investierten ausländische Firmen lediglich 60 Millionen USD in Polen. 1993 waren es bereits 1,5 Milliarden USD.[132] Gavin Rae kritisiert das als einen Ausverkauf an die Ausländer. Das ist jedoch abwegig, denn die ausländischen Investments erfolgten nur ausnahmsweise im Zusammenhang mit Privatisierungen. Mehr als 80 Prozent der Auslandsinvestments in den 90er-Jahren hatten nichts mit Privatisierungen zu tun.

Tatsächlich waren die ausländischen Investments ein wichtiger Aspekt der Integration Polens in die globale Wirtschaft, was sich sehr rasch und positiv im Alltagsleben der Polen auswirkte. So stieg in Haushalten von Arbeitern und Angestellten zwischen 1989 der Prozentsatz derer, die ein Stereo-Radio besaßen, von 22,6 auf 40,8 Prozent, und derjenigen, die einen Farbfernseher hatten, von 50,7 auf 91,4 Prozent.

1989 besaßen weniger als 5 Prozent ein Videogerät, 1992 war es schon mehr als die Hälfte. Auch der Anteil der Arbeiter und Angestellten, die eine Waschmaschine, einen Tiefkühlschrank oder ein Auto hatten, stieg von 1989 bis 1992 jeweils um mindestens zehn Prozentpunkte.

Der Anstieg bei Rentnerhaushalten war sogar noch größer: 1989 besaßen erst 5,4 Prozent der Rentner ein Stereo-Radio, 1992 waren es schon 13,4 Prozent. Der Anteil der Videorecorder-Besitzer stieg von 0,7 auf 13,5 Prozent. Und während 1989 nur 30,4 Prozent der Bauern ein Auto ihr Eigen nennen konnten, waren es 1992 schon 41,7 Prozent. Bei den Rentnerhaushalten stieg der Anteil derer, die ein Auto besaßen, in dieser kurzen Zeit von 9,2 auf 15 Prozent.[133]

Noch bemerkenswerter als die kurzfristigen Erfolge waren die langfristigen Wirkungen der Wirtschaftsreformen. Im Jahr 2017 erschien ein bemerkenswertes Buch des Ökonomen Marcin Piatkowski, »Europe's Growth Champion«, in dem er Bilanz zog nach 25 Jahren: »Doch 25 Jahre später ist Polen zum unangefochtenen Vorreiter des Wandels und zum Wachstumschampion in Europa und der Welt geworden. Seit Beginn des postkommunistischen Übergangs im Jahr 1989 ist Polens Wirtschaft stärker gewachsen als die jedes anderen Landes in Europa. Das polnische BIP pro Kopf ist fast um das Zweieinhalbfache gestiegen und dieser Zuwachs übertrifft damit nicht nur alle anderen postkommunistischen Staaten, sondern auch die Euro-Zone.«[134]

Nach den Daten der Weltbank betrug das BIP pro Einwohner im Jahr 1989 30,1 Prozent des entsprechenden Wertes in den USA und stieg bis zum Jahr 2016 auf 48,4 Prozent des US-Niveaus.[135] Und dies machte sich auch im Leben der Menschen bemerkbar. Das Einkommen der Polen wuchs von ca. 10.300 USD im Jahr 1990 kaufkraftbereinigt auf fast 27.000 USD im Jahr 2017.[136] Vergleicht man das Einkommen der Polen mit denen in der EU-15, dann lag es 1989 bei weniger als einem Drittel und stieg auf knapp zwei Drittel im Jahr 2015.

Obwohl Ostdeutschland Milliardensubventionen aus Westdeutschland bekam, verbesserte sich – relativ gesehen – das Einkommen der Polen stärker als das der Ostdeutschen.[137] Auch im weltweiten Maßstab war das Wachstum in Polen bemerkenswert – es wuchs zeitweise sogar schneller als die wachstumsstarken asiatischen Länder Südkorea, Singapur oder Malaysia.[138] »Was die Beständigkeit des Wirtschaftswachstums anbelangt, steht Polen kurz davor, die ganze Welt zu übertreffen: Die Wirtschaft ist 25 Jahre lang – von 1992 bis 2017 – in Folge gewachsen und hat damit die historischen Rekorde von Südkorea, Singapur und Japan geschlagen.«[139] Nur die Corona-Krise führte dann, wie in fast allen Ländern, zu einem Einbruch.

Antikapitalisten beklagen, dass Reiche stärker vom Wirtschaftswachstum profitieren als Arme. Vergleicht man die Einkommen der Polen von 1989 mit dem Stand im Jahr 2016, dann zeigt sich in der Tat, dass sich die Einkommen der reichsten 10 Prozent der Polen um 135 Prozent steigerten, während die Durchschnittseinkommen »nur« um 100 Prozent wuchsen und die der ärmsten 10 Prozent der Bevölkerung um 40 Prozent.[140] Wer sich primär für das Thema Ungleichheit interessiert, wird das kritisieren, wem es hingegen um die Beseitigung von Armut geht, wird feststellen, dass alle Bevölkerungsgruppen profitierten.

Noch wichtiger ist, dass diejenigen, die vor 20 Jahren arm waren, keineswegs mit denjenigen identisch sind, die heute arm sind. Bei Armutsanalysen wird oft falsch unterstellt, dass diese Kategorien sich immer auf dieselben Personen beziehen. Und damit wird das Wichtigste übersehen, nämlich die Frage, welche Aufstiegschancen jemand hat. Die soziale Mobilität in Polen ist sehr hoch. »Eine Reihe umfangreicher soziologischer Untersuchungen, die zwischen 2011 und 2015 unter mehr als 30.000 Befragten durchgeführt wurden, ergab, dass mehr als 40 Prozent der Haushalte aus den unteren 20 Prozent in eine höhere Gruppe aufgestiegen waren, während 40 Prozent der Haushalte aus den oberen 20 Prozent in eine niedrigere Gruppe abgestiegen waren.«[141]

Wobei »Abstieg« nicht zwangsläufig gleichbedeutend sein muss mit einer Abnahme des absoluten Einkommensniveaus. Also: Wer in relativer Hinsicht arm ist, muss keineswegs arm bleiben, aber umgekehrt gilt natürlich auch: Wer in relativer Hinsicht reich ist, hat keine Garantie, reich zu bleiben. Das ist das Wesen eines echten marktwirtschaftlichen Gemeinwesens, und das traf auch auf Polen zu.

Und nicht nur der Lebensstandard verbesserte sich dramatisch, sondern auch die Situation der Umwelt. Antikapitalisten machen die Profitgier privatkapitalistischer Firmen für die Umweltzerstörung verantwortlich. Tatsächlich war jedoch die Umweltzerstörung in sozialistischen Ländern viel schlimmer.

Die Verschmutzung von Wasser und Luft in Polen ging nach dem Ende des Sozialismus rasch zurück. Und dies war nicht in erster Linie ein Ergebnis des Rückgangs des BIP, denn der Rückgang der Luft- und Wasserverschmutzung war ein Vielfaches höher. »Die in die Flüsse eingeleitete Abwassermenge war 1992 um 40 Prozent geringer als 1989. Die Menge der flüssigen Schadstoffe ging um 50 Prozent zurück, während sich der Ausstoß an gasförmigen Schadstoffen um 40 Prozent reduzierte.«[142]

Auch die Luftqualität verbesserte sich erheblich. Von 1990 bis 2019 ging die Zahl der auf Luftverschmutzung zurückzuführenden Todesfälle in Polen deutlich zurück: von einem Höchststand von 51.800 auf 31.100 Personen.[143]

Piatkowski hebt hervor: »Der für die Produktion einer Einheit erforderliche Energieaufwand und die damit verbundene Umweltbelastung waren in Mittel- und Osteuropa 1980 fast achtmal höher als in Westeuropa. In der polnischen Industrieregion Schlesien war die Konzentration von Benzopyren in der Luft zehnmal höher als im Westen, was Atemwegserkrankungen und vorzeitigen Tod zur Folge hatte. Die Wende kam der Umwelt zugute. Die Energieintensität, d. h. das [in BTU gemessene, R.Z.] Verhältnis zwischen Energieverbrauch und BIP, ging in Polen und allen anderen Ländern der Region in einem weltweit beispiellosen Tempo von 12.910 BTU pro USD im Jahr 1990 auf nur 6.000 BTU im Jahr 2011 zurück und war damit nur 20 Prozent höher als in Deutschland.«[144]

In Polen zeigte sich, was auch für entwickelte kapitalistische Länder gilt: Das Wachstum entkoppelte sich von den CO_2-Emissionen, was ganz entscheidend für das Thema des Klimawandels ist. Die CO_2-

Emissionen stiegen in den 60er- und 70er-Jahren stark an. »Trotz eines durch verschiedene wirtschaftliche Misserfolge bedingten Rückgangs lagen die Werte Ende der 1980er-Jahre immer noch bei über elf Tonnen pro Kopf. Mit der Wende änderte sich dieses Bild erheblich und in weniger als zehn Jahren erreichten die Emissionen rund acht Tonnen pro Kopf. Zudem ist eine zunehmende Effizienz der Wirtschaft festzustellen, da immer weniger Kilogramm an CO_2 pro stetig wachsendem BIP ausgestoßen wurden.«[145] Auch heute noch liegt die Belastung bei knapp acht Tonnen pro Kopf, obwohl die Wirtschaft in Polen seitdem so stark gewachsen ist.[146]

Und vor allem: Die Polen sind heute viel glücklicher. 2015 waren 80 Prozent der Polen zufrieden mit ihrem Leben, während es zu Beginn der kapitalistischen Wende im Jahr 1992 nur 50 Prozent waren.[147] Die Lebenserwartung, die in Polen im Jahr 1990 70,7 Jahre bei Geburt betrug, stieg bis 2020 auf 78,5 Jahre.[148]

Was können wir aus der polnischen Erfahrung lernen?

Was können andere Länder von der polnischen Erfahrung lernen? Zuerst: Es ist von Vorteil, wenn an der Spitze des Reformprozesses jemand steht, der ein klares marktwirtschaftliches Koordinatensystem hat. Das war in Deutschland nach dem Zweiten Weltkrieg mit Ludwig Erhard so und es war in den 80er-Jahren so, als Margaret »Maggie« Thatcher Großbritannien und Ronald Reagan die USA aus der Krise auf den Erfolgskurs führten. In Polen war es Leszek Balcerowicz, der maßgebend zum Erfolg beitrug. So wie Thatcher war Balcerowicz ein Anhänger Hayeks. Und obwohl Marcin Piatkowski, der hier häufiger zitierte Autor von »Europe's Growth Champion«, sicherlich kein Hayek-Anhänger ist, räumt er ein, dass ohne Leszek Balcerowicz das polnische Wirtschaftswunder nicht möglich gewesen wäre.[149]

Entscheidend für den Erfolg der Reformen war jedoch, dass Balcerowicz verstand: Sie müssen sehr schnell ausgeführt werden, weil es nur ein kurzes Zeitfenster gibt, bevor Medien und politische Gegner mit populistischen Parolen Stimmung gegen die Reformen machen würden. Balcerowicz war zu dem Ergebnis gekommen: »Meine früheren Studien über Reformen und meine Erkenntnis, wie dramatisch die wirtschaftliche Lage in Polen 1989 wirklich war, hatten mich zutiefst davon überzeugt, dass nur eine radikale Strategie Erfolg haben konnte, auch wenn sie riskant war. Denn Polen befand sich 1989 in weitgehend unbekanntem Fahrwasser. Mir war klar, dass eine riskante Strategie einer hoffnungslosen vorzuziehen war. Es war diese begründete Annahme und nicht etwa eine emotionale Radikalität, die mir die mentale Stärke verlieh, radikale Reformen voranzutreiben und durchzuziehen.«[150]

Es bürgerte sich der Begriff »Schocktherapie« ein, den auch ich verwenden werde, wenngleich Balcerowicz darauf hinweist, dass mit dem Wort bereits ein negatives Framing verbunden ist: »Schon allein der Ausdruck Schocktherapie macht den Menschen Angst. Und tatsächlich ist er genau zu diesem Zweck oft verwendet worden.«[151]

Die Reformen, so Piatkowski, »wurden in einem bis dato beispiellosen Tempo umgesetzt«. Viele traten in einer »Big Bang fashion« am 1. Januar 1990 in Kraft, nur vier Monate, nachdem sich die erste postkommunistische Regierung gebildet hatte. »Das Reformprogramm gehörte zu den radikalsten wirtschaftlichen Reformprogrammen, die es in der Weltgeschichte je zu Friedenszeiten gegeben hat.«[152]

Es gab mehrere Gründe, warum so schnell gehandelt werden musste. Der erste Grund war die Dramatik der Situation – ein Land an der Schwelle der Hyperinflation, überall waren die Waren knapp und jeder sah, dass schnell etwas geschehen musste. Aber die raschen Reformen waren auch aus einem psychologischen Grund wichtig: »Jeder sollte wissen, dass der Kommunismus für immer vorbei war und dass er sich entsprechend anpassen musste.«[153]

Denn natürlich gab es alte Eliten, die die Reformen ablehnten, und es war wichtig, ihnen jede Hoffnung auf eine Rückkehr zum Sozialismus zu nehmen.

Die Richtigkeit der »Schocktherapie« wurde dadurch bestätigt, dass Polen das erste postsozialistische Land war, das – nach einer kurzen Rezession – bereits 1992 wieder zu wachsen begann. Vergleichende

Untersuchungen über die Reformen in anderen postkommunistischen Ländern belegten, »je schneller das Reformtempo (war), desto schneller der Aufschwung und desto höher das Wachstum«.[154]

Eine 2016 veröffentlichte Analyse »25 Years of Reform in Ex-Communist countries« widerspricht klar der These von Verfechtern eines langsamen Reformtempos (»Gradualisten«) wie Joseph Stiglitz, die sich gegen schnelle und radikale Reformen aussprechen: »Ein Hauptargument für den Gradualismus war, dass zu rasche Reformen großen sozialen Schmerz verursachen würden. In Wirklichkeit erlebten die schnellen Reformländer kürzere Rezessionen und erholten sich viel früher als die graduellen Reformländer.«[155]

Das Pro-Kopf-BIP wuchs in Ländern wie Polen, die radikale Reformen durchführten, schneller als in anderen ehemals sozialistischen Ländern. Und sie zogen wesentlich höhere Auslandsinvestitionen an.[156] Die Langfristanalyse belegt: Den Sieger erkennt man am Start: »... das grundlegende Muster – wer den Reformprozess anführt und wer zurückbleibt – wurde innerhalb der ersten vier bis fünf Jahre begründet.«[157]

In allen ehemals sozialistischen Ländern führten die Reformen in den ersten Jahren zu einer Verschlechterung der Situation, zu Rezession und zum Anstieg der Armut. Die vorher versteckte Arbeitslosigkeit und die Fehlallokation von Ressourcen traten jetzt offen zutage. Aber Länder wie Polen, die früh und radikal Reformen durchführten, kamen am schnellsten wieder aus dieser Situation heraus, und die Armut ging nach dieser Durststrecke deutlich schneller zurück als in jenen Ländern, die weniger radikale Reformen durchführten.[158] Auch noch 25 Jahre später zeigte sich: Länder wie Polen, die früh und radikal Reformen durchgeführt hatten, lagen im Vergleich zu Ländern, die weniger radikale Reformen durchführten, deutlich vorne.[159]

Natürlich, so argumentiert Balcerowicz, führten die meisten erfolgreichen ökonomischen Reformen unvermeidlich zu Unzufriedenheit, »aber zu behutsame Reformen oder aber das völlige Ausbleiben von Reformen müssen früher oder später zu noch größerer Desillusionierung und Frustration führen«. Das liege auch daran, dass viele Menschen die Reformen für Missstände und soziale Probleme verantwortlich machten, die in Wahrheit das Ergebnis von versäumten Reformen seien.[160]

Die Stärke von Balcerowicz war, dass er nicht nur ein guter Ökonom war, sondern auch die Mechanismen der Politik und der öffentlichen Meinung verstand. Das Ende des Sozialismus in Polen bedeutete, dass es plötzlich eine freie Presse gab. Das war ein riesiger Fortschritt, aber hatte auch eine Konsequenz, die die Reformen erschwerte: Die gleichgeschaltete Presse im Sozialismus verbarg Probleme und ließ die Verhältnisse in einem besseren, milderen Licht erscheinen. Eine freie Presse konzentriert sich dagegen oft auf die Beschreibung von Missständen und Problemen – wie es die in der Medienbranche verbreitete Redensart »bad news are good news« ausdrückt. Daher war zu erwarten, dass sich die Medien in Polen schon sehr bald auf Probleme fokussieren würden, die – zu Recht oder zu Unrecht – den Reformen zugeschrieben wurden.[161] Diese Berichterstattung würde auch das Verhalten der Wähler stark beeinflussen.

Am 27. Oktober 1991 fanden Wahlen in Polen statt. Das war nicht ideal – besser wäre es gewesen, die Reformer hätten vier Jahre Zeit gehabt bis zur nächsten Wahl, denn bis dahin war Polen schon wieder auf Wachstumskurs, und die positiven Ergebnisse der Reformen waren für viele Menschen spürbar. 1991 war dagegen ein schwieriges Jahr, das zweite Jahr der Rezession mit einem Rückgang des Bruttoinlandsproduktes. An dem Wahlkampf nahmen 60 Parteien teil (von denen 28 den Einzug in das Parlament schaffen sollten), und die meisten kritisierten die ökonomischen Reformen der Balcerowicz-Gruppe.[162]

Die polnischen Medien waren voll von negativen Nachrichten und forderten, man müsse von dem jetzigen Kurs abgehen, denn es habe sich gezeigt, dass die kapitalistischen Reformen die Dinge verschlimmerten, anstatt sie zu verbessern.

»Vor allem 1991 bombardierten die Medien in Polen die Öffentlichkeit mit Botschaften, dass eine Wirtschaftskatastrophe die polnische Wirtschaft heimgesucht hätte und es ein radikal neues Programm geben müsse, um die Situation schnell zu verbessern. Das vorgeschlagene Programm enthielt drei bekannte Elemente: Lockerung der Geld- und Steuerpolitik, Protektionismus und staatliche Eingriffe auf Industrieebene.«[163]

Viele Probleme, die in sozialistischer Zeit nur versteckt waren, wie etwa die Arbeitslosigkeit, traten nun offen zutage. Die Parolen von Populisten, die die kapitalistischen Reformen für diese Probleme verantwortlich machten, fanden Anklang in der Bevölkerung, weil viele Menschen nicht die Ursachen der Probleme verstanden: »Viele wirtschaftliche Entwicklungen in den ersten Jahren der Wende hatten ihre Ursachen nicht in der Transformation selbst, sondern in über vierzig Jahren Sozialismus«, so der polnische Wirtschaftswissenschaftler Marek Tatała. »Die Reformen, die die Wirtschaft und den Einzelnen befreiten, brachten lediglich die Fehler des vorherigen Systems ans Licht. Versteckte Arbeitslosigkeit und Überbeschäftigung oder enorme Ineffizienzen, verursacht von Staatseigentum und Planwirtschaft, waren extrem kostspielig. Das System wurde von wirtschaftlichen Lügen beherrscht.«[164]

Wichtig war, dass es jenseits der Probleme, die stets in einer solchen Übergangsphase auftreten, auch positive Dinge gab, die die Menschen in ihrem Alltagsleben spürten. Das Wichtigste war vielleicht, dass die Engpässe in der Versorgung mit Produkten und die leeren Regale, die typisch für sozialistische Volkswirtschaften sind, durch die Preisreform und die Liberalisierung schnell überwunden wurden. Ein großes Produktangebot überzeugte viele Menschen, dass sich die Dinge zum Besseren wendeten.[165]

Und noch etwas war wichtig: Der Anteil der Beschäftigten im privaten Sektor (exklusive Landwirtschaft) stieg von nur 13,2 Prozent im Jahr 1989 auf 34,4 im Jahr 1992. Untersuchungen zeigen, dass Beschäftigte im privaten Sektor in der Regel marktwirtschaftliche Reformen stärker unterstützen als Beschäftigte in Staatsbetrieben. Insofern hatte die Privatisierung auch eine wichtige politische Dimension und stärkte die Reformkräfte.[166]

Jede Reform produziert Gewinner und Verlierer. Es gibt Menschen, die sich schnell an die neuen Bedingungen anpassen und die Chancen des Kapitalismus erkennen. Sie gehören zu denen, die die Reformen unterstützen. Es gibt andere, die sich nicht so schnell anpassen können oder wollen und die schon deshalb weniger von den Reformen profitieren.[167] Diese zweite Gruppe steht den Reformen skeptisch gegenüber – und auf diese Gruppe zielen die Populisten, die nichts von der Wirtschaft verstehen, aber viel davon, wie man Neid und Ängste der Menschen mobilisieren kann.

Nach den Wahlen vom Oktober 1991 wurde eine neue Regierung gebildet. Balcerowicz schied am 18. Dezember aus der Regierung aus, »sehr müde und ohne die Absicht einer Rückkehr«.[168] Doch ab 1995 war er Vorsitzender der größten pro-Marktwirtschafts-Partei in Polen, der Freedom Union, und von Oktober 1997 bis Dezember 2000 wurde er erneut stellvertretender Premierminister und Finanzminister in Polen.[169]

Die zweite Amtszeit war von schwierigen äußeren Rahmenbedingungen gekennzeichnet, denn 1998 erschütterten die Asien-Krise und die Russland-Krise die Finanzmärkte. Balcerowicz konzentrierte sich in diesen Jahren auf folgende Themen:

- Reduktion der Schuldenlast
- Privatisierung: der größte Teil des Bankensektors, der große metallurgische Sektor, Telekommunikation und viele der verbleibenden staatseigenen Unternehmen im verarbeitenden Gewerbe – nicht aber Bergbau und Eisenbahnen.[170]
- Deregulierung: Hier war er nur teilweise erfolgreich, die notwendige Liberalisierung des Arbeitsmarktes scheiterte an politischem Widerstand.
- Auch die Steuerreform mit einer flat tax für die Einkommensteuer scheiterte am politischen Widerstand, aber einige Elemente davon wurden später durch die ehemals kommunistische Partei (die damals SLD hieß) und ihre Partner umgesetzt.[171]

Im Dezember 2000 endete die zweite Amtszeit von Balcerowicz, und von 2001 bis 2007 leitete er die National Bank of Poland (die Zentralbank). Waren seine Reformen zu radikal, wie seine Gegner heute behaupten? Wäre eine langsamere, behutsamere Gangart besser gewesen? Alles spricht dagegen, wie auch Piatkowski einräumt, obwohl er eher sozialdemokratisch orientiert ist und keineswegs ein dezidierter Pro-Kapitalist wie Balcerowicz.

Balcerowicz war im Gegenteil der Meinung, dass die Fehler, die er gemacht hatte, eher ein Ergebnis von Nachgiebigkeit und Kompromissen waren. »Alle großen Fehler waren Unterlassungsfehler: Das Wirtschaftsteam, das Finanzministerium eingeschlossen, akzeptierte schlechte Vorschläge einiger anderer Ministerien, insbesondere des für die Sozialpolitik zuständigen Arbeitsministeriums.«[172]

So wurde beispielsweise akzeptiert, dass die Pensionen von 43 Prozent des Lohnniveaus (1989) auf 63 Prozent (1992) anstiegen, was zu einer erheblichen Belastung des Rentensystems führte. Auch war Balcerowicz später zu der Meinung gelangt, es hätte vielleicht 1990 eine Chance gegeben, eine flat tax in der Einkommenssteuer einzuführen, statt den Vorschlag des IMF zu einem herkömmlichen progressiven Steuertarif zu akzeptieren, der 1992 eingeführt wurde. Zudem hätte er sich mehr Tempo bei der Privatisierung der großen Staatsbetriebe gewünscht.[173]

Trotz dieser selbstkritischen Bemerkungen: Die Reformen von Balcerowicz waren einer der größten Erfolge in den vergangenen 50 Jahren, vergleichbar nur mit den Reformen von Margaret Thatcher in Großbritannien, Ronald Reagan in den USA sowie den Reformen von Deng Xiaoping in China und den Doi-Moi-Reformen in Vietnam ab Mitte der 80er-Jahre.

Polen dürfen die Gründe für ihren Erfolg nicht vergessen

Es besteht jedoch immer die Gefahr, dass Menschen die Grundlagen für ihren Wohlstand vergessen. Das können wir heute in vielen Ländern beobachten, in den USA, Deutschland, China oder Chile. Auch in Polen besteht diese Gefahr. Obwohl Polen über eines der besten und stabilsten Bankensysteme in der EU verfügt, hat Warschau mehrere Banken verstaatlicht.[174] Und während lange Zeit das Wirtschaftswachstum in Polen dazu führte, dass sich die Staatsverschuldung im Vergleich zur Wirtschaftsleistung verringerte, hat in den letzten Jahren ein verlangsamtes

Wachstum und eine verstärkte Schuldenaufnahme zu einer Umkehr dieser Tendenz geführt.[175]

Darüber hinaus gibt es weitere Probleme: Polen ist eines der Länder mit einem gravierenden Finanzproblem bei seiner umlagenfinanzierten staatlichen Rentenversicherung. Ursache dafür ist eine niedrige Geburtenrate unterhalb des EU-Durchschnitts und eine demzufolge alternde Gesellschaft. Daher hatte im Jahr 2013 die damals regierende Koalition PO-PSL (Bürgerplattform und Polnische Bauernpartei) ein Gesetz beschlossen, wonach das Renteneintrittsalter sukzessive auf 67 Jahre erhöht worden war. In den Jahren darauf stieg die Beschäftigungsquote von Frauen wie Männern deutlich.[176] Doch die PiS-Partei senkte nach ihrem Wahlsieg im Jahr 2015 das Renteneintrittsalter wieder, was mittel- und langfristig zu erheblichen wirtschaftlichen Problemen für Polen führen wird.[177]

Aleksander Laszek et al. kritisieren: »In den letzten Jahren hat die PiS-Partei schädliche Änderungen eingeführt, die sich auf die Erwerbsquote der Polen auswirken. So hat sie eine von der Vorgängerregierung eingeführte Reform zur Anhebung des Renteneintrittsalters rückgängig gemacht ... Viele der eingeführten Änderungen entkoppelten die Rentenhöhe von den Beiträgen. Neben der Senkung des Renteneintrittsalters trugen dazu unter anderem die Erhöhung der Mindestrente, Quotenanpassungen, Mütterrenten, Beitragssenkungen für Selbstständige sowie die 13. und 14. Rente bei.«[178]

Der Anteil der Staatsbetriebe in Polen ist, trotz aller Privatisierungsanstrengungen, im Vergleich zu anderen Ländern weiterhin überdimensioniert. »Trotz der beachtlichen Leistungen des Ministeriums für Eigentumsumwandlung bzw. für Staatsvermögen im Zeitraum 1990–2015 ist der Staatsanteil in der polnischen Wirtschaft sehr hoch geblieben. Nach Zahlen aus der Organisation für wirtschaftliche Zusammenarbeit und Entwicklung (OECD) liegt Polen unter den 34 in dieser Institution vertretenen Staaten in puncto Staatseigentum an der Spitze.«[179]

Obwohl weitere massive Privatisierungen notwendig gewesen wären, wurde dieser Prozess bereits ein Jahr nach dem Wahlsieg der

PiS-Partei praktisch gestoppt. Anfang 2017 löste die Regierung das Ministerium für Staatsvermögen auf. Doch es blieb nicht nur bei dem Stopp weiterer Privatisierungen, sondern es begann eine erneute Verstaatlichung zuvor privatisierter Betriebe. Darüber hinaus gab es sogar Versuche, Unternehmen zu verstaatlichen, die immer schon in Privatbesitz gewesen waren.[180]

Der Index of Economic Freedom der Heritage Foundation, den wir bereits zitiert haben, zeigt im Langfrist-Vergleich die großen Fortschritte, die Polen gemacht hat, verdeutlicht aber auch die weiterhin erheblichen Defizite. Gute Bewertungen bekommt Polen auf den Feldern »Investment Freedom«, »Monetary Freedom«, »Trade Freedom«, »Business Freedom« und »Fiscal Health«. Ausgesprochen schlecht bewertet wird dagegen »Government Spending« und »Judical Effectiveness«, »Labour Freedom« und »Government Integrity«.[181]

Eine Beschränkung der Staatausgaben, Arbeitsmarktreformen und eine Stärkung des Rechtsstaates und der Unabhängigkeit der Justiz wären wichtige Reformaufgaben für Polen. Leider haben sich die Dinge in den letzten Jahren zum Schlechteren entwickelt. Das betrifft besonders den Rechtsstaat, der von größter Bedeutung für das Funktionieren einer kapitalistischen Wirtschaftsordnung ist. Ein Team um den polnischen Wirtschaftswissenschaftler Marek Tatała hat 2020 eine ernüchternde Analyse vorgelegt, die zeigt, wie seit 2015 zunehmend der Rechtsstaat – vor allem die Unabhängigkeit der Justiz – in Polen ausgehöhlt wurde. Das größte Übel ist die Politisierung der Justiz. Bis 2017 wurden nur 32 Prozent der Mitglieder des Nationalen Justizrates durch Politiker gewählt, nach einer »Reform« waren es 92 Prozent.[182] Die Rechtfertigung, die Richterschaft sei von Kommunisten durchsetzt, ist wenig überzeugend, wenn man bedenkt, dass das Durchschnittsalter der Richter etwa bei 46 Jahren lag. »Darüber hinaus wurden mit der Einrichtung des Nationalen Justizrats (NJC) im Jahr 1990 und der Reform des Obersten Gerichtshofs über 80 Prozent ihrer Mitglieder ausgewechselt.«[183]

Das Ergebnis der Politisierung der Justiz war, dass Polen in allen einschlägigen Indizes, die Rechtsstaatlichkeit und Demokratie bewerten, verlor und es einen schweren, noch andauernden Konflikt mit der EU gab. Die Politik der PiS-Partei, so die Autoren, habe dazu beigetragen, die wirtschaftliche Freiheit in Polen einzuschränken. So seien zahlreiche neue Regulierungen eingeführt worden, darunter das Verbot des Verkaufs von landwirtschaftlichen Flächen, das Verbot des Sonntagseinkaufs und die Beschränkung der Eröffnung neuer Apotheken.

Zudem werde eine Politik der Renationalisierung von Privatunternehmen durchgeführt. Die wachsende Rolle des Staatsbesitzes im Bankensektor sei für die Stabilität des Wirtschaftswachstums besonders gefährlich. Der polnische Staat kontrolliere nach der Übernahme mehrerer Finanzinstitute inzwischen über 40 Prozent der Vermögenswerte des Bankensektors. Staatliches Eigentum an Banken führt jedoch erfahrungsgemäß zu einer Politisierung ihrer Kreditpolitik, indem beispielsweise Kreditentscheidungen politischen Zielen untergeordnet werden.[184]

Ein anderes Problem ist die mangelnde Rechtssicherheit, weil Gesetze, besonders Steuergesetze, laufend geändert würden. »Gesetzesänderungen sind in Polen sehr viel häufiger als in anderen Ländern. Im Rekordjahr 2016 wurden über 35.000 Seiten an Gesetzen verabschiedet. Einen weiteren Rekord stellte die PiS-Partei im Jahr 2018 mit der Veröffentlichung von 362 Seiten Steuergesetzänderungen auf. Die Gesetzgebungspraxis der Regierungspartei war gekennzeichnet durch eine überstürzte Verabschiedung wichtiger Gesetze, Missachtung des Parlaments, da es keine Verpflichtung zu Gesetzesfolgenabschätzung und öffentlichen Konsultationen gibt. Dazu kommen bei offiziellen staatlichen Projekten eine unzuverlässige Erstellung von Gesetzesfolgenabschätzungen und eine ungerechtfertigte Verkürzung der öffentlichen Konsultationen, die eher eine Fassade waren. Das Problem der Unvorhersehbarkeit der Gesetzgebung gilt insbesondere für den Steuerbereich. Hier hat die PiS-Partei schädliche Branchensteuern (vor allem die Banken- und die Einzelhandelssteuern), zusätzliche Erleichterungen ... und de facto eine Zusatzsteuer (der sogenannte Solidaritätszuschlag) sowie viele andere Steuern, die offiziell als Gebühren bezeichnet werden (z. B. Emissions-, Recycling-, Zucker-

oder Stromgebühren) eingeführt. Gleichzeitig haben die Methoden zur Verschärfung des Steuersystems dieses System noch repressiver gemacht.«[185]

Man wird also abwarten müssen, wie sich das Land weiter wirtschaftlich entwickelt: Kehren die Polen zu dem marktwirtschaftlichen Kurs zurück, der sie in den vergangenen Jahrzehnten so erfolgreich gemacht hat? Dann hat Polen eine glänzende Zukunft. Oder geht Polen weiter den Weg, den es in den letzten Jahren eingeschlagen hat, also in Richtung mehr Staat und weniger Markt? Das wäre tragisch, denn damit würde Polen einen Teil des Wohlstandes, den es sich in den Jahren seit 1990 erarbeitet hat, wieder verlieren.

Was die Polen über den Kapitalismus denken

Erfreulich ist, dass die Mehrheit der Polen Marktwirtschaft und Kapitalismus nach wie vor positiv bewertet. Ich habe zwischen Juni 2021 und November 2022 eine Befragung zum Image von Marktwirtschaft und Kapitalismus in 33 Ländern unter 33.452 repräsentativ ausgewählten Personen durchführen lassen. In Polen wurden vom 30. Juli bis zum 9. August 2021 insgesamt 1.096 Menschen durch Ipsos MORI befragt.

Die Befragung unterscheidet sich nicht nur in der Tiefe (also im Detaillierungsgrad der gestellten Fragen) von vielen anderen Umfragen zu Kapitalismus und Marktwirtschaft, sondern auch in einer besonderen Methode: Die Hypothese vor Beginn der Befragung war, dass es Menschen gibt, die sich vor allem von dem Wort »Kapitalismus« abgestoßen fühlen, obwohl sie inhaltlich im Grunde eher prokapitalistische Ansichten teilen. Ein Fragekomplex (»wirtschaftliche Freiheit«) mied daher konsequent das Wort »Kapitalismus«. Es wurden den Befragten insgesamt sechs Aussagen vorgelegt, von denen drei Aussagen wirtschaftliche Freiheit und Marktwirtschaft befürworteten und drei für eine starke Rolle des Staates plädierten.

In zwei anderen Fragenkomplexen wurde dagegen der Begriff »Kapitalismus« verwendet. Zunächst wollten wir wissen, welche

Assoziationen das Wort bei den Befragten weckt. Danach wurden jedem Befragten insgesamt 18 Aussagen zum Kapitalismus vorgelegt. Nimmt man die beiden letzten Fragenkomplexe zusammen, dann erfährt man, wie die Menschen zum Kapitalismus stehen, wenn das Wort genannt wird.

Interessant ist der Vergleich zum ersten Fragenkomplex, bei dem die Antworten zeigen, wie Menschen zum Kapitalismus stehen, wenn der Begriff ausgespart bleibt. Aus dem Vergleich der Antworten kann man genau sehen, welche Rolle das Wort »Kapitalismus« spielt. Ergebnis: In Polen wächst die – ohnehin sehr starke – Zustimmung zum Kapitalismus um 122 Prozent, wenn das Wort »Kapitalismus« nicht verwendet, sondern nur inhaltlich umschrieben wird.

Zählt man die Aussagen pro Staat und pro Markt zusammen, so zeigt sich, dass Aussagen für einen stärkeren Einfluss des Staates bei 15 Prozent der Befragten Zustimmung finden und Aussagen für mehr Markt 37 Prozent. Teilt man den Durchschnitt der positiven durch den Durchschnitt der negativen Aussagen, dann ergibt sich ein Koeffizient von 2,40. Dieser Koeffizient wird im Folgenden noch häufiger erwähnt: Werte über 1 bedeuten, dass Meinungen pro wirtschaftliche Freiheit dominieren, Werte unter 1 bedeuten, dass Meinungen contra wirtschaftliche Freiheit vorherrschen.

Die mit Abstand größte Zustimmung (46 Prozent) fand in Polen die Aussage: »Ich finde, private Unternehmen sollten alleine entscheiden, welche Produkte sie herstellen und welche Preise sie dafür verlangen. Der Staat sollte sich da nicht einmischen.« Und die mit Abstand geringste Zustimmung (nur 10 Prozent) fand die Aussage: »Wir brauchen deutlich mehr staatliche Eingriffe in die Wirtschaft, da der Markt immer wieder versagt« (Grafik 1).

Grafik 1

Polen: Aussagen zum Wirtschaftssystem

Frage: »Hier auf der Liste steht Verschiedenes, was uns andere darüber gesagt haben, wie sie sich ein gutes Wirtschaftssystem vorstellen. Was davon würden Sie auch sagen?« (Listenvorlage)

Angaben in Prozent

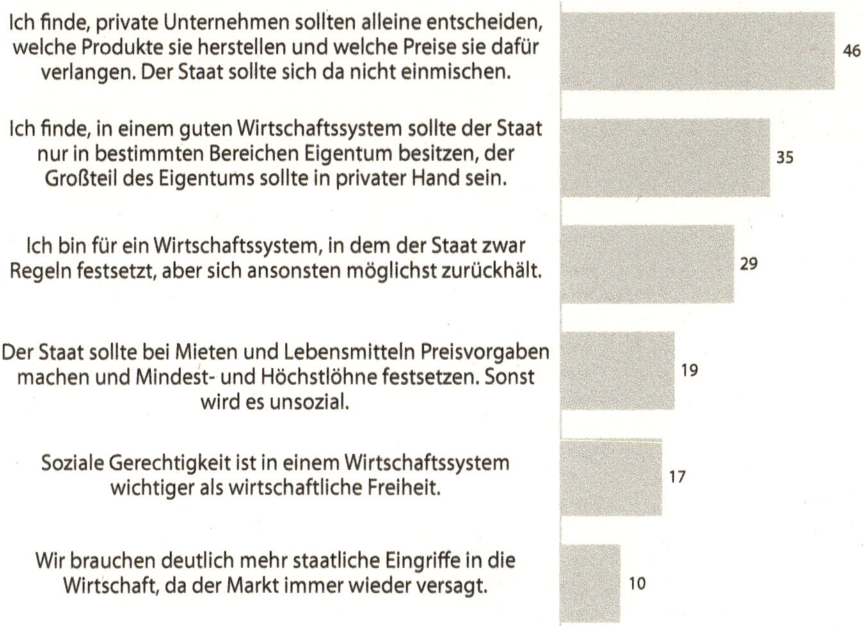

Quelle: Ipsos-MORI-Umfrage Nr. 20-091774-30

In Grafik 2 sehen Sie, dass die Einstellung zur Marktwirtschaft in Polen positiver war als in allen anderen Ländern, in denen die Befragung durchgeführt wurde.

Grafik 2

Einstellung zur wirtschaftlichen Freiheit in 33 Ländern

Durchschnitt der Aussagen zugunsten eines freiheitlichen Wirtschaftssystems geteilt durch den Durchschnitt der Aussagen zugunsten eines staatlich gesteuerten Wirtschaftssystems (ohne Verwendung des Begriffs »Kapitalismus«)

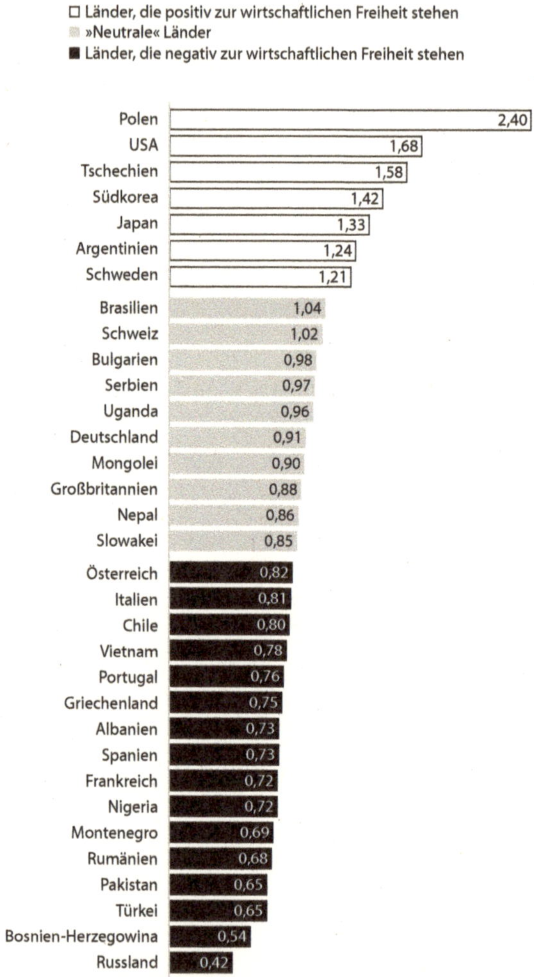

Lesehilfe: Je kleiner die Zahl, desto ausgeprägter die antikapitalistische Einstellung.

Quelle: Allensbacher Archiv, IfD-Umfrage Nr. 12038, Sant Maral Foundation, Ipsos-MORI-Umfragen Nr. 20-091774-30, 21-087515-07, 22-014242-04-03 und 22-087515-44, Indochina Research, FACTS Research & Analytics Pvt. Ltd. und Research World International Ltd.

Im nächsten Schritt wurden allen Befragten zehn Begriffe vorgelegt – positive und negative – und die Frage gestellt, welche davon sie mit dem Wort »Kapitalismus« verbinden. Das Ergebnis: Der durchschnittliche Prozentsatz, mit dem negative Begriffe wie zum Beispiel »Gier«, »Kälte« oder »Korruption« genannt werden, liegt in Polen bei 61 Prozent. Positive Begriffe wie »Wohlstand«, »Fortschritt« und »Freiheit« werden dagegen von 67 Prozent genannt (Grafik 3). Polen verbinden mit dem Wort »Kapitalismus« (anders als in den meisten anderen Ländern) also überwiegend positive Vorstellungen. Aber man sieht auch, dass die Zustimmung geringer ausfällt als beim ersten Fragenkomplex zum Thema Marktwirtschaft, in dem der Begriff »Kapitalismus« nicht genannt wurde.

Grafik 3

Polen: Assoziationstest »Kapitalismus«

Frage: »Wenn Sie jetzt einmal an das Wort ›Kapitalismus‹ denken – es kann einem ja dazu alles Mögliche einfallen. Sagen Sie bitte, an welches dieser Worte Sie bei ›Kapitalismus‹ denken.«

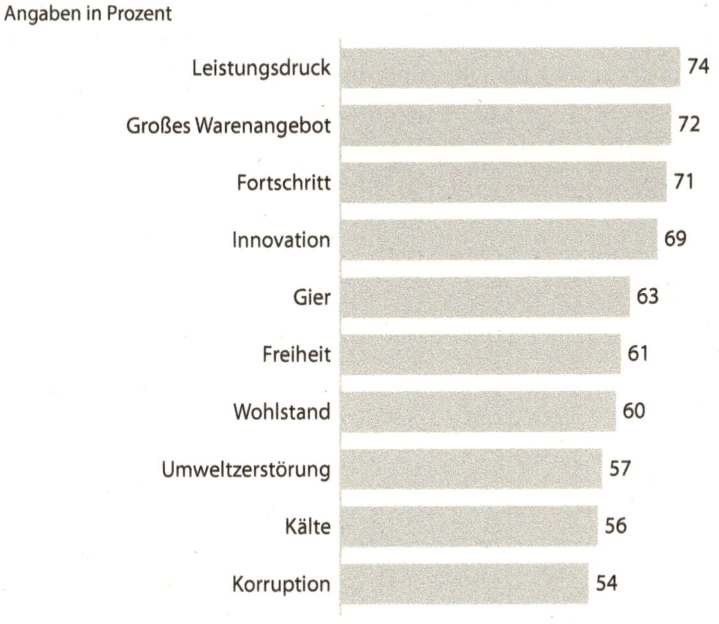

Quelle: Ipsos-MORI-Umfrage Nr. 20-091774-30

Danach wurden allen Befragten 18 Aussagen zum Kapitalismus vorgelegt, davon waren zehn negativ und acht positiv. Bei diesem Fragekomplex halten sich die Zustimmung zu negativen Aussagen (durchschnittlich 22 Prozent) und zu positiven Aussagen zum Kapitalismus (durchschnittlich 23 Prozent) die Waage. Setzt man beide ins Verhältnis, so ergibt sich ein Wert von 1,05.

Polen ist eines der wenigen Länder, in denen eine positive Aussage zum Kapitalismus immerhin die zweithöchste Zustimmung von den 18 Aussagen bekam: 33 Prozent der Polen sagen, »Kapitalismus bedeutet wirtschaftliche Freiheit« (Grafik 4). Jedoch sagen auch 35 Prozent der Polen, Kapitalismus sei »von Reichen dominiert. Sie bestimmen die Politik«. 32 Prozent kritisieren »steigende Ungleichheit« (Grafik 5).

Mit 30 Prozent deutlich höher als in anderen Ländern ist die Zustimmung zu der Aussage »Kapitalismus heißt, dass die Verbraucher bestimmen, was angeboten wird, und nicht der Staat« – für Menschen in anderen Ländern vermutlich eine Selbstverständlichkeit, aber für Polen, die früher im Sozialismus gelebt haben, weniger. Auch die Zustimmung zu der Aussage »Kapitalismus ist vielleicht nicht ideal, aber immer noch besser als alle anderen Wirtschaftssysteme«, belegt Rang 5 von 18 Nennungen (29 Prozent Zustimmung), was ebenfalls vor dem historischen Hintergrund der Erfahrungen Polens mit dem Sozialismus erklärt werden kann (Grafik 4).

Grafik 4

Polen: Aussagen über den Kapitalismus – positive Aussagen

Frage: »Hier auf der Liste stehen verschiedene Aussagen zum Kapitalismus. Was davon würden Sie auch sagen?« (Listenvorlage)

Angaben in Prozent

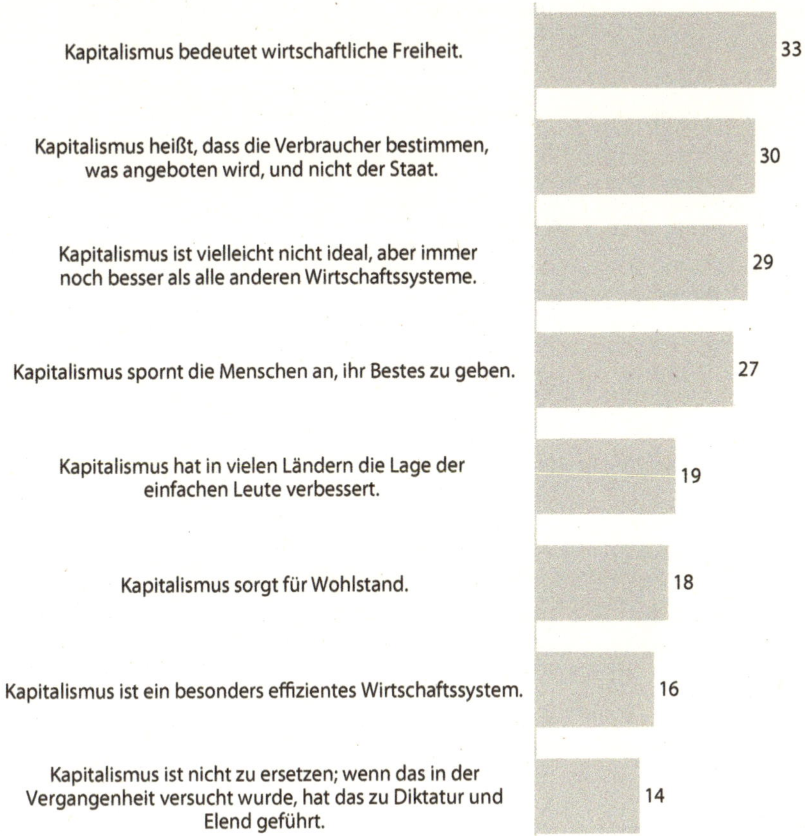

Quelle: Ipsos-MORI-Umfrage Nr. 20-091774-30

Grafik 5

Polen: Aussagen über den Kapitalismus – negative Aussagen

Frage: »Hier auf der Liste stehen verschiedene Aussagen zum Kapitalismus. Was davon würden Sie auch sagen?« (Listenvorlage)

Angaben in Prozent

Quelle: Ipsos-MORI-Umfrage Nr. 20-091774-30

In Grafik 6 sehen Sie, dass der »Kapitalismus« in Polen, auch wenn man das Wort verwendet, ein besseres Image hat als in allen anderen Ländern (der Koeffizient 1,52 fasst die Ergebnisse von allen drei Fragenkomplexen in einer Zahl zusammen).

Grafik 6
Gesamtkoeffizient über die Einstellung zum Kapitalismus in 33 Ländern

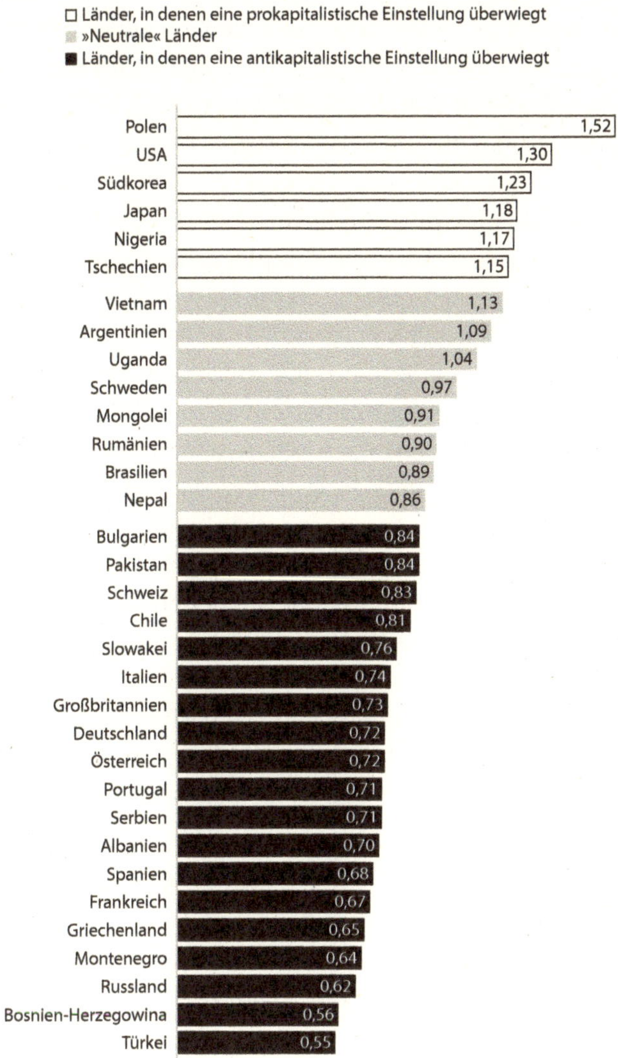

Lesehilfe: Je kleiner die Zahl, desto ausgeprägter die antikapitalistische Einstellung.

Quelle: Allensbacher Archiv, IfD-Umfrage Nr. 12038, Sant Maral Foundation, Ipsos-MORI-Umfragen Nr. 20-091774-30, 21-087515-07, 22-014242-04-03 und 22-087515-44, Indochina Research, FACTS Research & Analytics Pvt. Ltd. und Research World International Ltd.

Was die Polen über reiche Menschen denken

Eine andere Umfrage, mit der ich Ipsos MORI beauftragt habe, befasst sich damit, wie die Menschen in verschiedenen Ländern Reiche sehen – und wie stark der Sozialneid ausgeprägt ist. Das Projekt begann im Jahr 2018 mit Umfragen in Frankreich, Deutschland, Großbritannien und den USA, später kamen Spanien, Italien, Schweden, China, Vietnam, Südkorea, Japan und Chile dazu. Vom 4. bis 7. November 2022 wurde die Befragung in Polen durchgeführt.

Es wurden in allen Ländern die gleichen Fragen gestellt – mit gewissen Anpassungen. Beispielsweise wurden in Ländern wie Deutschland und den USA Fragen über »Millionäre« gestellt. Dazu hieß es, »Millionär« sei jemand, der zusätzlich zum eigenen Haus oder zur eigenen Wohnung mindestens eine Million Euro bzw. USD besitzt. Das hätte in Ländern wie Vietnam oder auch Schweden keinen Sinn ergeben, da dort – gerechnet in der nationalen Währung – die meisten Menschen »Millionäre« sind. Wir haben die Summen darum jeweils angepasst. In Polen haben wir den Befragten vorgegeben, dass unter einer reichen Person jemand zu verstehen sei, der zusätzlich zum eigenen Haus oder zur eigenen Wohnung mindestens 4 Millionen Zloty besitzt.

Zunächst legten wir allen Befragten 17 – positive wie negative – Statements über reiche Menschen vor und fragten sie, ob sie zustimmen oder nicht. Hier sind die Ergebnisse für Polen:

Grafik 7

17 Aussagen über reiche Menschen

Frage: »Hier ist einmal aufgeschrieben, was andere über reiche Leute gesagt haben. Welcher der Aussagen auf der Liste würden Sie zustimmen?«

Quelle: Ipsos-MORI-Umfrage Nr. 22-087515-44

Schon bei dieser Frage zeigt sich, dass Polen reiche Menschen viel positiver sehen als beispielsweise die Deutschen. So sagen nur 18 Prozent der Polen, die meisten Reichen seien Steuertrickser, während in Deutschland davon 51 Prozent überzeugt sind. 25 Prozent der Polen sehen Reiche als Sündenböcke, die sie für viele der großen Probleme (z.B. Finanzkrisen und humanitäre Krisen) verantwortlich machen; in Deutschland sind es doppelt so viele (50 Prozent).

Grafik 8

Größte Unterschiede zwischen Polen und Deutschen

Frage: »Hier ist einmal aufgeschrieben, was andere über reiche Leute gesagt haben. Welcher der Aussagen auf der Liste würden Sie zustimmen?«

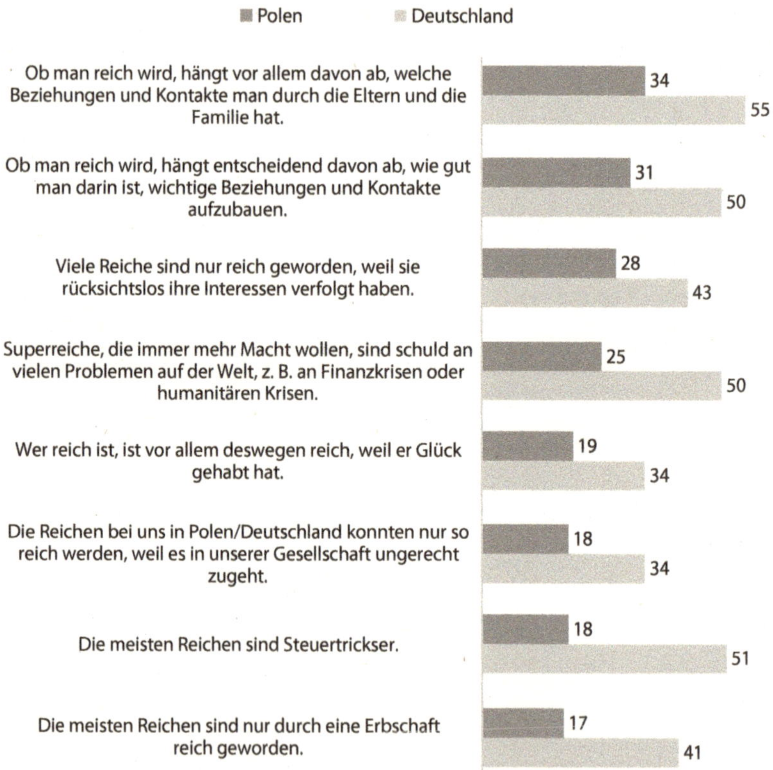

Quelle: Ipsos-MORI-Umfrage Nr. 22-087515-44, Allensbacher Archiv, IfD-Umfrage Nr. 11085

Wir legten den Befragten auch eine Liste mit sieben positiven und sieben negativen Persönlichkeitsmerkmalen vor und fragten, welche davon am ehesten auf reiche Menschen zuträfen. Die drei am häufigsten genannten Eigenschaften sind alle positiv – nämlich wagemutig, einfallsreich und fleißig. Aber auch jene Eigenschaft, die am seltensten genannt wird, ist eine positive, nämlich Ehrlichkeit.

Grafik 9

Welche Persönlichkeitsmerkmale Polen reichen Menschen zuordnen

Frage: »Hier sind einige Eigenschaften aufgeschrieben. Was meinen Sie, welche davon findet man besonders oft bei reichen Leuten?«

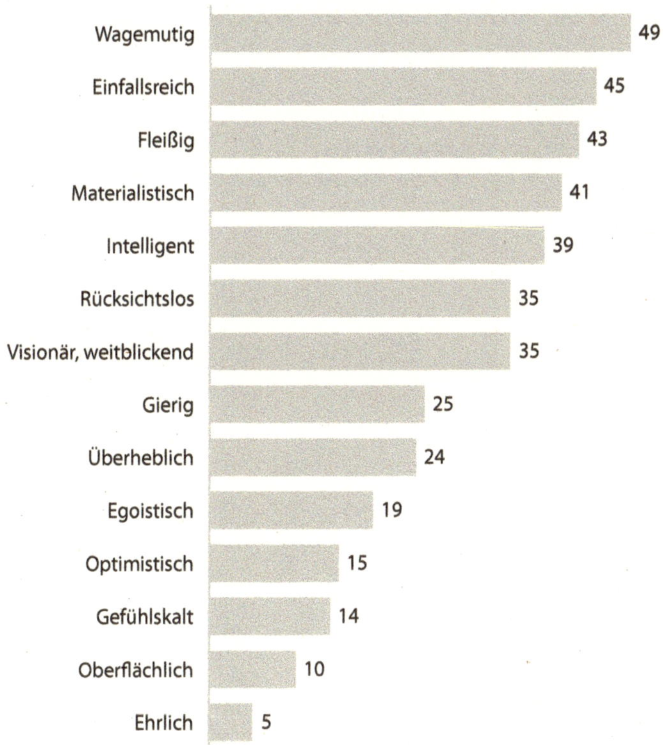

Quelle: Ipsos-MORI-Umfrage Nr. 22-087515-44

Fragt man nur jene Polen, die einen oder mehrere Reiche kennen, welche Persönlichkeitsmerkmale auf diese Person zutreffen, gibt es beim Punkt »Ehrlichkeit« eine interessante Abweichung: Während nur 5 Prozent der Polen Reiche insgesamt für »ehrlich« halten, sagen das 20 Prozent über jene Reichen, die sie selbst kennen. Bemerkenswert ist, dass dies in allen Ländern zu beobachten war, in denen wir diese Zusatzfrage gestellt haben:

Grafik 10

Sind Reiche ehrlich?

Frage: »Hier sind einige Eigenschaften aufgeschrieben: Was meinen Sie, welche davon findet man besonders oft bei reichen Leuten?«
Zusatzfrage zu Befragten, die mindestens einen reichen Menschen persönlich kennen: »Und welche Eigenschaften treffen auf diesen reichen Menschen zu?«

Prozentsatz der Befragten, die mit »ehrlich« antworteten

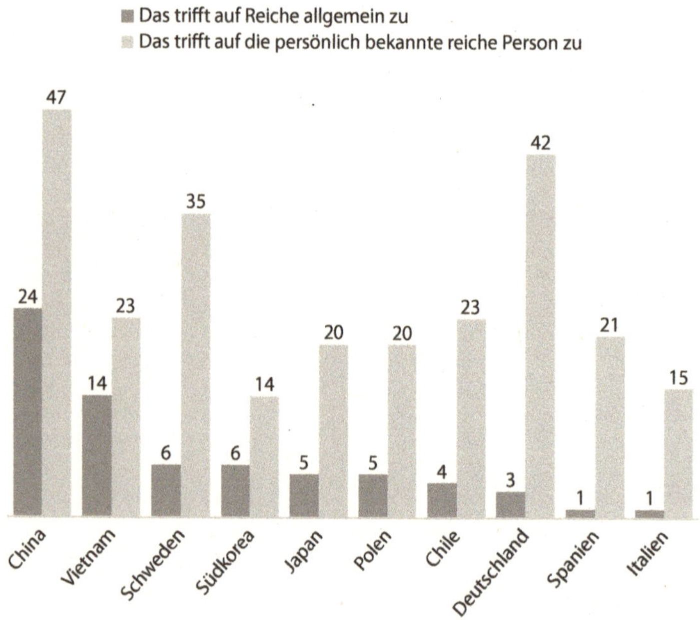

Quelle: Allensbacher Umfragen Nr. 11085 und 8271, Ipsos MORI Umfragen Nr. J-18-031911-01-02, J-19-01009-29, J-19-01009-47, J-20-091774-05 und J-21-041026-01

In manchem sind sich Polen und Deutsche einig, z.B. sagen 43 Prozent der Polen und 42 Prozent der Deutschen, Reiche seien fleißig. Aber wichtiger sind die Unterschiede. Beispielsweise halten 19 Prozent der Polen Reiche für egoistisch, während dies in Deutschland 62 Prozent sagen. 25 Prozent der Polen meinen, Reiche seien gierig, in Deutschland sind davon 49 Prozent überzeugt. Und 24 Prozent der Polen finden Reiche überheblich, während das 43 Prozent der Deutschen so empfinden.

Grafik 11

So sehen Polen und Deutsche reiche Menschen

Frage: »Hier sind einige Eigenschaften aufgeschrieben. Was meinen Sie, welche davon findet man besonders oft bei reichen Leuten?«

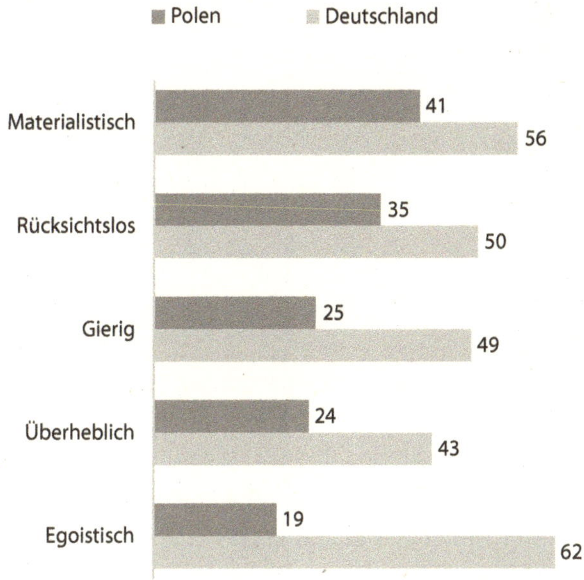

Quelle: Ipsos-MORI-Umfrage Nr. 22-087515-44, Allensbacher Archiv, IfD-Umfrage Nr. 11085

Berechnet man den durchschnittlichen Prozentsatz, mit dem Polen Reichen positive und negative Eigenschaften zuordnen, dann ergibt sich der PTC – Personality Trait Coefficient. Zahlen größer als 1 bedeuten, dass in dem Land die Menschen Reichen eher negative

Merkmale zuordnen; Zahlen geringer als 1 bedeuten, dass die Befragten Reichen vor allem positive Eigenschaften zuschreiben. In Polen liegt der Wert bei 0,7. Nur in Vietnam werden die Persönlichkeitsmerkmale von Reichen noch positiver beurteilt als in Polen.

Grafik 12
Personality Trait Coefficient PTC im internationalen Vergleich

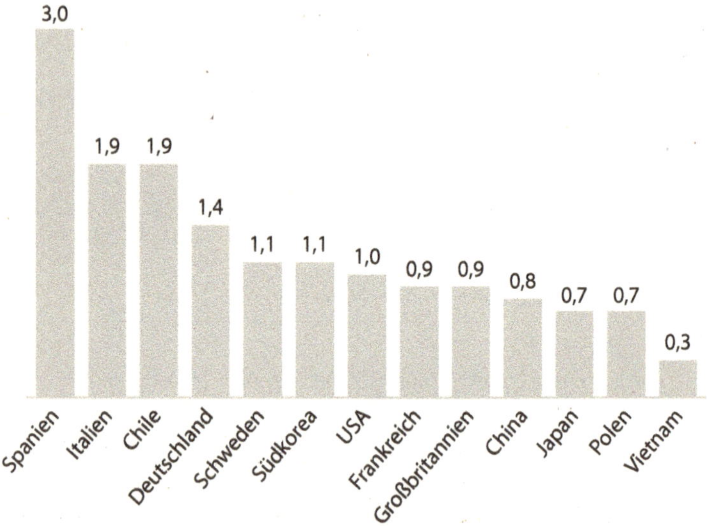

Quelle: Allensbacher Archiv, IfD-Umfrage Nr. 8271 und 11085, Ipsos-MORI-Umfrage Nr. 18-031911-01-02, 19-01009-29, 19-01009-47, 20-091774-05, 20-09-1774-30, 21-041026-01 und Indochina Research

Es wurden zahlreiche weitere Fragen gestellt, unter anderem solche, die als Indikatoren für Neid gelten können. Zum Beispiel fragten wir die Menschen, ob sie dafür wären, die Steuern für Reiche sehr stark zu erhöhen, auch wenn sie selbst keinen Vorteil davon hätten. In Polen bejahten das 44 Prozent, in Deutschland 65 Prozent. Eine andere Frage diente dazu, »Schadenfreude« zu ermitteln, wenn ein Reicher durch ein riskantes Geschäft viel Geld verliert. »Das geschieht dem recht«, sagen 15 Prozent der Polen, aber 40 Prozent der Deutschen. Und lediglich 23 Prozent der Polen optierten dafür, Spitzengehälter von Top-

Managern drastisch zu reduzieren und den Überschuss gleichmäßig an die Angestellten zu verteilen, auch wenn jeder dadurch nur ein paar Zloty mehr bekäme. In Deutschland fanden sich doppelt so viele Befürworter eines entsprechenden Vorschlags (46 Prozent).

Aus der Beantwortung dieser Fragen, die in allen Ländern gestellt wurden, haben wir einen Sozialneidkoeffizienten berechnet.[186] Dieser Koeffizient bezeichnet das Verhältnis von Neidern und Nicht-Neidern im jeweiligen Land. In Polen beispielsweise stehen 13 Prozent Sozialneider 61 Prozent Nicht-Neidern gegenüber, was einen Koeffzienten von 0,21 ergibt. In Deutschland stehen 33 Prozent Neider 34 Prozent Nicht-Neidern gegenüber (SEC = 0,97). Je höher der Sozialneidkoeffizient ist, desto neidischer sind die Menschen in einem Land. Man sieht hier, dass in keinem der 13 Länder, wo wir die Befragung durchführten, der Neid so gering ist wie in Polen:

Grafik 13
Sozialneidkoeffizient im internationalen Vergleich

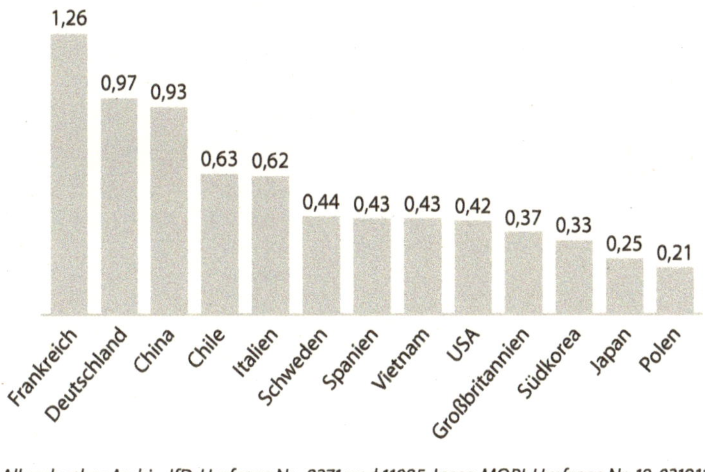

Quelle: Allensbacher Archiv, IfD-Umfrage Nr. 8271 und 11085, Ipsos-MORI-Umfrage Nr. 18-031911-01-02, 19-01009-29, 19-01009-47, 20-091774-05, 20-09-1774-30, 21-041026-01 und Indochina Research

Die Polen wurden auch befragt, welche Partei sie wählen würden. Die Ergebnisse dieser Befragung konnten mit den anderen Ergebnissen verknüpft werden. Interessant ist dabei der Sozialneid in den jeweiligen Parteilagern. Der Anteil der Sozialneider unter allen Wählern in Polen liegt bei 13 Prozent. Zwar gibt es sicher auch Sozialneider unter den anderen Wählern, z.B. unter denen, die wir als »Ambivalente« eingeordnet haben. Aber nach den harten Kriterien unserer Analyse, die wir hier zugrunde legen, sind es nur 13 Prozent (und damit weniger als in jedem anderen von uns untersuchten Land).

Grafik 14
Polen: Sozialneid und Parteipräferenz

Anteile der Sozialneider unter den Wählern der Parteien in Prozent

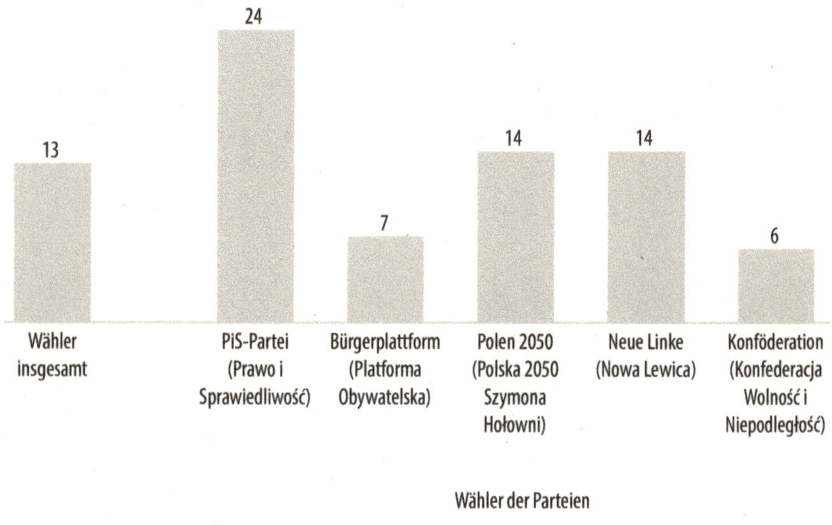

Quelle: Ipsos-MORI-Umfrage Nr. 22-087515-44

Auffällig ist jedoch, dass jeder vierte Wähler (24 Prozent) der Regierungspartei des Ex-Ministerpräsidenten Jarosław Kaczyński, »Recht und Gerechtigkeit« (Prawo i Sprawiedliwość, PiS), zur Gruppe der Sozialneider gehört. Für diese Partei ist die Bedienung des Sozialneids also sehr bedeutsam. Würde die PiS die Unterstützung der Sozialneider verlieren, käme das einem Verlust von einem Viertel ihrer Wähler gleich. Selbst bei dem linken Bündnis »Neue Linke« (Nowa Lewica) aus Sozialdemokraten (Sojusz Lewicy Demokratycznej) und der grünen Frühling-Partei (Wiosna) spielen die Sozialneider (14 Prozent ihrer Wähler) eine geringere Rolle als bei PiS. Bei der Partei Polen 2050 (Polska 2050 Szymona Hołowni) liegt der Anteil dieser Missgünstigen ebenfalls bei 14 Prozent.

Es ist übrigens nicht erstaunlich, dass die PiS stärker als alle anderen Parteien Sozialneider anzieht. In Deutschland gilt die Partei zwar als »rechts« oder »nationalkonservativ«. Doch neben konservativen Positionen (z.B. in Bezug auf Familie und Nation) vertritt die PiS vor allem in der Sozial- und Wirtschaftspolitik linke Ziele.

Eine geringe Rolle spielen Sozialneider bei den Wählern der zweitgrößten Partei Polens, der Bürgerplattform von Donald Tusk (Platforma Obywatelska), von denen nur 7 Prozent Sozialneider sind.

Auch bei der Partei Konföderation der Freiheit und Unabhängigkeit (Konfederacja Wolność i Niepodległość), die eine eigenartige Mischung von nationalistischen, monarchistischen und libertären Kräften vereint, ist nur ein kleiner Teil der Wähler (6 Prozent) Sozialneider.

Um insgesamt die Einstellung gegenüber Reichen in einem Land zu erfassen, wurde aus dem Sozialneidkoeffzient SEC und dem Personality Trait Coefficient PTC der Rich Sentiment Index RSI gebildet. Werte über 1 bedeuten, dass die Einstellung zu Reichen überwiegend negativ ist – wie in Deutschland, Frankreich und Spanien. Am positivsten ist die Einstellung in Polen, Japan und Vietnam (Grafik 15).

In vielen Ländern begann der wirtschaftliche Aufstieg mit einer Änderung in der Einstellung Reichen gegenüber – so etwa in China, wo Deng Xiaoping Anfang der 80er-Jahre verkündete, das Streben nach Reichtum sei gut und nicht schlecht. Gleiches gilt für Vietnam – und auch für Polen. Man sieht das auch daran, dass 49 Prozent der Polen sagen, es sei ihnen wichtig, reich zu werden. In den vier asiatischen Ländern China, Japan, Vietnam und Südkorea sind es im Durchschnitt sogar 58 Prozent. In den anderen europäischen Ländern und den USA, wo wir die Befragung durchführten, sagen dagegen im Durchschnitt nur 28 Prozent, es sei ihnen wichtig, reich zu werden.

Grafik 15
Rich Sentiment Index RSI im internationalen Vergleich

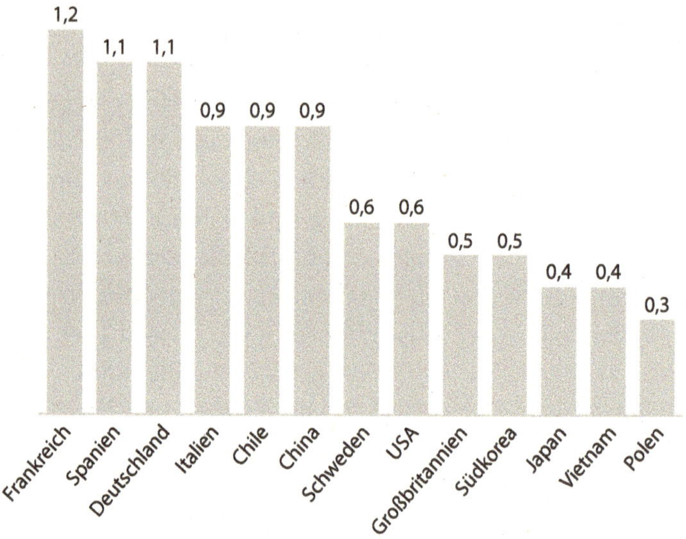

Lesehilfe: Je niedriger die Zahl, desto positiver die Einstellung zu Reichen.

Quelle: Allensbacher Archiv, IfD-Umfrage Nr. 8271 und 11085, Ipsos-MORI-Umfrage Nr. 18-031911-01-02, 19-01009-29, 19-01009-47, 20-091774-05, 20-09-1774-30, 21-041026-01 und Indochina Research

Das Beispiel Polens zeigt, wie sehr kapitalistische Reformen das Leben der Menschen in einem Land verbessern können – und dass dabei zuweilen Schnelligkeit und Radikalität gefragt sind. Polen hatte das Glück, in einer entscheidenden Phase seiner Geschichte von Politikern geführt zu werden, die ehrlich waren und einen klaren marktwirtschaftlichen Kompass hatten. Zwei Dinge, die leider für viele andere ehemals sozialistische Länder nicht zutreffen.

Auch wenn in Vietnam – anders als in Polen – das Einparteiensystem bestehen blieb und das Land sich offiziell als »sozialistisch« bezeichnet, verlief die Entwicklung hier in mancher Hinsicht ähnlich wie in Polen:

Nach dem Krieg wurde im gesamten Land die sozialistische Planwirtschaft eingeführt, die jedoch scheiterte. Und fast zum gleichen Zeitpunkt wie in Polen begannen auch in Vietnam marktwirtschaftliche Reformen.

3. Vietnam: Doi Moi – der Aufstieg des Drachen

Die Aufgabe des achtjährigen Phung Xuan Vu und seines zehnjährigen Bruders war es, für ihre Familie, die ständig unter Hunger litt, Essen zu besorgen. Das war – bevor die marktwirtschaftlichen Doi-Moi-Reformen in Vietnam zu wirken begannen – nur mit Essensmarken möglich. Der wichtigste Gegenstand hierbei war ein Heft mit Coupons für Lebensmittel. Als der Ältere trug Vus Bruder das Heft bei sich, und er wusste, dass die Familie nichts zu essen haben würde, wenn er es verlieren würde. Die Gutscheine im Inneren waren auf wachsartigem gelbem Seidenpapier gedruckt. Sie bedeuteten den Unterschied zwischen hungern und etwas zu essen haben, obwohl es nie genug war.

Die Gutscheine musste man bei Einrichtungen für die Lebensmittelausgabe einlösen. Oft musste man viele Stunden warten, manchmal den ganzen Tag, um ein wenig zu essen zu bekommen, und wer eine ganz sichere Chance haben wollte, kam schon in der Nacht: »Die Kinder standen gemeinsam mit Nachbarn stundenlang in der Warteschlange. Einige Leute trafen schon um 2 Uhr, 4 Uhr oder 5 Uhr morgens ein, wenn es noch dunkel war. Andere stellten einen Korb oder einen Ziegelstein ab, um ihren Platz in der Schlange zu halten, und gingen dann wieder weg, um andere Dinge zu erledigen. Sobald die Sonne aufgegangen war, nutzten die Schulkinder die Wartezeit, um ihre Hausaufgaben zu erledigen. Bei Regen wurde der Boden unter ihnen schlammig und rutschig. Und wenn es heiß war, wurden sie von Durst und Erschöpfung fast ohnmächtig.«[187]

Sie standen schon an, bevor die Lebensmittel geliefert wurden – in der Hoffnung, dass irgendwann welche kommen würden. Familien schickten ihre Kinder, andere schickten Leute vor, die stellvertretend für sie anstanden – und natürlich musste man sich abwechseln. War man schließlich an der Reihe, wurde man oft mit harschen Beamten konfrontiert: »Die Beamten waren nicht freundlich«, erinnert sich Vu. »Sie waren herrisch – und sie hatten die Macht. Wir hatten das Gefühl, dass wir um das Essen betteln mussten, das uns rechtmäßig zustand.«[188]

Die Familien hatten keine Wahl, sie mussten akzeptieren, was die Beamten in ihren Beutel warfen: »Wir hielten unsere Beutel auf, damit die Beamten den Reis hineinschütten konnten. Sie nahmen einen Eimer, schaufelten den Reis aus einem großen Sack auf der Karre und legten den Beutel auf eine Waage, damit wir ja nicht mehr bekamen, als unserer Familie zustand. Wir wussten, dass die Beamten manchmal Steine in die Reisbeutel legten, sodass wir weniger Reis bekamen. Und oft war der Reis alt oder schimmelig. Wir wussten auch, dass sie den guten Reis, wenn es denn welchen gab, für sich oder ihre Freunde behielten. Oder ihn auf dem Schwarzmarkt verkauften, um sich etwas dazuzuverdienen. Das machte uns wütend, doch wir konnten uns nicht wehren oder mit den Beamten streiten. Was konnten wir als Kinder schon tun?«[189]

Wie viel Essen man bekam, hing vom Status der Familie ab. Staatsbedienstete erhielten mehr, Fabrikarbeiter weniger. Wenn nicht genug Reis da war, bekamen sie Weizen, aber viele wussten nicht, was sie damit anfangen sollten. Doch selbst wenn sie wussten, wie man Brot backt, war es schwierig, weil die dafür notwendigen Zutaten meist nicht vorhanden waren. Zudem brauchte man Strom für den Ofen, aber Elektrizität gab es nur wenige Stunden am Tag. Und den Strom nutzte die Familie nicht, um zu backen, sondern, um eine Lampe anzumachen oder ein altes Radio zu hören. Manchmal fiel der Strom plötzlich aus, dann musste man eine Kerze anzünden. Manche Familien stahlen Strom, aber das war gefährlich.[190]

Vus Familie war sehr stolz darauf, ein Fahrrad zu besitzen. Obwohl es ziemlich alt war, empfanden sie es wie einen Rolls-Royce. Damals, in den 80ern und Anfang der 90er-Jahre, fuhren fast alle Vietnamesen Fahrrad. Heute in Hanoi sieht man nicht mehr viele Fahrräder, etwa

85 Prozent der Fahrzeuge auf den Straßen sind Motorräder und Mopeds.

Die Amerikanerin Nancy K. Napier, die die Berichte von Vietnamesen aus der Zeit vor und nach den Doi-Moi-Reformen zusammengetragen hat, überschrieb das Kapitel über die Zeit davor mit dem Wort »Hunger«. Sie unterrichtete ab 1994 an der National Economics University in Hanoi. Sie erinnert sich, was ihre Kollegen zu ihr sagten, wenn sie etwas zugenommen hatte: »Nancy, you are fat!« Sie belehrte die Vietnamesen, dass man einer amerikanischen Frau nie und unter keinen Umständen sagen solle, sie sei fett. Das verstanden sie nicht: »Oh, aber das heißt doch, dass du wohlhabend bist. Du hast genug zu essen, nur deshalb kannst du dick werden. Du solltest glücklich sein!«[191]

Als ich 2022 einen Vortrag an der gleichen Universität hielt, sah ich gut gekleidete Studenten und Professoren, die voller Ehrgeiz waren, etwas aus ihrem Leben zu machen. Eine andere Erinnerung von Nancy Napier: Sie wunderte sich, warum es in Hanoi so wenig Vögel gab. Als sie die Frage stellte, schauten die Vietnamesen sie verdutzt an, so als ob sie nicht ganz richtig im Kopf sei. Sie klärten sie auf, dass die Menschen, die Hunger hatten, die Vögel fingen, um sie zu verzehren – sogar Spatzen.[192] Viele Menschen waren damals unterernährt oder litten an Vitamin-A-Mangel. »Junge Mütter hatten manchmal nicht genug Milch für ihre Kinder. Deshalb kochten manche Reis und fütterten ihre Babys mit ›Reismilch‹ in der Hoffnung, dass die Nährstoffe ausreichen würden.«[193]

Bach Ngoc Chien erinnert sich: »Als Teenager war ich immer hungrig. Unsere fünfköpfige Familie teilte sich drei Schüsseln Reis zum Mittagessen und drei Schüsseln zum Abendessen. Wir Kinder teilten uns eine Schüssel zum Frühstück. Fleisch gab es bei uns so gut wie nie, außer bei zwei Anlässen: zum Mondneujahr und zum Todestag meines Großvaters. 1988, in meinem letzten Jahr an der Oberschule, wog ich, glaube ich, unter vierzig Kilo.«[194]

Selbst das sowjetische Weißrussland wirkte verglichen damit wie ein Paradies. Luong Ngoc Khanh, der heute große Unternehmen besitzt und 1983 nach Minsk geschickt wurde, um Russisch zu lernen, erinnert sich: »Damals war Russland [gemeint ist Weißrussland] wie das Paradies. Dort hatten wir Äpfel, Milch und Fleisch. In Vietnam waren all diese Dinge Mangelware.«[195]

Vietnamesen nennen diese Periode heute »Thoi Bao Cap« (Subventionsperiode) – es war die Zeit der sozialistischen Planwirtschaft, bevor Vietnam sukzessive durch die Doi-Moi-Reformen zu einer Marktwirtschaft wurde. Vietnam hat sich durch diese Reformen massiv verändert, und dies ist das Thema dieses Kapitels: »Die Armut in Vietnam ist von einem Mehrheitsproblem zu einem Minderheitsproblem geworden.«[196] Mit einem Bruttoinlandsprodukt pro Einwohner von 98 USD war Vietnam 1990 noch das ärmste Land der Welt, noch hinter Somalia (130 USD) und Sierra Leone (163 USD).[197]

Wie rückständig und arm Vietnam war – selbst im Vergleich mit anderen sozialistischen Ländern –, zeigen diese Zahlen: Die Elektrizität, die pro Einwohner produziert wurde, lag 1985 in Ungarn bei 4.656 kwh, in der DDR bei 6.839 kwh, in Polen bei 3.702 kwh und in Vietnam bei 87 kwh. Das durchschnittliche Einkommen (in Rubel) betrug 1960 in Ungarn 669,80 Rubel, in Polen 581,80 Rubel und in Vietnam 20 Jahre später (1980!) lediglich 50 Rubel.[198]

Vor Beginn der ökonomischen Reformen führte jede Missernte zu Hunger, und Vietnam war angewiesen auf Unterstützung durch das World Food Programme der UNO und auf finanzielle Unterstützung der Sowjetunion und anderer Ostblockstaaten.[199] Noch 1993 lebten 79,7 Prozent der Vietnamesen in Armut. Bis 2006 hatte sich die Quote auf 50,6 Prozent reduziert. 2020 lag sie bei nur noch 5 Prozent.[200]

Vietnam ist heute eines der dynamischsten und aufstrebendsten Länder der Welt, mit enormen Chancen für fleißige Menschen und Unternehmer. Von einem Land, das vor Beginn der marktwirtschaftlichen Reformen nicht genug Reis produzieren konnte, um die eigene Bevölkerung zu ernähren, ist es zu einem der größten Reis-Exporteure der Welt geworden – und zu einem bedeutenden Elektronik-Exporteur.

Wenn ich jedoch mit Menschen über Vietnam spreche, merke ich, dass sie meist sehr wenig über dieses Land wissen. Viele sind überrascht, wenn ich ihnen sage, dass Vietnam mehr Einwohner hat als jedes europäische Land. Mit fast 100 Millionen Einwohnern leben in Vietnam mehr Menschen als in Deutschland, in der Türkei, in Großbritannien, in Frankreich, in Italien oder in Spanien, fast doppelt so viel wie in Südkorea und 17-mal so viele wie in Singapur.

Ein Land im Krieg

Viele Menschen denken bei Vietnam zuerst an den Vietnamkrieg, und sie meinen damit den Krieg, den die USA von 1955 bis 1975 in diesem südostasiatischen Land führten. Doch sie wissen nicht, dass dies nur ein Abschnitt in dem Indochinakrieg war, der schon 1946 begonnen hatte und fast 30 Jahre dauerte. Und das war nicht der einzige Krieg, der Vietnam in der Vergangenheit betraf. Wohl selten in der Menschheitsgeschichte wurde ein Land so oft Ziel von Eroberungsgelüsten seiner Nachbarn. In den letzten 1.000 Jahren waren die Perioden des Krieges länger als die des Friedens, und Vietnam musste sich immer wieder gegen fremde Eindringlinge und Besatzer zur Wehr setzen – gegen Chinesen und Mongolen, gegen Japaner und Franzosen.

Mitte des 19. Jahrhunderts gelangte das Land unter französische Kolonialherrschaft, während des Zweiten Weltkrieges wurde es durch die Japaner besetzt und 1945 kam das Land wieder unter französische Herrschaft, bis Vietnam die Franzosen am 7. Mai 1954 in der Schlacht um Điện Biên Phủ besiegte. Das Land wurde daraufhin in die nördliche »Demokratische Republik Vietnam« mit der Hauptstadt Hanoi und die südliche »Republik Vietnam« mit der Hauptstadt Saigon geteilt. Es folgte der Krieg, den wir als »Vietnamkrieg« kennen, in dem der kommunistische Norden sowie die Nationale Befreiungsfront Südvietnams – unterstützt von der Sowjetunion und China – gegen das von den USA unterstützte Südvietnam kämpften.

Angeführt wurde Nordvietnam von Hồ Chí Minh, der bis heute in Vietnam verehrt wird. Am 27. Januar 1973 vereinbarten US-Außenminister Henry Kissinger und Hồ Chí Minhs Nachfolger Le Duc Tho einen Waffenstillstand. Der Krieg ging danach ohne direkte Beteiligung der USA weiter (die jedoch Südvietnam weiterhin mit Waffen unterstützten). Er endete mit der Einnahme Saigons am 30. April und der bedingungslosen Kapitulation Südvietnams am 1. Mai 1975. Am 2. Juli 1975 wurden Nord- und Südvietnam unter dem Namen Sozialistische Republik Vietnam wiedervereint. Hanoi ist seitdem die Hauptstadt und Saigon heißt offiziell Hồ Chí Minh-Stadt, obwohl immer noch viele Vietnamesen Saigon sagen.

Der Krieg hatte das Land zerstört. Auf Vietnam fielen etwa 14 bis 15 Millionen Tonnen Bomben und Sprengstoff – die zehnfache Menge dessen, was auf Deutschland im Zweiten Weltkrieg abgeworfen worden war.[201] Die USA hatten das Entlaubungsmittel »Agent Orange« eingesetzt, ein Pflanzenvernichtungsmittel, das die Reisfelder zerstörte und Wasserreservoirs vergiftete. Die chemischen Massenvernichtungswaffen trafen nicht nur die kommunistische Befreiungsarmee, sondern hauptsächlich die Zivilbevölkerung. Auch Napalmbomben der Amerikaner forderten einen gewaltigen Blutzoll unter der zivilen Bevölkerung. Allein die Südvietnamesen hatten Verluste von 1,5 Millionen Menschen zu verzeichnen, darunter 300.000 tote Zivilisten.[202] Es gab in Südvietnam zum Ende des Krieges fast eine Million Waisen, mehrere Hunderttausende von der Armut in Drogenabhängigkeit und Prostitution Getriebene sowie mindestens eine Million Kriegsinvaliden, oft mit körperlicher Schwerstbeschädigung. Sehr viele Menschen waren traumatisiert.[203] Die Amerikaner verloren 58.200 Soldaten, weitere 300.000 wurden verwundet.

Die zivilen Verluste Nordvietnams fielen im Vergleich zum Süden geringer aus, dafür verlor es weit mehr Soldaten.[204]

»Im Norden wurden durch den Krieg Hauptindustriezentren und fundamentale Infrastrukturen zerstört ... Sämtliche Industriebetriebe wurden vernichtet. Drei der sechs größten Städte, 12 von 29 Provinzhauptstädten, zwei Drittel der Dörfer waren zerstört. Total zerstört waren auch sämtliche Elektrizitätswerke, Bahnhöfe, Häfen, Brücken, Straßen und das gesamte Bahnnetz. Im Süden waren ebenfalls zwei Drittel der Dörfer zerstört.« Große Teile des Waldes wurden vernichtet und 20 Millionen Bauern verloren ihre Häuser.[205]

Der Sieg über die Amerikaner machte das ohnehin selbstbewusste Volk der Vietnamesen noch stolzer: Sie hatten die größte militärische Supermacht der Geschichte bezwungen. Aber ihr Stolz litt in den darauffolgenden zehn Jahren, weil sich die Einführung der sozialistischen Planwirtschaft nunmehr im gesamten Land verheerend auswirkte. Vietnam war das ärmste Land der Region. Während andere asiatische Länder, die den kapitalistischen Weg gingen – Südkorea, Hongkong, Singapur, aber auch Thailand – große Wachstumsraten erzielten und der Armut entkamen, waren in Vietnam die meisten Menschen bitterarm, auch noch zehn Jahre nach dem Ende des Krieges.

»Nach dem Fall Saigons glaubten die Vietnamesen aus dem Norden, dass jetzt alles gut werden würde. Nach Jahrzehnten der Besatzung und der Kämpfe – mit Invasionen der Japaner, der Franzosen und der Amerikaner – träumten sie von einem besseren Leben.«[206] In seinem Testament hatte der 1969 verstorbene Präsident Hồ Chí Minh versprochen: »Sind die amerikanischen Invasoren besiegt, dann werden wir unser Land zehnmal schöner wiederaufbauen.«[207]

Sozialistische Planwirtschaft im Norden und im Süden

Im Norden Vietnams hatte Hồ Chí Minh nach dem Sieg über die Franzosen ein System nach dem Vorbild der sowjetischen sozialistischen Planwirtschaft etabliert. Dieses System wollten die Kommunisten nach ihrem Sieg über die USA auf Südvietnam übertragen. Kurzfristig gab es die Idee, ein Konzept nach dem Motto »ein Land, zwei Systeme« umzusetzen, mit einer Marktwirtschaft im Süden und einer sozialistischen Planwirtschaft im Norden – doch diese Überlegungen wurden verworfen.[208]

Im August 1975 beschloss die 24. Tagung des Zentralkomitees der Partei der Werktätigen Vietnams (PdWV, so hieß die Kommunistische Partei Vietnams damals), dass der Norden den sozialistischen Aufbau fortsetzen und im Süden ebenfalls der Sozialismus eingeführt werden solle.[209] Im Dezember 1976, auf dem IV. Parteitag der Partei – jetzt in Kommunistische Partei Vietnams (KPV) umbenannt –, wurde der erste Fünfjahresplan beschlossen, mit dem Ziel, auch den Süden sozialistisch umzugestalten.

1977/78 begannen die Kollektivierung der Landwirtschaft und die Verstaatlichung von fast 30.000 privaten Kleinhändlern in Hồ Chí Minh-Stadt. Begründet wurde die Aktion damit, dass der Staat bis dahin »nur« etwa 50 Prozent des Großhandels und 40 Prozent des Kleinhandels in Südvietnam kontrolliere.[210] Die Unternehmen befanden sich überwiegend in der Hand von Chinesen, sodass man weniger Skrupel hatte, radikal vorzugehen.

Vorsichtiger waren die Kommunisten im Süden bei der Kollektivierung. Viele Bauern dort empfanden diese als besonders ungerecht, denn die Kommunisten hatten ihnen zuvor Land gegeben, um sich ihre Unterstützung zu sichern, und wollten ihnen diese Zuteilungen jetzt wieder abnehmen. »Die Mitglieder der Nationalen Front für die Befreiung Südvietnams hatten die Unterstützung der Landbevölkerung u. a. deshalb gewonnen, weil sie die Umverteilung von Ackerland an Pächter und Kleinbauern vorantrieben. Die völlige Abschaffung des privaten Landbesitzes hätte den jetzt funktionierenden Beziehungen zwischen der Partei und den Bauern schwer geschadet.«[211]

Als mit der Kollektivierung im Süden begonnen wurde, leisteten viele Bauern Widerstand, manche verließen ihr Land oder verkauften ihre Tiere oder landwirtschaftlichen Gerätschaften, weil sie nicht in einem Kollektiv arbeiten wollten.[212] 1980 arbeiteten erst 24,5 Prozent der Landbevölkerung des Südens in Kollektiven, während es im Norden 97 Prozent waren.[213]

Eine schwere, bis Anfang der 80er-Jahre andauernde Krise war die Folge der Kollektivierungen und der Verstaatlichungen.[214] Schnell wurde klar, dass die ehrgeizigen Ziele des auf dem IV. Parteitag beschlossenen Fünfjahresplans verfehlt würden.

Die Kommunisten reagierten so wie viele Politiker, die ihre Ziele verfehlt haben: Statt einzuräumen, dass sie auf einem falschen Weg sind (diese Erkenntnis folgte erst einige Jahre später), waren sie zunächst der Meinung, man müsse den beschrittenen Weg der Abschaffung des Privateigentums und der sozialistischen Umgestaltung noch viel schneller gehen. Besonders im Agrarbereich wirkte sich das katastrophal aus: »Die Bauern im Süden Vietnams reagierten mit eingeschränkter Produktion, die sich vorrangig am Eigenbedarf orientierte ... Innerhalb weniger Monate brach der Agrarsektor fast völlig zusammen. 1978 standen pro Kopf der Bevölkerung nur noch 190 kg Reis bzw. 238 kg Nahrungsmittel zur Verfügung im Vergleich zu 240/274 kg im Jahr 1976.«[215]

Die Kommunisten hätten es wissen können, die entsprechenden Konzepte zur Kollektivierung der Landwirtschaft waren ja bereits in China und der Sowjetunion gescheitert. »Jedenfalls wurde der individuelle Landbesitz 1980 im Einklang mit der Politik der sozialistischen Transformation, die in Nordvietnam nach der Verabschiedung der Verfassung von 1959 vorangetrieben wurde, im ganzen Land abgeschafft. Man schlug diesen Weg ein, obwohl der kollektivierte Sektor eindeutig ineffizient war.«[216]

Bei Investitionen wurden die staatlichen Genossenschaften bevorzugt; sie erhielten 40 Prozent aller staatlichen Gelder, obwohl sie nur 5 Prozent zur landwirtschaftlichen Gesamtproduktion beitrugen.[217] Die Planwirtschaft funktionierte einfach nicht: Weniger als 10 Prozent der Anbaufläche einjähriger Kulturen konnten künstlich be- und entwässert werden, obwohl Pumpen für ca. 40 Prozent der Fläche zur Verfügung standen. Doch Energiemangel und Stromausfälle machten ihren Einsatz oft unmöglich. Der Bedarf der Landwirtschaft an Elektroenergie wurde nur zu 30 Prozent befriedigt.[218]

Die Mitglieder der staatlichen Kollektive bekamen bestimmte Punktzahlen, nach denen sie entlohnt wurden. »Das Manko bestand darin, dass die Arbeitspunkte auf Grundlage der Arbeitszeit, nicht aber nach der Qualität oder gar der Quantität der Leistung verteilt wurden. Dies verleitete die Mitglieder zu Nachlässigkeit, schlampiger Arbeit oder Unpünktlichkeit.«[219]

Bach Ngoc Chien erinnert sich, dass seine Mutter für eine Kooperative arbeitete, in einem System, das nicht die produzierten Mengen Reis belohnte, sondern nur zählte, wie viele Tage man gearbeitet hatte. Hatte seine Mutter 30 Tage gearbeitet, bekam sie

30 Punkte, was ihr das Anrecht auf einen bestimmten Teil der Ernte gab. Wenn sie lediglich 20 Tage gearbeitet hatte, bekam sie 20 Punkte und entsprechend weniger.[220]

1980 produzierte Vietnam nur 14 Millionen Tonnen Reis, aber 16 Millionen Tonnen wären notwendig gewesen, um den Grundbedarf der Bevölkerung zu decken. Im Zeitraum des Fünfjahresplans von 1976 bis 1980 musste das Land acht bis neun Millionen Tonnen Reis und andere Nahrungsmittel importieren.[221] Jede Missernte führte sofort zu Nahrungsmittelknappheit im Land. »Man kehrte wieder zur Lebensmittelrationierung zurück und Vietnam war auf umfangreiche Nahrungsmittelhilfe aus dem Welternährungsprogramm sowie auf finanzielle und materielle Unterstützung aus der ehemaligen Sowjetunion und den osteuropäischen Ländern angewiesen.«[222]

Vergleicht man die Ziele des 1976 beschlossenen Fünfjahresplans mit den tatsächlichen Entwicklungen, dann wird das Ausmaß des Scheiterns klar: Der Fünfjahresplan hatte für 1976 bis 1980 eine Steigerung des Bruttoinlandsproduktes um 13 bis 14 Prozent pro Jahr vorgesehen; tatsächlich waren es nur 0,4 Prozent – und dies bei stark steigender Bevölkerung. Die landwirtschaftliche Produktion sollte laut Plan um 8 bis 10 Prozent pro Jahr steigen; tatsächlich waren es 1,9 Prozent. Und für die industrielle Produktion sah der Plan jährliche Steigerungen von 16 bis 18 Prozent vor; tatsächlich waren es lediglich 0,6 Prozent.[223]

In der gesamten nördlichen Hälfte des Landes ging die Pro-Kopf-Versorgung mit Rohreis allein in der zweiten Hälfte der 70er-Jahre um rund ein Drittel zurück. Aufgeschlüsselt auf die Jahre, liest sich dieser Niedergang wie folgt: Waren es 1976 noch 15,4 Kilogramm pro Monat, sank die Produktion über 1977 (12 kg), 1978 (11,6 kg) und 1979 (11,9 kg) bis 1980 auf nur noch 10,4 kg.

Die Idee der landwirtschaftlichen Kollektive war bereits zuvor in Nordvietnam gescheitert und scheiterte nun auch in Südvietnam. Und die Ergebnisse der Kollektive fielen umso schlechter aus, je größer sie waren.[224] Eine Untersuchung von Kollektiven im Red River Delta aus dem Jahr 1979 ergab, dass Kollektive, die 301 bis 400 Hektar bewirtschafteten, einen Nettoüberschuss von 408 đồng pro Hektar hatten und solche, die mehr als 500 Hektar bewirtschafteten, nur einen Nettoertrag von 73 đồng pro Hektar.[225]

Das Scheitern der Kollektivierung zeigte sich auch daran, dass auf einem Bruchteil des Landes der größte Teil des Ertrages produziert wurde, und zwar in dem Teil, der privat bewirtschaftet wurde: Von 1976 bis 1988 stammten über 60 Prozent des Gesamteinkommens der Genossenschaftsmitglieder von den 5 Prozent Land, die sie behalten durften, nachdem 95 Prozent des Landes kollektiviert worden waren.[226]

Interessanterweise war diese Relation übrigens ganz ähnlich in der Sowjetunion: Obwohl das private Hofland in der UdSSR weniger als 5 Prozent der gesamten Nutzfläche ausmachte, lieferte es bis in die 50er-Jahre über 70 Prozent der Kartoffeln, etwa 70 Prozent der Milch und an die 90 Prozent der Eier.[227]

Neben der verfehlten Wirtschaftspolitik trugen zu der Wirtschaftskrise Sanktionen gegen Vietnam bei. Anlass dafür war Vietnams Krieg mit Kambodscha Januar 1979. Eigentlich muss man den Vietnamesen Dank sagen, weil sie den Gegnern eines der brutalsten Terrorregime der Geschichte, dem Pol-Pot-Regime in Kambodscha, halfen.[228] Doch China unterstützte Pol Pot als Verbündeten gegen sowjetischen Einfluss in Südostasien und stoppte nicht nur seine politische und wirtschaftliche Unterstützung von Vietnam, sondern führte im Februar und März 1979 Krieg gegen den im Vergleich kleinen Nachbarn. Dabei ging es vordergründig um Grenzstreitigkeiten, aber in Wahrheit wendete sich Peking gegen Hanoi aus Sorge um eine Verstärkung von Moskaus Gewicht in der Region.

Zurück zur Wirtschaft: Zunächst erklärten die neuen Machthaber in Südvietnam, dass sie nur Betriebe in ausländischem Besitz verstaatlichen wollten. Unternehmen in vietnamesischem Eigentum wurden in sogenannte halbstaatliche Betriebe (Betriebe mit staatlicher Beteiligung) umgewandelt. Das war allerdings nur als vorübergehende Maßnahme gedacht, denn nach und nach sollten alle Betriebe vollständig in Staatseigentum übergehen.[229]

Anfang 1978 wurden 1500 private Unternehmen im Süden Vietnams in 650 Staatsbetriebe umgewandelt: »Obwohl keines der für den Fünfjahresplan 1976 bis 1980 festgelegten Industrieziele erreicht wurde, trieb man den Staatsbesitz weiter voran. 1986 erwirtschafteten die staatlichen Unternehmen 40 Prozent des BIP.«[230]

In der Industrie kam es zu den gleichen Problemen wie in der Landwirtschaft. Die Produktion stagnierte, die staatliche Industrieproduktion ging von 1976 bis 1980 um 10 Prozent zurück.[231] Immerhin: Mit der VI. Beratung des Zentralkomitees der KPV im Jahr 1979 hatte eine langsame Lockerung der radikalen sozialistischen Politik begonnen. Nun erlebte Vietnam das, was seit der Neuen Ökonomischen Politik Lenins in der Sowjetunion der 1920er-Jahren immer wieder zu beobachten war. Die Kommunisten begriffen, dass ihre Ideologie das Land in existenzielle Schwierigkeiten gebracht hatten, und sahen sich zu marktwirtschaftlichen Zugeständnissen gezwungen.

Auf allen ökonomischen Ebenen entwickelte sich ein Dualismus von staatlichen und privaten Formen des Eigentums. »Anfang der 80er-Jahre wurde der freie Markt, auf dem sich die Preise auf der Basis von Kostenberechnungen und Angebot und Nachfrage gestalteten, wieder zugelassen. Gleichzeitig begann man mit ersten Subventionskürzungen in staatlichen Betrieben.«[232]

Teilweise legitimierten diese ersten Reformen nur, was schon als spontane Entwicklung in etlichen Dörfern stattgefunden hatte. Viele landwirtschaftliche Kollektive und sogar Staatsbetriebe ignorierten die offiziellen staatlichen Bestimmungen und Regulierungen. Sie weigerten sich, in Kollektiven zu arbeiten, und schlossen unerlaubte Verträge (»khoan chui«) zwischen Kollektiven und Familien oder zwischen Staatsbetrieben und privaten Händlern ab. Diese Praxis wurde als »pha rao«, als Zerstörung der Zäune, bezeichnet.[233]

Manche Autoren gehen sogar so weit, die eigentliche Quelle der Reformen eher bei diesen spontanen Graswurzel-Entwicklungen auf dem Land zu sehen als in der Partei, die diese nur sanktioniert habe. »Es kommt der Wahrheit näher«, so Vu Le Thao-Chi, »dass der Staat eher als Agent der Anpassungen agierte und damit nur die Verfahren duldete, mit der die einfachen Bauern versuchten, angesichts der Unvorhersehbarkeiten des unüberschaubaren Weges zu überleben.«[234]

Auf dem Land gab es schon Veränderungen vor dem offiziellen Beginn der großen Reformen in den 80er-Jahren. Die Bauern konzentrierten ihre Arbeit auf das wenige Land, das sie selbst besaßen, also die bereits genannten rund 5 Prozent der Gesamtfläche, weil sie die hier erzeugten Produkte zu Marktpreisen verkaufen konnten. Tran Thi Anh-Dao und andere Wissenschaftler betonen, dass der Reformprozess in Vietnam begann »mit evidenzbasierten Praktiken auf der mikroökonomischen (lokalen) Ebene, die dann auf die makroökonomische (nationale) Ebene übertragen wurden«.[235]

Die Provinzen im Mekong-Delta schafften beispielsweise schon Anfang der 80er-Jahre das Rationierungszuschusssystem (bao cáp) ab und entschieden sich für ein marktwirtschaftliches System. »Ohne solche illegalen Praktiken oder Pilotverfahren hätten sich die Marktmechanismen wohl nicht so schnell entwickeln können.«[236] Einige Reformen legalisierten nur das Fortbestehen von privatwirtschaftlichen Strukturen im Süden nach dem Ende des Krieges.

Hier sehen wir Parallelen zur Entwicklung in China. Auch dort waren Bewegungen von unten, so etwa von den Bauern, mindestens so wichtig wie die staatlichen Reformen. Nach den schlimmen Erfahrungen der Chinesen mit dem »Großen Sprung nach vorn«, dem von Mao ausgerufenen größten sozialistischen Experiment der Geschichte, bei dem 45 Millionen Chinesen starben, gingen die Bauern in immer mehr Dörfern dazu über, auf eigene Initiative den Privatbesitz an Ackerland wieder einzuführen, obwohl dies offiziell verboten war. Aber es zeigte sich rasch, dass die Erträge der privaten Landwirtschaft sehr viel höher waren, und so ließen auch in China die Parteifunktionäre die Menschen gewähren.

Zunächst wurde in besonders armen »Bettler-Dörfern« experimentiert – nach dem Motto: Wenn es hier schiefgeht, ist das nicht so schlimm, denn vom Boden kann man nicht fallen. In einem dieser kleinen Dörfer erlaubte die Parteiführung den Bauern, die besonders ertragsarmen Felder privatwirtschaftlich zu bestellen. Kaum hatte die

Regierung dies gestattet, fiel der Ertrag dreimal so hoch aus wie bei den kollektiv bewirtschafteten Böden.

Schon lange bevor das offizielle Verbot von privater Landwirtschaft 1982 aufgehoben wurde, gab es überall in China spontane Initiativen von Bauern, die das private Eigentum entgegen dem sozialistischen Glaubensbekenntnis wieder einführten. Das Ergebnis war sehr positiv: Die Menschen mussten nicht mehr hungern, die landwirtschaftliche Produktion stieg rapide an. Wir sehen an den Beispielen von China und Vietnam: Kapitalismus kann, anders als Sozialismus, nicht durch staatliche Befehle verordnet werden, sondern er wächst in einem spontanen Prozess von unten, und das Beste, was die politische Führung tun kann, ist, diesen Prozess nicht zu stören oder zu verhindern.

Der Schwerpunkt der Reformen in Vietnam lag zunächst in der Landwirtschaft, die damals den mit großem Abstand bedeutendsten Wirtschaftssektor stellte. Der Staat lockerte den strikten Griff auf die Landwirtschaft beispielsweise mit der 1981 beschlossenen »Direktive 100«: »Genossenschaftsland wurde zur kurzfristigen Nutzung an Bauernfamilien verteilt, wobei die Bauern für Anbau, Ernte und Düngen verantwortlich waren ... Die Direktive 100 bedeutete einen Durchbruch und eine historische Wende in der Agrarpolitik. Sie gab den Bauern im Zeitraum 1982 bis 1985 neue Anreize zur Steigerung der landwirtschaftlichen Produktion.«[237] Vu Le Thao-Chi meint über diese Direktive: »Sie stellte den ungeschriebenen Brauch der Familienproduktion in ein offiziell sanktioniertes Rahmenwerk.«[238]

Anfang der 80er-Jahre wurden in Vietnam einige Reformen in die Wege geleitet, wie es sie auch in anderen sozialistischen Ländern in Osteuropa gegeben hat: Betriebe sollten nun für den Gewinn und Verlust verantwortlich sein. Über die Verwendung überplanmäßiger Gewinne konnte der Betrieb selbst entscheiden. »Allerdings waren Produktionsmenge und -wert, Produktionsgewinne, Abführungen an den Staat, Lohnsumme, staatliche Investitionsfonds, zu liefernde Materialien, Geräte, Waren sowie die Preise der meisten Produkte weiterhin vorgegeben. Es wurden zwar einige freie Märkte für Agrarprodukte erlaubt, aber in sehr begrenztem Umfang. Erzeugte Produkte wurden weiterhin durch den Staat verteilt.«[239]

Es waren erste bescheidene Reformen, die oftmals nur das legalisierten, was bereits vorher spontan stattgefunden hatte – auf dem Land ebenso wie in den Städten. »So konnte man beispielsweise bei Materialknappheit Waren auf dem freien Markt verkaufen, um damit den Kauf von Betriebsmitteln zu finanzieren oder um der Belegschaft Prämien zu zahlen und so die Produktivität zu steigern. Obwohl weitgehend illegal, wurden solche Maßnahmen immer gängiger. Mit dem ersten wichtigen Reformerlass für die staatliche Industrie im Januar 1981 wurde den Fabriken daher eine Registrierungspflicht für alle außerhalb des Plans durchgeführten Aktivitäten auferlegt. Gleichzeitig erlaubte man ihnen, Ressourcen bei Bedarf zu erwerben und zu veräußern, um ihre Produktionsleistung zu steigern.«[240]

Zwar verbesserte sich die Lage durch die Reformen ein wenig, aber der Grundbedarf an Nahrungsmitteln konnte immer noch nicht gedeckt werden, und Vietnam blieb zunächst eines der fünf ärmsten Länder der Welt.[241] Offiziell gab es rund vier Millionen Arbeitslose, aber im April 1987 erklärte der vietnamesische Botschafter dem Außenminister von Ungarn in einem vertraulichen Gespräch, die tatsächliche Zahl liege bei sieben Millionen.[242] Und es kam ein weiteres Problem dazu: die Inflation. Im Jahr 1986 war sie in Vietnam auf 582 Prozent gestiegen.[243]

Die Inflation hatte dramatische Auswirkungen auf das Leben der Menschen: »Da ein Monatsgehalt höchstens für eine Woche zum Leben reichte, mussten fast alle Haushalte zum Ausgleich zusätzliche Verdienstmöglichkeiten finden. So wurde es in Hanoi üblich, dass Familien einen Raum ihres Wohnhauses dazu nutzten, Schweine zu halten. Die Schweinezucht war die beste zusätzliche Einnahmequelle. Also richteten die meisten Familien ein Zimmer ihrer Dreizimmerwohnung für die Schweine ein und stellten sich auf den damit verbundenen Lärm, Geruch und schlechte hygienische Bedingungen ein.«[244]

Lebensbedingungen in den 80er-Jahren

Nguyen Trong Hoa war in den 80er-Jahren in Vietnam Lehrer für russische Sprache. Er erinnert sich an die Zeit: »Ich habe immer noch mein Sparbuch von 1984, auf dem circa 100 đồng liegen. Ich habe bescheiden und karg gelebt, um Geld zu sparen. Aber 1985 stellte die Regierung die Währung um und mein Sparbuch wurde wertlos. Ich konnte mein Geld nicht umtauschen. Das Leben war hart. Am schlimmsten war es 1985, als die Leute gezwungen waren, Hartweizen, ›Hạt bo bo‹ (Bougainvillea-Samen) zu essen, und Hilfe von sozialistischen Ländern wie Russland, der Tschechoslowakei und Polen erhielten. ... Die Durchschnittsbürger erhielten 15 kg Reis, die Polizei und die Soldaten 21 kg Reis. Allerdings war das Lagerreis, der nicht schmeckte, weil er trocken war. 1 kg frischer Reis aus dem Dorf konnte gegen 2 kg Lagerreis getauscht werden. Normalerweise wurde Lagerreis auf dem Land an die Schweine verfüttert.

Doch die armen Stadtbewohner waren gezwungen, den Lagerreis selbst zu essen. Er roch muffig. Wer Kinder hatte, versuchte damals, frischen Reis für die Babys zu bekommen. Die Eltern selbst begnügten sich mit dem Lagerreis. Wir mussten für das Wohl unserer Kinder Opfer bringen. Um an Kleidung zu gelangen, musste man mit seiner Marke ein Stück Stoff kaufen, um dann daraus ein Kleidungsstück zu machen. Meine Familie hungerte: Es gab nur ein paar Stücke Fleisch im Monat, wir ernährten uns hauptsächlich von Reis und Gemüse.«[245]

1985 und 1986 ging Nguyen Trong Hoa nach Russland – und dort erschien ihm das Leben viel besser. »1985/86 ging ich nach Russland. Ehrlich gesagt, der Weg ins Ausland war damals die einzige Chance, sein Leben zu verändern, der Hölle zu entkommen. Hatte man die Möglichkeit, in die DDR, nach Ost-Berlin zu gehen, war das so, wie in den Himmel zu kommen ...«[246]

Nicht alle Vietnamesen empfanden das Leben in Russland so positiv. Nguyen Quoc Minh-Quang, Jahrgang 1962, wurde vom Staat von 1982 bis 1988 als Arbeiter in die Sowjetunion entsandt. Er erinnert sich an die Arbeit in einer Fabrik, die Batterien produzierte: »Es war ganz schön hart: Das Lebensumfeld war anders, z. B. das Wetter. Ich empfand es als extrem kalt. Und gearbeitet wurde an Fließbändern. Das war für vietnamesische Arbeiter völlig neu. Ich musste acht Stunden am Tag arbeiten, manchmal gab es überhaupt keine freien Tage. Da die Fabrik über ein eigenes Stromnetz verfügte, mussten die Maschinen ununterbrochen laufen. Daher mussten wir unsere Schichten aufteilen und abwechselnd am Tag und in der Nacht arbeiten. Ehrlich gesagt, hat die Arbeit meiner Gesundheit ziemlich geschadet. Es war ein giftiges Umfeld, ich hatte mit Chemikalien zu tun. Mein Lohn reichte gerade aus, um jeden Tag über die Runden zu kommen. Sparen war nicht möglich. Ich musste zusätzlich mit Sachen handeln, um etwas dazuzuverdienen.«[247]

Selbst Beamte, die besser verdienten, lebten oft in ärmlichen Verhältnissen: Vu Dinh Loc, geboren 1936, arbeitete als Beamter und erinnert sich so an die 80er-Jahre: »1980 reichte mein Gehalt nicht einmal für eine Person zum Leben aus. Aber ich musste ja auch für meine Familie sorgen. Ich verdiente nicht wenig, und trotzdem kam ich jeden Tag gerade einmal so über die Runden. Mit 80 đồng hatte ich immer noch ein höheres Gehalt als viele andere. Ich bekam 13 kg Reis im Monat für meine Familie, aber das reichte nicht, wir mussten Mais und Brot essen. Auch Kleidung gab es nur begrenzt, ich hatte nur ein paar Meter Stoff zur Verfügung. Damals war es nicht erlaubt, Geschäfte zu machen.

Obwohl ich in einem Haus gegenüber dem Dong-Xuan-Markt wohnte, konnte ich keinen Handel betreiben. So konnten meine Eltern nur einen Teestand auf dem Bürgersteig vor unserem Haus eröffnen, wobei sie den Tee mit Regenwasser aufbrühten. Sie haben nicht viel verdient. Ehrlich gesagt, reichte es beim Einkaufen gerade einmal für Lebensmittel. Ich hatte keinen Kühlschrank und zum Kochen nur einen Kerosinherd. Fernseher gab es nicht, wir hörten Nachrichten und Musik aus den öffentlichen Lautsprechern.«[248]

Vu Dinh Loc teilte mit seiner Familie ein Haus mit zwei anderen Familien: »Wir teilten uns eine Küche, ein Bad und einen Hof. Es gab nur einen Wasser- und einen Stromzähler. Also musste meine Familie alles selbst mit den anderen Familien regeln und so viel wie möglich zur Seite legen, damit wir unseren Anteil an den Rechnungen zahlen konnten. Ganz zu schweigen von den unterschiedlichen Persönlichkeiten, Denkweisen und Meinungen, was zu vielen Streitereien und Konflikten führte.

Meine Frau und ich haben uns in der Regel unser Gehalt leihweise schon vor dem Zahltag auszahlen lassen, um Zahlungen leisten zu können. Anschließend haben wir das Geld dann zurückgezahlt. Der Alltag war hart, aber zum Glück mussten wir wenigstens keine Mahlzeiten ausfallen lassen.«[249]

Als zu diesen bescheidenen Lebensverhältnissen noch eine hohe Inflation kam, wurde die Stimmung brisant und die Kritik an der Partei immer lauter. Obwohl Vietnam ein Einparteiensystem ist, nahm die Führung die Entwicklung der öffentlichen Meinung sehr genau wahr, wie wir heute aus vertraulichen Unterlagen wissen.[250]

Der VI. Parteitag und die Doi-Moi-Reformen

Die Vietnamesen – die Bevölkerung wie auch die Partei – erkannten Mitte der 80er-Jahre, dass sie in der Sackgasse steckten. Die Zweifel an dem sowjetischen Modell nahmen weiter zu. Im April 1986 erklärte ein Ökonom des Vietnam's Central Institute for Economic Management Research, das sowjetische Modell sei nicht mehr das einzige Orientierungsmodell, sondern man nehme sich an Ländern wie Südkorea ein Beispiel.[251]

In der Partei hatte es eine Auseinandersetzung zwischen Reformern gegeben und solchen Kräften, die misstrauisch waren gegen größere Veränderungen. Mal hatte die eine Richtung in der Partei einen größeren Einfluss und dann wieder die andere. Wie erwähnt, wurden schon Ende der 70er-Jahre erste Reformmaßnahmen eingeleitet, aber dann gab es wiederum einen Reformstopp – auf dem V. Parteitag im März 1982 waren die Reformgegner in der Mehrheit.

Doch die Probleme im Land wurden immer drängender, und nach und nach setzten sich die Reformkräfte durch. Auf dem Zehnten

Plenum des V. ZK im Mai 1986 erreichten die Reformer einen klaren Sieg. Vizepremier To Huu und andere Reformgegner verloren ihre Sitze im Ministerrat. Im Juli starb Le Duan, der Generalsekretär der Partei, und wurde durch einen gemäßigten Reformer, Truong Chinh, ersetzt. Der neue Generalsekretär übte auf dem VI. Parteitag radikale Selbstkritik und bezichtigte auch die Partei, Fehler wie »Idealismus, linken Infantilismus, Subjektivismus und Ungeduld« begangen zu haben. Er kritisierte die übereilte Kollektivierung und die Beseitigung des privaten Sektors.[252] Truong Chinh blieb allerdings nur kurz im Amt und wurde durch Nguyen Van Linh abgelöst

Auf dem VI. Parteitag im Dezember waren Parteivertreter aus dem Süden Vietnams, die marktwirtschaftliche Reformen unterstützten, stark vertreten, wie etwa Vo Van Kiet und Mao Chi Tho. »In Südvietnam wurde die Privatwirtschaft nach 1975 trotz der Einführung des kommunistischen Systems keineswegs so gründlich abgeschafft wie im Norden, und einige Kader waren durchaus bereit, deren Wachstumspotenzial zu nutzen.«[253]

Der Parteitag wählte Nguyen Van Linh zum neuen Generalsekretär der Partei. Er war zwar im Norden geboren, hatte aber während des Vietnamkrieges als Guerillakämpfer der Nationalen Front für die Befreiung Südvietnams gekämpft und den größten Teil seines Lebens im Süden verbracht. Er war ein Kompromisskandidat, auf den sich die beiden wichtigsten Fraktionen, also die Reformkräfte und die Traditionalisten, einigen konnten. »Als geschickter Taktiker hatte Linh sein Bestes getan, um dem amtierenden Generalsekretär Truong Chinh nach außen hin Respekt zu erweisen. Aber mit dem Versprechen, die jüngsten ›Fehler‹ des Regimes zu korrigieren, erreichte er auch im Süden erhebliche Popularität.«[254]

Der VI. Parteitag gilt als einschneidendes Ereignis in der Geschichte Vietnams und als Beginn der grundlegenden Reformen, die man als »Doi Moi« (»Erneuerung«) bezeichnete – und die die Basis für all die positiven Änderungen waren, die es seitdem in Vietnam gab.

Der Parteitag stand im Zeichen radikaler Selbstkritik. In einem Redebeitrag auf dem Kongress wurde offen festgestellt: »Die Menschen haben das Vertrauen in die Partei verloren. Das hat es seit der Gründung der Partei noch nie gegeben.«[255] Im politischen Bericht wurde erstmals auf eine ausführliche Darlegung des langen, heroischen Kampfes des vietnamesischen Volkes verzichtet und die Aufzählung der Erfolge fiel knapp aus.

Ein Vergleich von verschiedenen Entwürfen des politischen Berichts auf dem Parteitag mit der Endfassung, die vorgetragen wurde, zeigt, dass sich zunehmend eine selbstkritische Sicht durchsetzte: »... der erste Entwurf kam zu dem Schluss, dass die Parteilinie zwar richtig gewesen sei, es aber bei den Leitlinien zur Umsetzung einige Fehler gegeben habe, was halb zu einem Erfolg und halb zu einem Misserfolg geführt habe ... Bei der Erörterung des Entwurfs nahm man dann jedoch wesentliche Änderungen vor und beschloss, dass schwerpunktmäßig die subjektiven Defizite untersucht werden müssten. Zu Beginn des Berichts, der auf dem Kongress vorgetragen wurde, hieß es dann, man müsse ›nicht nur die erzielten Erfolge feststellen, sondern auch die Schwächen ernsthaft untersuchen, die Fehler und Irrtümer genau analysieren, ihre Ursachen klären und neue Aufgaben und Ziele setzen‹. Die Betonung lag auf der Analyse der subjektiven Ursachen, die zu den Problemen geführt haben.«[256] Gemeint waren damit die Fehler der Partei.

Offen gestand die Parteiführung ein, dass die Jahre 1976 bis 1980 verlorene Jahre waren, in denen es faktisch kein ökonomisches Wachstum gab. Die durchschnittlichen jährlichen Zuwachsraten im industriellen Sektor wurden mit 0,6 Prozent angegeben und beim Nationaleinkommen mit 0,4 Prozent. »Im folgenden Fünfjahrplanzeitraum von 1981 bis 1985 konnten zwar Verbesserungen erreicht werden, doch bedeutete das in vielen Fällen eigentlich nur, den Ausgangspunkt von 1975 wieder hergestellt zu haben.«[257]

In dem Bericht wurden zahlreiche Probleme unverblümt angesprochen, so unter anderem:

- Das Wachstum der Produktion reichte nicht aus, um die Bedürfnisse der Bevölkerung zu befriedigen.

- Die Arbeitsproduktivität sank.
- Natürliche Ressourcen wurden verschwendet, die Umwelt geschädigt.
- Hohe Inflation.
- Millionenfache Arbeitslosigkeit.
- Die einfachsten materiellen und kulturellen Bedürfnisse der Bevölkerung wurden nicht befriedigt.
- Recht und Gesetz wurden verletzt, Korruption war verbreitet.[258]

Es spricht für die Vietnamesen, dass sie nicht versuchten, äußere Gründe – wie den langen Krieg mit den USA und die dadurch angerichteten Zerstörungen, die militärischen Auseinandersetzungen mit China und Kambodscha, Naturkatastrophen usw. – für die schlimme Situation verantwortlich zu machen.

Vielmehr hieß es in der Schlussresolution des Parteitages ausgesprochen selbstkritisch: »Ohne die objektiven Schwierigkeiten zu unterschätzen, kommt der Parteitag zu der Erkenntnis, dass die subjektiven Gründe für diese Situation vor allem in Irrtümern und Fehlern der Führung und Leitung durch Partei und Staat zu suchen sind.«[259]

Und ebenfalls spricht für die Vietnamesen, dass sie die richtigen politischen Konsequenzen zogen: Im Kern ging es bei den auf dem Parteitag beschlossenen und in den folgenden Jahren forcierten Reformen darum, mehr Markt zu wagen und die allmächtige Rolle des Staates zurückzudrängen.

Dies hieß nicht, dass man plötzlich von der staatlichen Planwirtschaft zu einer freien Marktwirtschaft übergehen wollte. Aber bislang hatte man, gemäß der sozialistischen Doktrin, alles auf die staatliche Wirtschaft gesetzt, und nun lautete die offizielle Leitlinie, dass der staatliche, der genossenschaftliche und der private Sektor gleichberechtigt nebeneinander existieren sollten.[260] Privates Eigentum an Produktionsmitteln war nicht mehr verpönt, und man wollte sich gegenüber dem kapitalistischen Ausland öffnen.

Der neue Kurs bedeutete auch, dass Reiche und Reichtum anders bewertet wurden. In China begannen die ökonomischen Reformen von

Deng Xiaoping mit seiner Parole »Lasst erst mal einige reich werden!«. Auf dem VI. Parteitag der Kommunistischen Partei Vietnams bemerkte einer der Redner: »Wir sollten keine Angst davor haben, dass einige Leute wohlhabend werden. Denn unser Land wird nur dann stark sein, wenn unsere Menschen wohlhabend sind.«[261] Furuta Motoo schreibt in seiner Analyse des Parteitages: »Diese Bemerkung steht symbolisch für den Übergang vom ›Sozialismus der gemeinsamen Armut‹ hin zum ›Sozialismus des lohnenden Lebens‹. Und dieser Kongress hat mit dem klaren Bekenntnis zur Notwendigkeit einer Wende die große Grundrichtung der Reform vorgegeben, die als Gegenmaßnahme zu den Krisen im Jahr 1979 eingeleitet wurde.«[262]

Nachdem die neuen Reformen verkündet wurden, waren viele Vietnamesen zunächst skeptisch: »Die Geschichte seines Landes macht das vietnamesische Volk misstrauisch gegenüber Trends und neuen Kräften«, schreiben Nancy Napier und Dau Thuy Ha. »Allein das vergangene Jahrhundert brachte den französischen Kolonialismus, den Kommunismus 1945, die Wiedervereinigung 1975 und den Schock 1989, als die Handelspartner und politischen Bruderländer in Russland und Mitteleuropa entschwanden. Die Vietnamesen haben alle diese Wendungen überlebt – zum Teil deshalb, weil sie an altbewährten Denk- und Handlungsweisen festhielten: Ausdauer und Einfallsreichtum, Hartnäckigkeit und Schläue.«[263]

Und den Ankündigungen folgten Taten, wenn auch nicht sofort. Die landwirtschaftlichen Produktionsgenossenschaften wurden faktisch aufgelöst, indem den Bauern die Produktionsplanung, der Einkauf und die Vermarktung ihrer Produkte weitgehend freigestellt wurden. Im Jahr 1988 begannen die Reformen Gestalt anzunehmen. Wichtige Änderungen waren:[264]

- Erlaubnis zur Beschäftigung von bis zu zehn Arbeiterkräften für private Hersteller (später erhöht)
- Abschaffung der Zollkontrollstellen innerhalb des Landes
- Aufhebung des staatlichen Außenhandelsmonopols
- Abbau der Beschränkungen für Privatunternehmen

- Abschaffung praktisch aller direkten Subventionen und Preiskontrollen
- Trennung zwischen Zentralbank und Geschäftsbanken
- Abbau der wichtigsten Elemente von zentraler Planung und Preisbürokratie
- Rückgabe von 1975 verstaatlichten Unternehmen im Süden an deren frühere Eigentümer oder Rechtsnachfolger
- Rückgabe von Land, das bei der Kollektivierung »unrechtmäßig oder willkürlich enteignet« wurde, an die früheren Eigentümer[265]

Ähnlich wie in China versuchte man nicht, auf einen Schlag von oben ein neues System einzusetzen, sondern die Reformen begannen mit Experimenten auf lokaler Ebene, und wenn diese erfolgreich waren, wurden sie auf die gesamtstaatliche Ebene übertragen.[266] »... es waren regionale Experimente, die über das hinausgingen, was nach den Regeln erlaubt war, und dann einen politischen Konsens in der Parteizentrale herstellten.«[267]

Ein Schwerpunkt der Reformen lag in der Landwirtschaft. Man muss dabei bedenken, dass 1987 noch 70 Prozent aller Vietnamesen in der Landwirtschaft arbeiteten und 41 Prozent des Bruttoinlandsproduktes dort erwirtschaftet wurden.[268] Bis 2010 war dieser Anteil bereits auf 53,9 bzw. 20,6 Prozent gesunken,[269] 2019 waren noch 37 Prozent in der Landwirtschaft beschäftigt[270] und erwirtschafteten dort 2021 nur noch 12,6 Prozent des Bruttoinlandsproduktes.[271]

Um die Privatwirtschaft auf dem Land zu fördern, erhielten Familienbetriebe Ende 1987 das Recht, Boden von genossenschaftlichen und staatlichen Farmen langfristig zu pachten. Diese Verfügungsrechte der Bauern über Grund und Boden wurden in der Verfassung von 1992 und im Bodengesetz von 1993 ausgebaut. Boden konnte zwar nicht als Privateigentum ge- und verkauft werden, aber die Übertragbarkeit und Vererbbarkeit von langfristig verpachtetem Boden (bis zu 75 Jahren) wurde garantiert.[272]

Die landwirtschaftlichen Kooperative änderten ihren Charakter. Nachdem die Kollektive aufgelöst worden waren, schlossen sich Bauern nunmehr freiwillig zusammen. Die neuen Kooperative wurden Dienstleister, die bestimmte Leistungen für die Bauern erbrachten, und zwar wesentlich günstiger, als dies die Kollektive zu sozialistischen Zeiten getan hatten: Der Service wurde besser und billiger zugleich.[273]

Auch im industriellen Bereich wurde die Selbstständigkeit der Betriebe deutlich erhöht. Die Möglichkeiten der staatlichen Zentrale, mit ihrem Apparat direkt in die Wirtschaftstätigkeit an der Basis einzugreifen, sollten begrenzt werden. Die Wirtschaftsbeziehungen zwischen den Unternehmen sollten nun durch wechselseitige Verträge geregelt werden.[274]

Die Planwirtschaft wurde nicht abgeschafft, aber Planung hieß jetzt nur noch, für längere Zeiträume strategische Ziele festzulegen. Im März 1988 wurde ein »Gesetz über den Volkseigenen Industriebetrieb« verabschiedet. »Es ermöglichte den Betrieben eine eigenständige Produktions- und Handelstätigkeit, einschließlich der Außenhandelsaktivitäten.«[275]

Die Festsetzung der Löhne und die Verwendung des im Betrieb verbleibenden Gewinnanteils war nun Sache der einzelnen Betriebe und nicht mehr der staatlichen Planungsbehörden. »Es wurde sogar die Möglichkeit eingeräumt, zu einem bestimmten Zeitpunkt durch den Betrieb nicht nutzbare Kapazitäten zu verkaufen, zu verleihen oder zu vermieten ...«[276]

Das Betriebsvermögen blieb allerdings in diesen Fällen grundsätzlich Staatseigentum. Subventionen für die staatlichen Betriebe wurden abgebaut, sodass sie gezwungen waren, wirtschaftlicher zu arbeiten. Zudem mussten sie sich dem Markt mit echten Preisen stellen. Viele kleinere, lokal geleitete Unternehmen, die zuvor unwirtschaftlich operiert hatten, mussten Konkurs anmelden, und insgesamt ging die Zahl der Beschäftigten in Staatsunternehmen zwischen 1989 und 1992 um ca. 30 Prozent – mehr als 800.000 Beschäftigte – zurück.[277]

Eine große Privatisierungswelle wie in manchen osteuropäischen Ländern gab es indes nicht, sondern Vietnam ging einen ähnlichen Weg wie Polen: Staatsbetriebe blieben zwar bestehen, verloren jedoch, relativ gesehen zu der privaten Wirtschaft, an Bedeutung. Gleichzeitig wurde der private Sektor durch Beschlüsse vom März und November 1988 gefördert.

Davor hatte es in Vietnam keine Privatunternehmen gegeben, abgesehen von Familienbetrieben, die jedoch – zumindest offiziell – keine Lohnarbeiter beschäftigen durften. »Unter dem Dach der staatlich gelenkten Genossenschaften existierten allerdings auch in Zeiten der Planwirtschaft Unternehmen, die quasi-privatwirtschaftlich geführt wurden. Dies gilt vor allem für den Süden des Landes, wo eine Reihe von Unternehmen, die 1975/76 verstaatlicht worden waren, als Genossenschaften unter der Leitung der alten Eigentümer weitergeführt wurden.«[278]

Ein entscheidender Fortschritt nach den neuen Beschlüssen war, dass private Betriebe nunmehr Arbeitskräfte in nicht begrenztem Umfang einstellen durften.[279] 1990/91 wurden die Rechtsformen des Einzelunternehmens, der GmbH und der Aktiengesellschaft eingeführt.[280] Die Entwicklung mündete 1992 darin, dass in der Verfassung der Schutz des Privateigentums an Produktionsmitteln vor einer Enteignung in Artikel 21 garantiert wurde.[281]

Bereits 1987 wurde ein Investitionsgesetz verabschiedet, das ein klares Signal gab: Vietnam wollte sich für ausländische Investoren öffnen. Es ließ Investitionen mit 100 Prozent ausländischem Eigentum zu, und Vietnam garantierte, dass Kapital und Besitz ausländischer Investoren sicher sind, also nicht requiriert, konfisziert oder nationalisiert werden dürfen.[282]

Bis März 1989 hatte der Staat sämtliche Preise festgesetzt. Nunmehr gab es derartige Vorgaben nur noch für Elektrizität, Benzin, Zement, Stahl und Transportleistungen. Diese Liberalisierung der Preispolitik führte zur Verbesserung des Warenangebotes. Zwar stiegen viele Preise weiterhin stark, aber meist unterhalb von 100 Prozent. Noch 1986 hatten Preissteigerungen oft bei 600 Prozent gelegen. Bei den Grundnahrungsmitteln blieb der Preis jetzt sogar stabil und bei Reis sank er gar um bis zu 30 Prozent.[283]

Auch wenn der Beginn der Reformen auf 1986 datiert wird, so begannen sie doch früher – wie wir gezeigt haben – und endeten auch keineswegs in den 80er-Jahren. Vielmehr sind die Reformen ein ständiger Prozess. Im Mai 1999 wurde ein neues Unternehmensrecht verabschiedet, das weitere bürokratische Hürden für private Firmen beseitigte. »Die Auswirkungen waren praktisch unmittelbar nach dem Inkrafttreten am 1. Januar 2000 zu spüren: In den folgenden fünf Jahren wurden 160.000 Unternehmen angemeldet. Die meisten davon waren bereits bestehende Unternehmen, die zuvor ohne Genehmigung gearbeitet hatten und das neue Gesetz nun nutzten, um sich eintragen zu lassen. Das Gesetz bedeutete jedoch auch, dass der Privatsektor endlich in Vietnam angekommen war – 20 Jahre nach Beginn der Wirtschaftsreform.«[284]

So wichtig und entscheidend die Reformen auf dem Parteitag waren, so sollte nicht vergessen werden, dass sie ihren Ausgangspunkt in spontanen Entwicklungen in Richtung mehr Markt hatten – die dann auf dem Parteitag sanktioniert wurden: »In Wirklichkeit war die Reform größtenteils eine verspätete Genehmigung der Aktivitäten, die sich zuvor in der ›Grau- oder Schwarzzone‹ bewegt hatten.«[285]

Die inhaltliche Neuausrichtung ging einher mit einem personellen Neuanfang, nicht nur an der Spitze. Auf dem Parteitag wurden insgesamt 173 Mitglieder und Kandidaten für das Zentralkomitee der Partei gewählt – davon waren 81 neue Personen.[286] Bedenkt man, dass schon auf dem V. Parteitag 43 Prozent der Mitglieder des Zentralkomitees Neulinge waren,[287] dann wird deutlich, wie radikal dieser Neubeginn ausfiel.

Öffnung nach außen – Vietnam profitiert von der Globalisierung

Die Reformer erkannten schon früh, dass die Genesung des Landes nur möglich war, wenn sich das Land öffnete. Diese Öffnung des Landes hatte ganz konkrete Folgen für das Alltagsleben der Menschen, wie der nachfolgende Bericht des 1939 geborenen Mediziners Lam Duc Hung zeigt:

»Vor Doi Moi gab es im Gesundheitswesen viele Probleme. Die Patienten in den Krankenhäusern trugen verschmutzte Kleidung, die

Matratzen waren verlaust und voller Bettwanzen. Ärzte und Krankenschwestern aßen Reis, der mit Erdnüssen und Mais vermischt war. Medizinische Geräte und Medikamente waren äußerst knapp.« 1981 bis 1983 wurde Lam Duc Hung als Experte nach Algerien entsandt, und nachdem er zurückkam, hatte er die Aufgabe, einige Gesundheitsprojekte zu konzipieren: »Das erste Projekt im Jahr 1985 war dem Kampf gegen den Verfall von Krankenhäusern gewidmet, wozu ich einen 60-seitigen Vorschlag einreichte. Zunächst wurde das Projekt allerdings abgelehnt. Man war der Ansicht, dass es mir nicht gelingen würde, die Erfolge aus Algerien in Vietnam nachzuahmen. Erst 1986, nach Doi Moi, setzte ein Umdenken ein. Ich durfte das Projekt auf einer landesweiten Pressekonferenz ankündigen, was internationale Aufmerksamkeit erregte. Die Regierung stellte sofort insgesamt zehn Milliarden dông für Krankenhäuser zur Verfügung. Davon waren zwei Milliarden dông für das Krankenhaus Bach Mai, in dem ich damals arbeitete, vorgesehen.

Zu den Projekten, die ich danach ausführte, gehörten Essential Medicines (1988) und das Kropfbekämpfungsprogramm der UNICEF (1989). Von 1990 bis 1995 arbeitete ich dann an Projekten, die auf Tuberkulose, Lepra, Malaria und andere Krankheiten ausgerichtet waren.

Dank Doi Moi und der Politik der Öffnung florierte auch die multilaterale Zusammenarbeit. So arbeitete ich in den Jahren 1988/89 gemeinsam mit der Japanischen Agentur für internationale Zusammenarbeit (JICA) an der Verwaltung der neuen Investitionen für das Bach-Mai-Krankenhaus. Nach meiner Erinnerung beliefen sich die Mittel auf insgesamt 20 Milliarden USD, wobei Japan, Schweden, Italien und Frankreich zu den Geberländern gehörten. Dank diesen Investitionen haben wir nun ein geräumiges und modernes Krankenhaus. Auch das Essen im Krankenhaus wurde besser, alles war sauberer, und die Stimmung unter den Ärzten und Krankenschwestern hellte auf.

Dann waren da noch die Maschinen und Geräte. Dank der Einsatzbereitschaft meines Teams investierte die JICA in das Viet Xo Hospital und stellte eine ganze Reihe von bildgebenden Verfahren zur Verfügung, darunter auch einen CT-Scanner. Wir konnten einen Expertenaustausch pflegen und regelmäßig an internationalen Konferenzen teilnehmen. So nahm ich beispielsweise 1989 an Seminaren in Indonesien, 1990 an einem Seminar zum Thema Kropf in Bangkok und an einem Seminar über medizinische Grundversorgung auf den Philippinen teil.

Dank Doi Moi konnte ich auch mehr Beiträge leisten und genoss größere Freiheit in meiner Forschung. Zudem wurde es für mich einfacher, mein Wissen und meine Erfahrung weiterzugeben. Damals in Algerien hatte es mich beeindruckt, in welch hohem Maße die Krankenpflegekräfte die Ärzte unterstützt haben. Das hat mich zur Gründung des vietnamesischen Krankenpflegeverbands angeregt, der dazu beigetragen hat, das Profil des Krankenpflegeberufs zu schärfen. Ich habe also nicht nur Patienten behandelt, sondern auch zum allgemeinen Standard der medizinischen Versorgung in Vietnam beigetragen.«[288]

Die Öffnung Vietnams bedeutet vor allem auch die Ermöglichung von ausländischen Investitionen in dem Land – und die Integration in die kapitalistische Weltwirtschaft. 1989 wurde ein Auslandsinvestmentgesetz verabschiedet und es kamen erste Investitionen aus Westeuropa, Singapur, Südkorea, Thailand, Hongkong, Japan, Australien und anderen Staaten.

Bis zum Beginn der Reformen dominierte der Staat die Außenwirtschaft. Außenhandel erfolgte vor allem mit den sozialistischen Ländern, allen voran mit der Sowjetunion. 1990 war die UdSSR nicht mehr in der Lage und nicht mehr willens, sozialistische Staaten zu unterstützen. »Nachdem Vietnam jahrelang 25 bis 30 Prozent seines Staatshaushalts mit ausländischer Hilfe gedeckt hatte, musste das Land 1991 plötzlich mit nur noch fünf Prozent seiner Einnahmen aus dieser Quelle auskommen ...«[289]

Eine der wichtigsten Reformmaßnahmen war es, das System der zentralen Planvorgaben abzuschaffen und die Eigenverantwortung von Unternehmen für ihre Export- und Importgeschäfte zu entwickeln.[290] Private Import- und Exportaktivitäten wurden genehmigt und Vietnam gelang es in kurzer Zeit, den Handel mit sozialistischen Ländern durch den Handel mit kapitalistischen Ländern, vor allem in Asien (Taiwan, Südkorea, Hongkong, Singapur, Japan) sowie Australien zu ersetzen.

Seit den frühen 1990er-Jahren ist die Integration Vietnams in die globale Weltwirtschaft laut Weltbank »die wichtigste Triebfeder für die hervorragenden wirtschaftlichen Ergebnisse Vietnams dank Förderung von Wettbewerb und einem marktfreundlichen Wirtschaftsumfeld«.[291]

In den folgenden Jahren wurde der Handel mit China, den USA und Europa ausgebaut. 1993 hoben die USA ihr Wirtschaftsembargo auf, und 2001 schloss Hanoi ein bilaterales Handelsabkommen (BTA) mit Washington. »Dieses Handelsabkommen mit den USA brachte den Durchbruch für Vietnam«, erinnert sich der deutsche Rechtsanwalt Dr. Oliver Massmann, der seit 25 Jahren in Hanoi lebt und maßgeblich an der Formulierung dieses Vertragswerks beteiligt war. Das BTA deckt den Handel mit Waren, den Schutz des geistigen Eigentums, den Handel mit Dienstleistungen, den Investitionsschutz, die Erleichterung des Geschäftsverkehrs und die Transparenz ab.

»Das BTA ist das umfassendste Handelsabkommen, das Vietnam bisher unterzeichnet hat«, verkündeten die USA.[292] Anwalt Massmann erinnert sich: »Die Verhandlungen dauerten fast fünf Jahre, aber am Ende stand ein 140-seitiges Dokument, das rasch zu einem Durchbruch für den Handel zwischen den USA und Vietnam führte.« Das Abkommen wurde am 10. Dezember 2001 unterzeichnet und eine Dekade später konnten die Vietnamesen stolz verkünden: »Innerhalb der vergangenen zehn Jahre ist das Handelsvolumen zwischen den USA und Vietnam um 1200 Prozent von 1,5 Milliarden auf mehr als 20 Milliarden US-Dollar angewachsen.«[293]

Massmann betrachtet das Handelsabkommen als eine wichtige Lernerfahrung für Vietnam und als eine Voraussetzung für den Beitritt zur Welthandelsorganisation WTO Anfang 2007. »Das Handelsabkommen mit den USA war der Durchbruch. Ohne dieses Handelsabkommen hätte es keinen so schnellen Beitritt Vietnams zur Welthandelsorganisation gegeben«, so der Jurist.

»Der Beitritt Vietnams zur WTO ebnete den Weg für den Eintritt des Landes in die Weltwirtschaft, mit bilateralen und multilateralen Freihandelsabkommen. Mit dieser Mitgliedschaft wurde ein neues Kapitel aufgeschlagen mit Zunahme der ausländischen Direktinvestitionen,

Ausweitung der Handelsbeziehungen und stärkerer Integration in die Weltwirtschaft.«[294]

Das hatte auch Auswirkungen für Vietnam selbst, denn die WTO-Abkommen berühren nationales Recht, da sich die Mitgliedstaaten verpflichteten, ihre nationalen Gesetze den Welthandelsverträgen anzupassen. Vietnam ist heute Mitglied in sämtlichen wichtigen internationalen Wirtschaftsorganisationen und -institutionen, so etwa ASEAN, AFTA, APEC, Weltbank und Internationaler Währungsfonds.

Am 1. August 2020 trat ein Freihandelsabkommen mit der EU in Kraft. Das Abkommen diente der Beseitigung von Zöllen, Bürokratie und anderen Hindernissen, mit denen europäische Unternehmen bei der Ausfuhr nach Vietnam konfrontiert waren, erleichterte den Handel mit wichtigen Waren wie Elektronik, Lebensmitteln und Arzneimitteln und öffnete Vietnams Markt für Dienstleistungsexporte aus der EU, z. B. im Verkehrs- und Telekommunikationssektor. Vietnam hob 65 Prozent seiner Zölle auf EU-Waren am Tag des Inkrafttretens des Abkommens auf. Die restlichen Zölle sollen bis 2030 schrittweise abgeschafft werden. Die EU wird ihre Zölle auf Einfuhren aus Vietnam bis 2027 schrittweise aufheben.

Am 30. Juni 2020 wurde in Hanoi ein weiteres wichtiges bilaterales Abkommen zwischen der EU und Vietnam, das Investitionsschutzabkommen EVIPA, unterzeichnet. Dieses Abkommen muss von allen EU-Mitgliedstaaten ratifiziert werden, um in Kraft zu treten. Bislang haben nur zwölf EU-Länder das Abkommen ratifiziert. Sobald das Abkommen in Kraft tritt, wird es alle bestehenden bilateralen Investitionsabkommen zwischen Vietnam und den einzelnen EU-Mitgliedstaaten ersetzen. Diese Regeln werden sicherstellen, dass EU-Investoren Anspruch auf die bestmögliche Behandlung haben werden. »Mit dem EVIPA«, so Massmann, »wird Vietnam besser als China in der Lage sein, Investitionen aus der EU anzuziehen.«

Wichtig ist der »Investor-to-State dispute settlement mechanism« (ISDS). Bei Streitigkeiten im Zusammenhang mit Investitionen kann ein Investor den Streitfall zur Beilegung vor das Schiedsgericht bringen. Um die Fairness und Unabhängigkeit der Streitbeilegung zu gewährleisten, wird ein ständiges Gericht aus neun Mitgliedern bestehen: je drei Staatsangehörige aus der EU und Vietnam sowie drei Staatsangehörige aus Drittländern.

Die Fälle werden von einem dreiköpfigen Schiedsgericht verhandelt. Ist eine der streitenden Parteien mit der Entscheidung des Gerichts nicht einverstanden, kann sie das Berufungsgericht anrufen. Der endgültige Vergleich muss von den inländischen Gerichten vollstreckt werden. Massmann: »Zum ersten Mal in der vietnamesischen Rechtsgeschichte wird ein solcher Vergleich in Vietnam unmittelbar vollstreckbar sein. Dieses Investitionsschutzabkommen wird in Vietnam ein unvergleichliches Maß an Rechtssicherheit und Bankfähigkeit schaffen.«

Heute ist Vietnams Wirtschaft »eine der offensten für den Welthandel«.[295] Das enorme Wirtschaftswachstum beweist, wie unsinnig die These von Globalisierungskritikern ist, wonach Globalisierung Ausbeutung von Entwicklungsländern bedeutet und diesen Chancen raubt. Das Gegenteil ist richtig. Der Lebensstandard in Vietnam hat sich – ebenso wie beispielsweise in Südkorea oder China – auch deshalb verbessert, weil diese Länder sehr stark von der Globalisierung profitiert haben. Zugegeben ist eine starke Exportorientierung, wie sie auch für Länder wie Deutschland, Südkorea oder Polen typisch ist, nicht nur eine Chance, sondern kann auch zum Risiko werden, wenn sich das weltwirtschaftliche Klima verschlechtert.

Die Öffnung nach außen bedeutete auch eine Öffnung für ausländische Direktinvestitionen. Vietnam zieht schon seit den 90er-Jahren Investoren an, zunächst aus den asiatischen Tigerländern und Japan, inzwischen auch aus Europa und den USA. Foreign Direct Investments (FDI) sind in dem Zeitraum von 2009 bis 2019 von 7,6 Milliarden auf 16,1 Milliarden USD gestiegen.[296]

Als Gründe, warum in Vietnam investiert wird, nennt der Fondsmanager Andy Ho vor allem:

- Die große Bevölkerung von fast 100 Millionen Menschen, von denen zwei Drittel unter 35 Jahren sind – »der letzte große Markt in Asien, den es zu entwickeln gilt«.[297]

- Eine schnell wachsende Mittelschicht von annähernd 30 Millionen Menschen.
- Die schnelle Urbanisierungsrate, die zu verstärkter Nachfrage nach Immobilien und Infrastruktur führt.
- Ein wachsender Fertigungssektor, »der sich dank niedriger Löhne und relativ gut ausgebildeten Arbeitskräften rasch zum Produktionszentrum Südostasiens entwickelt«.[298]
- Stabile Rahmenbedingungen (Politik, Währung etc.).
- Eine Regierung, die sich kontinuierlichen wirtschaftlichen Reformen und einer vollen Integration in die Weltwirtschaft verschrieben habe.

Mai Anh Hoang fasst in einer 2011 erschienenen Studie die Ergebnisse mehrerer empirischer Untersuchungen über die Auswirkungen ausländischer Direktinvestments auf das Wachstum in Vietnam zusammen. Das Ergebnis von vier unterschiedlichen Studien, die sich auf die Zeiträume von 1988 bis 2003 bezogen, lautete: »Ausländische Direktinvestitionen tragen erheblich zum Wirtschaftswachstum bei und kurbeln inländische Investitionen an.«[299]

Sie selbst kommt allerdings zu einem anderen Befund, relativiert die Bedeutung ausländischer Direktinvestments und der Öffnung Vietnams für den Weltmarkt und meint, »es gibt keine überzeugenden Belege dafür, dass die Öffnung in den letzten Jahrzehnten der Hauptmotor des Wirtschaftswachstums war«.[300] Zugleich relativiert sie den eigenen Befund, indem sie erklärt, das bedeute nicht, »dass die Öffnung keine wichtige Rolle für die vietnamesische Wirtschaft spielt. Die Öffnung dürfte eine sehr wichtige Rolle dabei gespielt haben, die Wirtschaft dazu zu bringen, ihre komparativen Vorteile zu nutzen. Sie hat zudem den Wettbewerb gefördert und die inländische Effizienz, insbesondere die inländischen Investitionen, verbessert.«[301]

Im Februar 2021 verabschiedete der 13. Parteitag der Kommunistischen Partei eine Zehn-Jahres-Wirtschaftsstrategie, die eine Verlagerung ausländischer Investitionen in Hightech-Industrien und die Sicherstellung von Umweltschutzbestimmungen bei diesen

Investitionen vorsieht. »Am 1. Januar 2021 traten das vietnamesische Wertpapiergesetz und das neue Arbeitsgesetz in Kraft – von der Nationalversammlung ursprünglich 2019 verabschiedet. Das Wertpapiergesetz erklärt formell die Absicht der Regierung, die Beschränkungen für ausländisches Eigentum bei Investitionen in den meisten Branchen aufzuheben. Das neue Arbeitsgesetz enthält mehrere Änderungen, unter anderem eine größere Vertragsflexibilität ... und die Möglichkeit für Arbeitnehmer, sich unabhängigen Organisationen für Arbeitnehmerrechte anzuschließen, wobei die wichtigsten Durchführungsbestimmungen noch ausstehen. Am 17. Juni 2020 verabschiedete Vietnam ein überarbeitetes Investitionsgesetz und ein neues Gesetz über Public Private Partnerships. Beide zielen darauf ab, ausländische Investitionen in große Infrastrukturprojekte zu fördern, den Staat bei der Finanzierung solcher Projekte zu entlasten und die Verbindungen zwischen ausländischen Investoren und dem vietnamesischen Privatsektor zu verbessern.«[302]

Die Investitionen aus dem Ausland sind auch für die Steigerung des Lebensstandards wichtig, denn die Löhne und Arbeitsbedingungen in ausländischen Firmen sind oft besser als in vietnamesischen. »Ausländische Direktinvestitionen spielten eine wichtige Rolle bei der Veränderung der Arbeitswelt, da die meisten Arbeitsplätze in Unternehmen in ausländischem Besitz solche mit formellen Arbeitsverträgen sind und die Löhne höher sind als bei inländischen Firmen.«[303]

Praktisch jeder Arbeitnehmer in Firmen, die ausländischen Investoren gehören, hat einen Arbeitsvertrag – bei den privaten vietnamesischen Firmen trifft das nur für jeden zweiten Arbeitnehmer zu. Zudem zahlen ausländische Firmen etwa doppelt so viel wie inländische Firmen. »Daher besteht ein enger Zusammenhang zwischen ausländischen Direktinvestitionen, der steigenden Zahl von Arbeitsplätzen im verarbeitenden Gewerbe und höheren Löhnen«, stellt auch der Report der Weltbank 2022 fest.[304]

Wie die Reformen das Alltagsleben der Menschen verbesserten

Die Reformen wirkten. Aber natürlich brauchte es eine Zeit, bis sich eine Marktwirtschaft etablierte und die Wirkungen für alle sichtbar wurden. Erst langsam besserten sich die Verhältnisse. Auch in den 80er- und zu Beginn der 90er-Jahre lebten die meisten Vietnamesen in Armut. Es gab keinen radikalen Bruch in den Lebensbedingungen. Vu Dinh Loc berichtet über diese Zeit:

»Als meine Frau 1987 in den Ruhestand ging, hatten wir einige Ersparnisse und sie wollte ein Unternehmen gründen. Obwohl die Doi-Moi-Reformen zu dieser Zeit bereits erste Wirkungen gezeigt hatten, hatte ich Angst, meinen Arbeitsplatz zu verlieren. Mein Freund, Generaldirektor der Central Bee Honey Company, durfte neben dem Honigexport ein zweites Unternehmen gründen. Er startete eine Getränkeproduktion und machte uns mit einer Umsatzbeteiligung von 5 Prozent zu seinem Vertragshändler. Wir mussten uns also nicht an den Gründungskosten beteiligen, sondern lediglich unseren Laden, der zu unserem Haus gehörte, renovieren. Unser Geschäft lief damals recht gut, mehrmals pro Woche wurden Produkte im Container angeliefert. Zum Tet-Fest [das vietnamesische Mond-Neujahr ist der wichtigste Feiertag im Kalender, R.Z.] standen die Leute Schlange, um Alkohol bei uns zu kaufen. Das brachte uns auf die Idee, uns Geschenkpapier zu besorgen, um die Flaschen zu verzieren und so teurer zu verkaufen.

1989 überließ uns eine andere Firma den Vertrieb und wir begannen den Handel mit Farben und Lacken ... Dann erweiterten wir unser Angebot noch um Bat-Trang-Keramik, die sich sehr gut verkaufte. Da mein Haus nicht groß genug war, musste ich neben den Keramikartikeln auf einem Holzbett schlafen. Um neue Keramikware zu bestellen, musste ich mit einem alten Motorrad in das Dorf Bat Trang (16 km von uns aus entfernt) fahren. Von Montag bis Samstag arbeitete ich immer noch acht Stunden täglich als Angestellter und musste dann nachts die Keramikware an die Kunden am Busbahnhof Nuoc Ngam liefern. Für uns lief jetzt alles besser.«[305]

Viele Menschen mussten sich an die neuen Bedingungen anpassen. Nguyen Trong Hoa war früher Russischlehrer, aber in den 90er-Jahren wurde Russisch nicht mehr gebraucht. Er begann Vietnamesisch zu unterrichten und startete daneben sein eigenes kleines Geschäft – erst mit Hochzeitsbildern und dann mit einem Copyshop:

»1994 kaufte ich mir eine Kamera und einen Videorecorder, um mich als Hochzeitsfotograf selbstständig zu machen. Das kostete mich damals 800 bis 900 Dollar. Eines Tages stellte mich mein Vater einem Lehrer vor, der mir den Kauf eines Fotokopierers empfahl. Also kaufte ich ein altes japanisches Gerät und startete mein Geschäft, wobei ich aber immer noch von 7:00 bis 11:00 Uhr als Lehrer arbeitete. Ich stand früh auf, schaltete den Fotokopierer ein, meine Frau stapelte die Kopien, meine Tochter stempelte sie, dann ging die ganze Familie um 7:30 Uhr zur Arbeit und zur Schule. Wenn ich mittags nach Hause kam, kopierte ich weiter. Dieses Gerät hat meiner Familie zwei Jahre lang den Lebensunterhalt gesichert.

1996 schlossen meine Frau und ich das Englischstudium ab und unterrichteten offiziell Vietnamesisch. Meine Tochter ging auf die Universität und so verkauften wir das Kopiergerät, das meiner Familie über die damalige schwierige Zeit hinweggeholfen hatte.

Ich durfte Ausländern Vietnamesisch beibringen und konnte damit mein Einkommen deutlich erhöhen ... 1996 war die Öffnung vollzogen. So konnte ich unterrichten, wen ich wollte. Also unterrichtete ich Beamte der französischen, amerikanischen und dänischen Botschaften, die mich dann wiederum anderen Leuten vorstellten. Nach Doi Moi konnte ich plötzlich freier arbeiten, während ich vor den Reformen nicht überall, sondern nur in Regierungsbüros unterrichten durfte.

Aber nach Doi Moi, ab 1996, durfte ich jeden unterrichten, der etwas lernen wollte. Ich war eigentlich Russischlehrer, doch damals wollte niemand mehr Russisch lernen. Also wechselte ich und erteilte Vietnamesisch-Unterricht für Ausländer. Im Sommer 1996 nahm ich an einem Programm des Vietnamese Advanced Summer Institute (VASI) teil, das Studenten nach Vietnam schickte, um Vietnamesisch zu lernen. Das Programm lief von Juni bis September. 1999 fragte mich einer der Schüler, ob ich daran interessiert wäre, in die USA zu gehen, um dort zu unterrichten. Ich fragte nach, ob das möglich sei. Man sagte mir, man werde mich empfehlen und ich müsse über Internet Kontakt mit den USA aufnehmen. Ich meldete mich im Jahr 2000 an, wurde aber abgelehnt.

2002 lud mich dann eine amerikanische Stiftung ein, in den USA zu unterrichten. Danach ging ich nach China und Kambodscha. Ich hatte ein ziemlich gutes Einkommen. Nach 2000 wurde ich nach Amerika geschickt. Von 2005 bis 2007 habe ich in China Vietnamesisch unterrichtet. Meine Universität hatte mich gebeten, als vietnamesischer Linguist in Guilin (China) zu arbeiten. Ich habe ganz gut verdient.«[306]

Nguyen Thi Quat wurde 1938 in Bac Ninh geboren, lebte aber den größten Teil ihres Lebens in Hanoi. Sie berichtet, wie sich ihr Leben nach den Reformen entwickelte:

»Als Doi Moi 1986 startete, eröffnete ich in meinem Haus einen Laden. Er war ganz klein, reichte aber aus, um Babykleidung zu verkaufen. Und einige Leute baten mich sogar darum, Kleidung zu verkaufen, die sie durch Einlösen ihrer Marken erhalten hatten. Mein Einkommen stieg in dieser Zeit. Wir hatten zu essen und konnten glücklich leben. Anders als früher gab es jetzt auch Huhn zum Abendessen. Davor hatten wir uns nur ein- oder zweimal im Monat Fleisch leisten können. Und ich erinnere mich, dass sich die Straßen und die Menschen merklich verändert hatten. Fast alle Leute um mich herum hatten jetzt mehr Geld, da sie jetzt Geschäfte machen konnten. Später verkauften wir auch Kleidung für Erwachsene. Außerdem konnte ich deutlich beobachten, wie sehr die Nachfrage bei den Menschen um mich herum gestiegen war.

Das Geschäft hielt meine Familie auf Trab. Für einige Kunden öffneten wir sogar schon um 6:00 Uhr morgens, weil sie aus anderen Provinzen anreisten, um bei uns einzukaufen. Manchmal kamen wir nicht zum Mittagessen, weil der Laden um diese Zeit immer noch voll war. Oft war es auch beim Abendessen nicht anders. Wochenenden gab es für uns nicht.

Die Bedürfnisse der Konsumenten gingen sprunghaft in die Höhe. 1991 mussten wir dann sogar fünf bis sechs Leute für unseren Laden einstellen. Und 1992 musste meine Tochter zu Hause wohnen bleiben, um uns nach ihrem Abschluss im Laden zu helfen.

Lustig ist: Vor Doi Moi mussten wir unseren Reis mit Mais mischen. Als wir dann später reinen weißen Reis essen konnten, fand ich das komisch und konnte mich nicht daran gewöhnen. Nach dem jahrelangen Verkaufsgeschäft haben wir dann endlich unser Haus renoviert. Unsere Tochter bekam sogar ein Peugeot-Fahrrad, und mein Mann hatte genug Geld, um sich ein Motorrad zu kaufen. Alles hat sich drastisch verändert. In nur zehn Jahren hatte unser Land ein neues Aussehen und eine neue Atmosphäre erhalten. Es war wie ein Wendepunkt für das Land.

Meine Läden waren mittlerweile immer größer geworden und die Produkte kamen aus den unterschiedlichen Quellen. Wir hatten Artikel aus China, Hai Phong und Nam Dinh. Es gab immer mehr Nähfabriken, die sich uns anschlossen. In unseren Geschäften gab es sehr viele einheimische Produkte zu kaufen. Damals befanden sich in der Kham Thien Straße viele Nähereien, von denen wir Produkte bezogen. Unser Geschäft lief gut, bis wir es dann 2010 aufgaben.«[307]

Nguyen Quoc Minh-Quang berichtet, wie die wirtschaftliche Öffnung Vietnams ihm neue Geschäftsmöglichkeiten eröffnete und so sein Leben verbesserte:

»1995 mietete ich einen Kiosk in der Straße Hang Dao, um dort Produkte aus Thailand zu verkaufen. Ich hatte viele Kunden. Dank der Politik der Öffnung war es für uns recht einfach, Geschäfte zu machen. Die Straße Hang Ngang-Hang Dao wurde zum Ziel für Großhändler. Mir kam sie vor wie das Handelszentrum für die gesamte nördliche Region, alle strömten hierher, um zu kaufen und zu verkaufen. Die beste Zeit für uns Händler waren die Monate vor dem Tet-Fest. Das war für uns alle wirklich die beste Jahreszeit.

1997 beschloss ich, einen Kiosk auf dem Dong-Xuan-Markt zu kaufen, um dort Kleidung im Großhandel zu verkaufen. China begann sich zu öffnen, chinesische Produkte strömten nach Vietnam. Ich bezog Waren über einen Händler in China und verkaufte sie weiter. Aber weil es einen Zwischenhändler gab, war mein Verdienst gering. Also ging ich dazu über, selbst nach Guangzhou zu fahren, um dort in den Fabriken Waren zu kaufen und sie nach Vietnam zu bringen.

Nach einer Weile begannen meine Frau und ich, unsere eigenen Produkte herzustellen. Meine Frau ging auch in die Sowjetunion, um in der Bekleidungsbranche zu arbeiten. Sie entwarf die Kleidungsstücke, dann fuhren wir nach China, um sie dort produzieren zu lassen. Die Entwürfe mussten im Mai fertig sein. Dann brachte ich sie nach China und handelte mit der Fabrik die Kosten aus. Die Produktion musste bis August abgeschlossen sein, damit wir die Ware im September hier in Hanoi haben konnten, um sie für die Tet-Saison zu verkaufen. Diese Reisen nach China kosteten mich fünf Millionen dồng, was etwa zwei Monatsgehältern des damaligen Durchschnittslohns entsprach. Aber das war es wert, denn unsere Produkte verkauften sich so gut, dass sie zu unserem Markenzeichen geworden waren. Und wir mussten mindestens zwei weitere Leute einstellen, um uns bei unserem Geschäft zu helfen. Zu uns kamen sehr viele Großhandelskunden und ich denke, sie dürften auch sehr gute Geschäfte gemacht haben.

Manchmal kamen unsere Produkte vom Transitlager aus gar nicht erst bei uns im Laden an, sondern wurden dort direkt von unseren Stammkunden abgeholt, die uns dann später das Geld dafür zahlten. Dabei wussten diese nicht einmal genau, welche Qualität die Waren hatten.

Es gab da mal einen Pullover, den ich für mich behalten wollte. Aber mein Kunde bat mich, den Pullover auszuziehen, damit er ihn verkaufen könne. Die steigende Nachfrage war nicht zu übersehen. Denn die Menschen hatten jetzt eine finanzielle Stabilität im Leben erreicht und gingen shoppen, um sich etwas zu gönnen.

Das Geschäft lief so gut, dass wir uns ein Auto und Häuser kaufen konnten. Meine Frau führt den Verkauf am Dong-Xuan-Markt weiter, ich bin hingegen in die Immobilienbranche gewechselt.«[308] In den ersten Jahren nach Beginn der Reformen verlief die Entwicklung langsam, und 1989, drei Jahre nach den Beschlüssen des Parteitages, befand sich die Wirtschaft immer noch in ernsten Schwierigkeiten. »Daher verabschiedete Vietnam im März 1989 ein radikales und umfassendes Reformpaket, das auf die Stabilisierung und Öffnung der Wirtschaft sowie auf die Stärkung der Entscheidungsfreiheit der Betriebe und des Wettbewerbs abzielte, um so das Wirtschaftssystem in Vietnam grundlegend zu verändern.«[309]

Die Ergebnisse stellten sich in den nächsten Jahren ein: Das Bruttoinlandsprodukt wuchs in den Jahren 1990 bis 1996 in Vietnam mit 7,9 Prozent im Jahr stärker als in den anderen asiatischen Ländern – mit Ausnahme von China, wo das Wachstum mit 10 Prozent noch höher ausfiel.[310]

Eine Folge war, dass die Armut in Vietnam – ebenso wie in China – stark zurückging. Es gibt dafür verschiedene Kennzahlen der Weltbank. Extreme Armut im weltweiten Maßstab wird mit der Kennzahl 1,90 USD/day 2011PPP-IPL gemessen. Danach lebten 1993 52,3 Prozent der Vietnamesen in extremer Armut, bis 2008 war die Zahl auf 14,1 Prozent gesunken und 2020 waren es nur noch 1 Prozent.[311] Diese Kennzahl wurde jedoch für eine »low income economy« entwickelt, was inzwischen auf Vietnam nicht mehr zutrifft.

Vietnam zählt eher zur Kategorie der »lower-middle-income«-Länder, für die die Armutsrate mit 3,20 USD/day 2011PPP-LMIC gemessen wird. Nach diesem Maßstab lebten 1993 fast 80 Prozent der Vietnamesen in Armut, aber bis 2006 hatte sich die Quote schon auf 50,6 Prozent reduziert. 2020 lag sie bei 5 Prozent.[312]

Die Lebenserwartung der Vietnamesen ist infolge der verbesserten wirtschaftlichen Lage und der Armutsreduktion stark gestiegen. 1980 lag sie noch bei 62 Jahren, heute liegt sie bei 73,6 Jahren (Männer werden 71,1 Jahr alt und Frauen 78,2 Jahre).[313]

Auch in dem »Human Development Index« der Vereinten Nationen, der beansprucht, umfassend die Lebensqualität der Menschen in einem Land zu messen, verbesserte sich Vietnam von einem Wert von 0,463 im Jahr 1980 auf 0,704 im Jahr 2020.[314] Damit lag Vietnam nur noch leicht unterhalb des weltweiten Durchschnitts von 185 Ländern, der 0,723 betrug.[315]

Zu den Merkmalen der Armutsreduktion in Vietnam heißt es in einer Analyse der Weltbank aus dem Jahr 2022:

- »Das Wachstum des vergangenen Jahrzehnts in Vietnam verlief weitgehend inklusiv, da sich der Wohlstand über die gesamte Spannbreite der Haushalte hinweg verbesserte. Wege aus der Armut waren in den meisten Gruppen weit verbreitet, da sich viele Familien innerhalb einer einzigen Generation aus der Armut befreien konnten.«[316]
- »Steigende Löhne, ein zunehmender Anteil an formeller Beschäftigung und die Abkehr von einer Landwirtschaft mit geringer Produktivität führten zu höheren Arbeitseinkommen.«[317]

Gleichwohl bedeutet dies nicht, dass es keine Herausforderungen mehr in der Armutsbekämpfung gibt. Das trifft besonders für die ländlichen Regionen und für ethnische Minderheiten zu. Während die Armutsquote für die Kinh-Mehrheit in Vietnam 2020 nahe null war, betrug sie für die ethnischen Minderheiten immer noch 27 Prozent.[318]

Die soziale Struktur des Landes hat sich grundlegend geändert – von einer Gesellschaft, in der die meisten Menschen in der Unterschicht lebten, zu einer Gesellschaft, in der die meisten Menschen der Mittelschicht angehören.

Hier einige Daten: 1998 gehörten 71,4 Prozent der Vietnamesen der untersten Schicht an (auf dem Land waren es sogar 79,5 Prozent). 2008 hatte sich dieser Anteil bereits auf 50,7 Prozent reduziert und 2018 wurden nur noch 24 Prozent der untersten Schicht zugerechnet. Die Mittelschicht, die 1998 erst 27,2 Prozent der Vietnamesen umfasst hatte, war im gleichen Zeitraum auf 65,4 Prozent gestiegen. Und die Oberschicht, die 1998 lediglich 1,3 Prozent umfasst hatte, wuchs bis 2018 auf 10,6 Prozent.[319]

Die Ungleichheit stieg in dieser Zeit, was stets passiert, wenn die Menschen der Armut entkommen, wie der Nobelpreisträger Angus Deaton gezeigt hat.[320] Und das bestätigte sich auch in Vietnam: Die Armut ging dramatisch zurück, die Ungleichheit, gemessen in der Differenz zwischen dem Einkommen der unteren und der oberen Schicht, nahm zu. Der Koeffizient der Einkommensdifferenz zwischen der Oberschicht und der Unterschicht, der 1998 noch bei 30,3 gelegen hatte, war bis 2008 auf 35 gestiegen und lag 2018 bei 36,8.[321]

Von 2010 bis 2020 erhöhte sich in Vietnam der durchschnittliche Haushaltsverbrauch pro Kopf für die untersten 10 Prozent der Bevölkerung von 7,4 auf 12,1 Millionen đồng im Monat. Für die reichsten 10 Prozent stieg er stärker, nämlich von 52,9 auf 136 Millionen đồng im Monat.[322]

Steigende Ungleichheit ist für die Vietnamesen kein Problem, sondern sogar ein Zeichen von mehr Gerechtigkeit. Sehr interessant ist in diesem Zusammenhang ein Aufsatz der vietnamesischen Sozialwissenschaftler Nguyen Trong Chuan, Nguyen Minh Luan und Le Huu Tang in dem Buch »Socioeconomic Renovation in Viet Nam«, dessen Inhalt ich hier etwas ausführlicher darstellen möchte.

»Früher, unter dem bürokratischen Subventionssystem«, so schreiben sie, »wurden Gerechtigkeit und Gleichheit als Synonyme aufgefasst. Unter Gleichheit wurde verstanden, dass die Menschen einer Gesellschaft in jeder Hinsicht gleich sind: politisch, wirtschaftlich und kulturell.«[323]

Die Autoren, renommierte vietnamesische Philosophen und Soziologen, wenden sich in dem Beitrag, den sie zusammen mit Wissenschaftlern der kanadischen UBC-Universität verfasst haben, dezidiert dagegen, die Begriffe Gleichheit und Gerechtigkeit gleichzusetzen. Die Auswirkungen dieser egalitären Ideologie seien für das Land schädlich gewesen: »Alles, was nicht dem Egalitarismus entsprach, wurde als Verstoß gegen das Gerechtigkeitsprinzip gesehen. Diese falsche Sichtweise hat die Dynamik der sozioökonomischen Entwicklung verringert, wenn nicht gar beseitigt.«[324]

So wie klassisch Liberale plädieren sie dafür, Gleichheit nur auf die Gleichheit vor dem Gesetz zu beziehen, aber nicht auf soziale oder wirtschaftliche Gleichheit. Und soziale Gerechtigkeit könne nicht bedeuten, alle gleichzumachen, sondern bedeute lediglich, dass der,

der das Gleiche leiste, auch das Gleiche bekommen solle, »dass der gleiche Einsatz den gleichen Verdienst bedeutet«.[325]

Über die Ungleichheit in der Landbevölkerung schreiben die Autoren: »Die Haushalte, die über gute Chancen, mehr Erfahrung, Talent zum Arbeiten und Geschäftemachen und über gesunde Arbeitskräfte verfügen, werden wohlhabender sein. Die Polarisierung stellt daher keine Ungerechtigkeit, sondern Gerechtigkeit dar: Wer hart und gut arbeitet, verdient mehr. Wer hingegen faul ist und ineffizient und ineffektiv arbeitet, verdient weniger.«[326]

Und die Wissenschaftler sprechen sich dezidiert gegen Umverteilungskonzepte aus:

»Im Vergleich zum Subventionssystem, in dem die Verteilung egalitär war, spiegelt die aktuelle Polarisierung zwischen Arm und Reich die Wiederherstellung der sozialen Gerechtigkeit wider. Sie ist kein Zeichen für eine Verletzung der sozialen Gerechtigkeit und schon gar nicht für eine schwerwiegende Verletzung, wie manche behaupten.«[327]

Ungleichheit sei nicht kritikwürdig und das Streben nach Reichtum solle gefördert werden: »Die Polarisierung ist selbst zu einer wichtigen Triebfeder des beträchtlichen Wirtschaftswachstums der letzten Zeit geworden. Deshalb ist es jetzt an der Zeit, die bereits erzielten Ergebnisse hervorzuheben und Leute dazu zu ermuntern, sich legal zu bereichern. Diese Entwicklung deshalb aufzuhalten, weil es eine Polarisierung zwischen Arm und Reich gibt, wäre nicht richtig.«[328]

Die Autoren zitieren die Ergebnisse von Umfragen in den Jahren 1993 und 1994, also sechs bis sieben Jahre nach Beginn der Doi-Moi-Reformen. Die Ergebnisse zeigen, dass »91,2 Prozent von 663 Haushalten in der Provinz Quangnam-Danang die derzeitige Polarisierung zwischen Arm und Reich für normal und annehmbar halten«. In Hồ Chí Minh-City habe der Prozentsatz der Befragten, die die Polarisierung zwischen Arm und Reich als »normal und annehmbar« betrachteten, bei 72,9 Prozent gelegen und in Hanoi bei 80,2 Prozent.[329]

Es sei falsch, den Kurs der marktwirtschaftlichen Reformen zu verlassen, nur weil die Ungleichheit zwischen Arm und Reich zunehme, so die vietnamesischen Soziologen und Philosophen. »Mit anderen Worten: Auch wenn die Polarisierung zwischen Arm und Reich immer offenkundiger wird, bedeutet das nicht, dass wir die legale Bereicherung nicht mehr fördern sollten.«[330]

Ähnliche Ausführungen von Soziologen in den USA und Europa wird man nicht oft finden. Dort wird soziale Ungleichheit fast stets negativ bewertet und die Vorschläge zielen meist darauf, wie man die »Schere zwischen Arm und Reich« durch mehr Umverteilung schließen könne.

Positiv ist, dass die soziale Mobilität in Vietnam funktioniert. Eine Untersuchung zeigte, dass allein in den Jahren 2016 bis 2018 ein Drittel der Bevölkerung so starke Einkommensveränderungen hatte, dass sie in eine andere soziale Klasse wechselten. 12,6 Prozent der Haushalte stiegen in diesem Zeitraum ab, aber wesentlich mehr, nämlich 21,4 Prozent, gelang der soziale Aufstieg.[331]

Der Kontrast zwischen den oben zitierten Befunden vietnamesischer Wissenschaftler und kapitalismuskritischer Beobachter aus dem Westen könnte nicht größer sein. Günter Giesenfeld zitiert den belgischen marxistischen Soziologen (und katholischen Priester) François Houtart mit diesem kritischen Befund über die Entwicklung Vietnams: »Die soziale Polarisierung verschärft sich. Eine neue soziale Klasse ist im Entstehen begriffen, die von der Umstellung der Wirtschaft profitiert und es sich leisten kann, zu konsumieren.« Er nennt sie »Neureiche«, denen Habgierigkeit nachgesagt werde, »rote Kapitalisten«.[332] Er beklagt, »dass nicht nur der Zerfall oder das Verschwinden des sozialen Schutznetzes für Millionen von Individuen den Zusammenbruch der persönlichen und familiären Lebensplanung bedeutet, sondern dass darüber hinaus die Freilassung der ökonomischen Mechanismen eine Vertiefung der Unterschiede und eine Verschärfung von Gegensätzen bewirkt.«

Der Soziologe kommt zu dem negativen Befund: »Es gibt kein Projekt einer Gesellschaft mehr, das die Geister mobilisieren und die Energien beflügeln könnte, um dem sozialen Leben einen kollektiven Sinn zu geben. Gewiss sind die Gründe dafür vielfältig, sicher aber ist, dass die Verheißungen des Marktes jeglicher Konstruktion einer solidarischen Gesellschaft den Todesstoß versetzen, dass sie die Energien zerstreuen und die Horizonte einengen.«[333]

Diese Kritik zeigt, dass linken, antikapitalistischen Intellektuellen im Westen die Reformen in Vietnam suspekt sind, obwohl so viele Millionen Menschen der Armut entronnen sind. Aber selbst wenn sich der Lebensstandard der einfachen Menschen in Vietnam stark verbessert, ist das aus Sicht antikapitalistischer Intellektueller nicht von Belang, wenn dies gleichzeitig den Abschied von ihren Utopien einer »solidarischen Gesellschaft« bedeutet, die den Menschen »kollektiven Sinn« geben soll.

Ergebnisse einer Umfrage über die Doi-Moi-Reformen

In Vietnam wurden vom 19. Oktober bis 7. November 2022 in meinem Auftrag insgesamt 800 repräsentativ ausgewählte Personen telefonisch durch das Vietnamesische Institut Indochina Research befragt. In unserer Erhebung wollten wir unter anderem wissen: »Wie stark haben sich Ihrer Meinung nach die Doi-Moi-Reformen auf Ihre finanzielle Situation ausgewirkt? Würden Sie sagen, dass Ihre finanzielle Situation durch die Doi-Moi-Reformen stark, etwas, kaum oder gar nicht beeinflusst wurde?« Mehr als zwei Drittel der Vietnamesen (68 Prozent) sagten, dass die Reformen Auswirkungen auf ihre finanzielle Situation hatten, und nur 24 Prozent verneinten dies (Grafik 1).

Grafik 1

Vietnam: Einfluss der Doi-Moi-Reformen auf die eigene finanzielle Situation

Frage: »Wie stark haben sich Ihrer Meinung nach die Doi-Moi-Reformen auf Ihre finanzielle Situation ausgewirkt? Würden Sie sagen, dass Ihre finanzielle Situation durch die Doi-Moi-Reformen stark, etwas, kaum oder gar nicht beeinflusst wurde?«

Angaben in Prozent

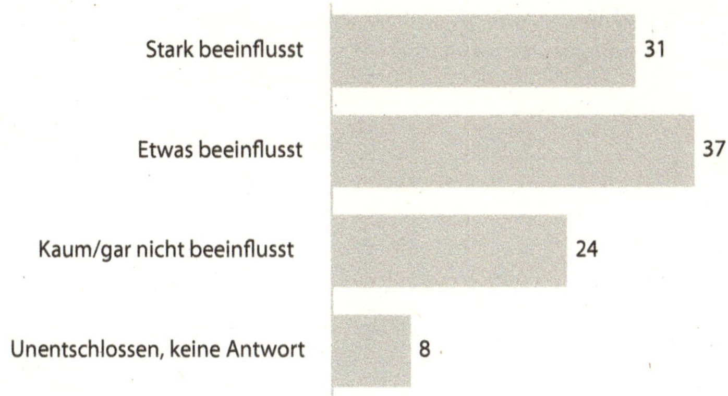

Quelle: Indochina Research

Von den Personen über 60 Jahren, die dies am besten beurteilen können (wer 1961 geboren wurde, war bei Beginn der Doi-Moi-Reformen 25 Jahre alt), sagen sogar drei Viertel (75 Prozent), die Reformen hätten einen Einfluss auf ihr Leben gehabt, die Hälfte in dieser Altersgruppe (49 Prozent) sagt, dass der Einfluss »stark« gewesen sei. Je älter die Befragten sind, dies zeigt Grafik 2, umso stärker schätzen sie den Einfluss der Doi-Moi-Reformen auf die eigene finanzielle Situation ein.

Grafik 2
Vietnam: Einfluss der Doi-Moi-Reformen auf die eigene finanzielle Situation nach Altersgruppen
Frage: »Wie stark haben sich Ihrer Meinung nach die Doi-Moi-Reformen auf Ihre finanzielle Situation ausgewirkt? Würden Sie sagen, dass Ihre finanzielle Situation durch die Doi-Moi-Reformen stark, etwas, oder kaum/gar nicht beeinflusst wurde?«

Angaben in Prozent

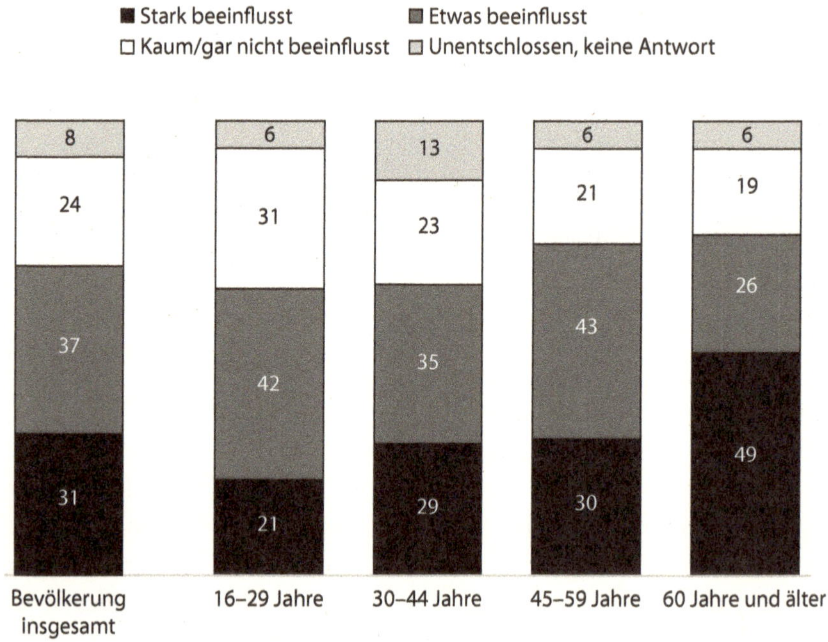

Quelle: Indochina Research

Frauen in Vietnam spielen eine wichtige Rolle

Ein anderer Aspekt der Ungleichheit ist jene zwischen den Geschlechtern. In einer repräsentativen Befragung, die ich in Vietnam und zwölf weiteren Ländern durchführen ließ (siehe dazu weiter unten), fiel mir auf, dass in allen Ländern, in denen ich die Befragung durchgeführt hatte, Männer häufiger als Frauen sagten, es sei ihnen wichtig, reich zu werden. Nur in Vietnam wollen deutlich mehr Frauen als Männer reich werden. 72 Prozent der Männer und 80 Prozent der Frauen in Vietnam erklärten in der Umfrage, es sei ihnen wichtig, reich zu werden.[334]

In Hanoi sprach ich mit Dinh Tuan Minh, dem Vertreter eines privaten Thinktanks. Er betont die wichtige Rolle von Frauen in der Wirtschaft Vietnams. Laut einer Befragung von Grant Thorton im Jahr 2019 sind 36 Prozent der Führungskräfte in Vietnam Frauen, verglichen mit 19 Prozent in Thailand. In Deutschland sind es 29 Prozent.[335] »Im Unterschied zu Frauen in anderen südostasiatischen Ländern steht Vietnamesinnen die Tür zu allen Berufen und Hierarchiestufen weit offen«, schrieb die »Neue Zürcher Zeitung«.[336]

In Hanoi habe ich an mehreren Universitäten Vorträge gehalten, unter anderem an der renommierten NEU (National Economics University) und an der Foreign Trade University. An der Foreign Trade University war ich zu einem Workshop über die Motivation zum Reichwerden eingeladen. Das Motto lautete: »Reiche Menschen, reiches Land.« An der Foreign Trade University studieren 20.000 Studenten, davon zwei Drittel Frauen. Die Universität hat 850 Professoren und Hochschulpersonal, der Frauenanteil hier ist nach Angaben der Universität sogar noch etwas höher.

Feminismus ist dafür nicht notwendig in Vietnam. Die Unternehmerin Nguyen Xuan, die ich in Hanoi traf, sagte mir dazu: »In Vietnam geht es weniger darum, irgendwelche Rechte für Frauen zu fordern, als selbst etwas dafür zu tun, dass man als Frau Erfolg hat. Wir wollen uns nicht auf die Männer verlassen, sondern auf uns selbst.« Das hatte ich schon in China beobachtet: Die aus europäischer Sicht vermeintlich »kollektivistischen« Asiaten sind in dieser Hinsicht viel individualistischer als die Europäer oder die Amerikaner: Fordere nicht, dass der Staat etwas für dich tun soll, sondern tue es selbst.

Nguyen Xuan selbst ist ein gutes Beispiel dafür: Sie hat schon mit 23 Jahren ihre erste Firma gegründet, eine Kette für Sandwiches (ähnlich wie Subway). Sie besitzt zwölf dieser Restaurants in Vietnam und

20 in Koreas Hauptstadt Seoul. Danach hat sie eine Kette für Apotheken gegründet und vor drei Jahren einen Verlag für Audio-Bücher, der bereits 700 Titel verlegt hat.

Heute gibt es sieben Milliardäre in Vietnam, und hier dominieren noch die Männer, aber immerhin befindet sich eine Frau darunter: Nguyen Thi Phuong-Thao (in den USA gibt es unter den 20 reichsten Personen nur eine Frau, Alice Walton, und sie ist Erbin). Nguyen Thi Phuong-Thao wurde 1970 geboren und gehört mit einem Vermögen von 2,4 Milliarden USD laut Forbes (September 2022) zu den 1.000 reichsten Menschen der Welt. Sie verdiente ihre erste Million im Alter von 21 Jahren als Studentin in Moskau durch den Verkauf von Faxgeräten. 2011 gründete sie die Billigfluggesellschaft VietJet Air.

Sie hatte von Anfang an ein gutes Gespür für Marketing. 2012 kam ihre Fluggesellschaft in die Schlagzeilen mit Werbespots, die die Flugbegleiterinnen im Bikini zeigten. Die Flugbegleiterinnen konnten wählen, ob sie lieber in der traditionellen Uniform oder im Bikini fliegen, die meisten entschieden sich für Letzteres. Nguyen Thi Phuong-Thao sagt, sie habe kein Problem damit, wenn die Leute ihre Gesellschaft mit den Bikini-Stewardessen assoziieren: »Wenn das die Leute glücklich macht, sind wir glücklich.«[337]

Auf die Kritik, Frauen würden damit zu Sexsymbolen, antwortet sie: »Wenn ein schönes Image zum Glück unserer Kunden beiträgt, werden wir immer unser Bestes geben. Es gibt auf der Welt zahlreiche Schönheitswettbewerbe, bei denen die Teilnehmerinnen im Bikini antreten. Der Bikini bringt schöne Merkmale zur Geltung. Unsere Botschaft bei VietJet lautet: Wir haben im Sinne von Schönheit und Glück gehandelt.«[338]

2017 brachte sie die Gesellschaft in Saigon an die Börse und wurde damit Milliardärin. Außerdem ist die Unternehmerin im Bankenbereich (HD Bank) tätig und hat im Immobiliensektor investiert, unter anderem besitzt sie drei Strandressorts.

Investmentfonds-Manager Andy Ho, der in Vietnam in Aktien und direkt in Unternehmen investiert (Private Equity), berichtet in seinem

2021 erschienenen Buch »Crossing the Street. How to make a success of investing in Vietnam«:

»Viele der führenden Unternehmen Vietnams haben eine Frau an ihrer Spitze. Auch wenn ich keine offizielle Untersuchung darüber durchgeführt habe, wie das Land im Vergleich zu anderen dasteht, würde ich sagen, dass in Vietnam mehr große Unternehmen von Frauen geleitet werden als in den meisten anderen Ländern.«[339]

Er nennt mehrere Beispiele von großen und sehr erfolgreichen Unternehmen in Vietnam unter weiblicher Führung. Er habe sehr positive Erfahrungen gemacht mit Private-Equity-Investments in derartigen Firmen: »Diese Frauen waren alle äußerst erfolgreich bei der Kapitalbeschaffung und dem Ausbau ihrer Unternehmen. Was sie alle gemeinsam haben: Selbst wenn sie Investoren hinzuziehen, so halten sie weiterhin erhebliche Anteile an den von ihnen geführten Unternehmen. Ihre Interessen bleiben mit denen der anderen Aktionäre im Einklang. Vor allem aber haben sie ihre Zielstrebigkeit auch nach dem Wachstum und Erfolg ihres Unternehmens nicht verloren.«[340]

Bei Männern habe er dagegen öfter beobachtet, dass sie, wenn sie Erfolg hatten, zu viel Zeit mit Glücksspielen, Golf oder Sexaffären verbrachten. Eine Geliebte zu unterhalten, koste in Vietnam leicht 5.000 USD im Monat und die Männer würden von ihren geschäftlichen Aktivitäten abgelenkt, so meint Ho.[341] »Auch wenn ich als Investor das Prinzip der Chancengleichheit vertrete, gebe ich zu, dass ich mehr Vertrauen in Unternehmen habe, die von Frauen geführt werden, zumindest so lange, bis kein Anlass besteht, meine Meinung zu ändern.«[342]

Es bleibt viel zu tun: Das Problem der Staatsbetriebe und der Korruption

Trotz aller großen Erfolge bleibt in Vietnam viel zu tun. Ein Problem ist die nach wie vor zu hohe Quote von Staatsbetrieben, die oft ineffizient arbeiten. 2020 analysierte das Asian Development Bank Institute die Probleme im Zusammenhang mit den Staatbetrieben (SEOs).

Zuerst einige Zahlen: »Obwohl die Zahl der staatlichen Unternehmen nur 0,4 Prozent der Gesamtzahl der Unternehmen ausmacht, repräsentierten sie bemerkenswerterweise 28,8 Prozent des gesamten Kapitals des Landes und tragen 20 Prozent zum BIP bei.«[343] Die meisten privaten Firmen in Vietnam sind klein – 97 Prozent haben weniger als zehn Beschäftigte, während die Staatsunternehmen sehr groß sind.[344]

Obwohl staatliche Unternehmen bei der Kreditvergabe und in vielerlei anderer Hinsicht bevorzugt werden, zeigen die Zahlen, dass sie unwirtschaftlicher arbeiten als die privaten Unternehmen. Die Verfasser der Analyse machen auf diesen Widerspruch aufmerksam: »... sie [die staatlichen Unternehmen] erhalten bei Zugang zu Land, Krediten und Informationen zahlreiche Anreize, die privaten Unternehmen nicht zustehen, nämlich eine bevorzugte Behandlung bei der Finanzierung, Kreditbürgschaften, öffentliche Aufträge, Vorteile und einen besseren Zugang zu Informationen. Daher ist die schlechte Leistung staatlicher Unternehmen nicht immer rational und nachvollziehbar.« Dabei seien viele vietnamesische Staatsunternehmen in lukrativen Bereichen tätig, in denen sich gutes Geld verdienen lasse, wie etwa im Bankwesen, bei Nahrungsmitteln und Getränken.[345]

Der vermeintliche Widerspruch, auf den die Autoren hinweisen, ist jedoch meiner Meinung nach keiner: Gerade *weil* die Staatsunternehmen höhere Subventionen bekommen, *weil* sie oft nicht dem harten Wettbewerb ausgesetzt sind und vor allem nicht einfach pleitegehen, wenn sie unwirtschaftlich arbeiten, haben sie eine so schlechte Performance, was sich schon in dieser Zahl sehr anschaulich zeigt: »Staatliche Unternehmen machen 17 Prozent der ausstehenden Verbindlichkeiten in der Wirtschaft aus, sind aber für 60 Prozent der notleidenden Kredite verantwortlich.«[346] Und die Eigenkapitalrendite ist bei Staatsunternehmen nur halb so hoch wie bei ausländischen Firmen, die im Land investieren.[347]

Die Regierung Vietnams hat den Begriff »Privatisierung« bei Staatsunternehmen vermieden und spricht stattdessen von »Equitization«. Und dieser Prozess stockt. In den Jahren 2003 bis 2006 wurden 2.649 Staatsunternehmen »equitized«, aber seitdem beläuft sich die

Zahl der Unternehmen jährlich im unteren dreistelligen oder sogar im zweistelligen Bereich.[348] Unter den realisierten Privatisierungen befanden sehr große Staatsunternehmen wie die Vietcombank, die große Getränkefirma Habeco und die Bierbrauerei Sabeco. Das Problem ist jedoch, dass der Staat in den meisten Fällen die Mehrheit bei solchen Unternehmen behielt.[349]

Eine Statistik über die Equitization von zehn großen Unternehmen in den Jahren 2005 bis 2011 zeigt, dass der Staat bei sieben dieser zehn Firmen mehr als 90 Prozent der Anteile behielt und nur bei einem einzigen (dem Bauunternehmen Covesco) mehr als 50 Prozent abgab.

Manche Staatsunternehmen, die in ihrem ursprünglichen Geschäftsfeld gescheitert waren oder extrem unwirtschaftlich arbeiteten, haben ihr Geschäftsmodell vollständig geändert, um überhaupt zu überleben. Den Besitz von Grund und Boden und Zugang zu günstigen Staatskrediten nutzten sie aus, um beispielsweise im Immobilien- oder Hotelgeschäft tätig zu werden.[350]

Die Privatisierung stockt vermutlich aus mehreren Gründen: Erstens arbeiten viele Staatsunternehmen nicht wirtschaftlich, sodass es für private Investoren nicht attraktiv ist, sie zu erwerben. Und wenn der Staat den beherrschenden Anteil an dem Unternehmen behält, ist zu befürchten, dass sich dies auch nicht ändert.

Zudem ist es einfach eine Frage der Motivlage: Die führenden Personen in Staatsunternehmen gehören der Partei an und haben wenig Interesse daran, dass diese Unternehmen privatisiert werden. Der Staat ist nach wie vor in Wirtschaftsbereichen tätig, wo es absolut nicht plausibel ist, warum dies eine Staatsaufgabe sein soll, so etwa im Schiffsbau oder in der Tabakherstellung.

Oft gab und gibt es in den Staatsunternehmen massive Interessenkonflikte, wie der Investor Andy Ho an einem Beispiel erklärt: »Eine meiner ersten Investitionen in Vietnam war die Beteiligung an einem Fischverarbeitungsunternehmen, das kurz zuvor equitisiert worden war, wobei die Regierung aber immer noch Mehrheitsaktionär war. Bei der Besichtigung des Werks im Mekong-Delta wurde uns klar, dass mehr als die Hälfte des Inputs (Rohfisch) aus Fischfarmen stammte, die den Familien von Führungskräften in staatlichen Unternehmen gehörten. Dadurch konnte die Geschäftsführung immer eine Bruttomarge von zehn Prozent garantieren! Natürlich waren wir nicht zuversichtlich, dass das staatliche Unternehmen zum niedrigstmöglichen Preis einkaufen würde. Daher bat ich meine Leute, sich komplett aus dem Geschäft zurückzuziehen.«[351]

Ein Problem in dem »Equitization«-Prozess war die Bewertung der Vermögenswerte der Firmen, »da die Vermögenswerte vieler Unternehmen keinen Marktwert hatten«, wie die Ökonomin Melanie Beresford schreibt. Ein weiteres Problem lag darin, dass die Direktoren in den Staatsunternehmen befürchteten, durch den »Equitization«-Prozess ihre Kontrolle zu verlieren und Arbeiter Angst hatten, dass ihre Jobs eingespart würden.[352] So blieb der Prozess halbherzig und wurde wenig konsequent umgesetzt.

In einem staatlichen Medium wurde im November 2018 darüber berichtet, dass Premierminister Nguyen Xuan Phuc eine Konferenz zur Privatisierung einberufen hatte. Es bestehe dringend Verbesserungsbedarf, denn, so heißt es in dem Artikel unumwunden: »Der Privatisierungsprozess läuft allerdings noch nicht wie erwartet und braucht deshalb effiziente und rechtzeitige Maßnahmen.«[353]

Melanie Beresford schreibt in einer Analyse: »Alles, was nach dem Ende der zentralen Planung von der früheren Definition des Sozialismus in Vietnam übrig blieb, war die Entschlossenheit der Regierung, die Vorherrschaft der staatlichen Unternehmen an der Spitze der Wirtschaft aufrechtzuerhalten.«[354]

Aber in der Praxis tat die Regierung in Vietnam nicht viel, um den Staatsbetrieben eine aussichtsreiche Zukunft zu bieten, sondern Staatsbetriebe »wurden weitgehend im Regen stehen gelassen«, wie Beresford schreibt. Der Staat habe lieber in Infrastruktur investiert als in die staatlichen Betriebe. »Die Investitionen in den Staatsbetrieben reduzierten sich schnell auf einen kleinen Bruchteil der Gesamtinvestitionen und stützten sich in hohem Maße auf kurzfristige Kredite für Betriebskapital statt auf langfristige Investitionen für den Strukturwandel und verbesserte Effizienz.«[355]

Die Staatsunternehmen befanden sich in einer eigenartigen Situation: »Marktdisziplin war weitgehend nicht vorhanden, aber auch die staatliche Disziplin wurde nicht umgesetzt ... Klar ist jedoch, dass die Regierung weiterhin hartnäckig nach Reformwegen sucht, die es den staatlichen Unternehmen ermöglichen würden, eine dominierende Rolle in einer ›Marktwirtschaft unter staatlicher Führung‹ zu spielen.«[356]

Die Autorin sieht das kritisch, weil sie für eine aktivere Rolle des Staates in der Wirtschaft plädiert. Was Beresford kritisch sieht, bewerte ich selbst jedoch positiv, nämlich dass sich der Staat eher auf die Förderung privater ausländischer Investments konzentrierte als darauf, die Staatsunternehmen zu Instrumenten einer aktiven Industriepolitik zu machen: »Der Hauptgrund für diese Situation ist«, so Beresford, »dass der politische und strategische Fokus auf der institutionellen Reform (Unternehmensautonomie und Regulierung durch Gesetze) lag und nicht darauf, die Industriepolitik zur Förderung von Investitionen in den von der Regierung als prioritär definierten Bereichen zu nutzen. Untersucht man die Lage der staatlichen Unternehmen, so kommt man kaum um die Schlussfolgerung herum, dass der vietnamesische Staat die Prioritäten des privaten Sektors, insbesondere ausländischer Investoren, als die wichtigsten Determinanten des Prozesses zugelassen hat, statt die staatlichen Unternehmen als Instrumente für den Aufbau der Nation zu nutzen.«[357]

Ein weiteres Problem neben dem nach wie vor zu hohen Anteil von unwirtschaftlich arbeitenden Staatsbetrieben ist die Korruption. Laut dem Korruptionswahrnehmungsindex von Transparency International lag Vietnam 2021 auf Platz 87 von 180 in dem Ranking, also im Mittelfeld. Gemessen wird in Punktzahlen von einer korruptionsfreien Wirtschaft mit 0 bis zur höchstmöglichen Korruption mit 100 Punkten. Vietnam hat sich immerhin von 76 Punkten im Jahr 2003 auf 61 Punkte im Jahr 2021 verbessert.[358]

Ein Geschäftsmann in Hanoi sagte mir: »In den Zeitungen werden die offiziellen Listen der Gehälter der Partei- und Staatsfunktionäre veröffentlicht, und viele bekommen nur 500 oder 1.000 USD im Monat. Trotzdem fahren sie oft einen teuren Mercedes und führen einen aufwendigen Lebensstil. Da fragt man sich natürlich: Woher kommt das Geld?«

In einem Bericht der Friedrich-Naumann-Stiftung Hanoi aus dem Jahr 2020 heißt es, Vietnam sei berühmt für seine »Briefumschlagskultur«. Dies bedeute, dass die Bürger freiwillig oder unfreiwillig zahlen, um von Regierung und Verwaltung eine wie auch immer geartete Bewilligung für das zu erhalten, was ihnen eigentlich durch die Zahlung ihrer Steuern und durch die Gesetze umsonst zusteht.

Auf Standesämtern werden versiegelte Umschläge mit Bargeld gegen die Ausstellung eines Familienstandnachweises eingetauscht. Für Patienten in staatlichen Krankenhäusern ist es selbstverständlich, Geld zu geben, um erforderliche Injektionen von Krankenschwestern zu erhalten oder schneller behandelt zu werden. 61 Prozent der Bürger gaben in einer Umfrage an, Bestechungsgeld im öffentlichen Sektor gezahlt zu haben.[359]

Es gibt immer wieder Kampagnen gegen die Korruption. So wurden in vielen Büros Videokameras installiert, die Beamte bei der Arbeit filmen, um zu verhindern, dass sie »Umschläge« entgegennehmen. Die Video-Idee stammt aus der Provinz Quang Ngai und wurde bald andernorts aufgegriffen. In einer Provinz wurden Büros zudem mit eigens dafür installierten Fenstern im wahrsten Sinne des Wortes gläsern gemacht.

Vietnams Staatspräsident und Parteivorsitzender Nguyen Phu Trong hat in den vergangenen Jahren eine Kampagne gegen Korruption geführt. Bislang wurden 38 hohe Beamte und Minister vor Gericht gestellt. Unter den Angeklagten waren 23 Generäle und sogar ein ehemaliges Politbüromitglied. Wegen Bestechlichkeit, Betrug oder Erpressung wurden Gefängnisstrafen zwischen fünf und 30 Jahren verhängt. Freisprüche gab es keine. Ein ehemaliger Minister, der sich laut Gericht mit drei Millionen USD bestechen ließ, wurde zum Tode verurteilt. Für die harte Kampagne gibt es nicht nur Lob für den Präsidenten: Er führe Säuberungskampagnen gegen politische Gegner durch, unter anderem gegen Mitstreiter eines ehemaligen Premierministers, sagen Kritiker.[360]

Je größer die Rolle des Staates in einem Land ist, desto höher ist die Korruption – wir wissen, dass sie in den ehemals sozialistischen Ländern besonders hoch war. Die Ansicht, Korruption sei in kapitalistischen Ländern besonders stark verbreitet, ist falsch. Das Gegenteil ist richtig. Das zeigt der Vergleich des Corruption Perceptions Index CPI von Transparency International mit dem Index of Economic Freedom. Die Länder mit der geringsten Korruption sind Länder mit einem hohen Grad an wirtschaftlicher Freiheit. Von den zehn Ländern mit der geringsten Korruption befinden sich ausnahmslos alle in den Kategorien »free« oder »mostly free« im Index der wirtschaftlichen Freiheit. Singapur, Dänemark, Finnland, Neuseeland, die Schweiz und die Niederlande gehören zu den zehn Ländern weltweit mit der geringsten Korruption – und sie alle gehören auch zugleich zu den zehn Ländern mit dem höchsten Maß an wirtschaftlicher Freiheit!

Umgekehrt: Länder, die unter den letzten zehn im Korruptionsindex ranken, sind zugleich Länder, die wirtschaftlich unfrei sind. Die beiden Schlusslichter im Index der wirtschaftlichen Freiheit, Nordkorea und Venezuela, gehören auch zu den Schlusslichtern im Korruptionswahrnehmungsindex. Je stärker der Staat in das wirtschaftliche Leben eingreift, umso mehr Möglichkeiten zur Bestechung von Regierungsbeamten gibt es. Wer unethischen oder gar kriminellen Einfluss von Reichen auf die Politik begrenzen will, sollte sich also nicht für mehr, sondern für weniger Staat einsetzen.

Auch wenn Vietnam seit den Doi-Moi-Reformen dem Markt mehr Raum gegeben hat und der Staat nicht mehr die allmächtige Rolle in der Wirtschaft spielt wie zu sozialistischen Zeiten, ist der Einfluss der Partei nach wie vor groß. Und daher stellt sich die Frage, inwieweit es in einem Ein-Parteiensystem ohne freie Presse wirklich möglich ist, die Korruption wirksam zu bekämpfen.

Vietnam: Ökonomische Reformen – aber Einparteienherrschaft

1986, das Jahr, in dem die Doi-Moi-Reformen in Vietnam begannen, setzte auch Michail Gorbatschow in der Sowjetunion seine Politik der Perestroika (russisch перестройка; Umbau, Umgestaltung, Umstrukturierung) durch. Er wollte damit das sowjetische System reformieren und modernisieren. Nguyen Van Linh, Ende 1986 zum Generalsekretär der Kommunistischen Partei Vietnams gewählt, wurde in den ersten Jahren nach seiner Wahl als »Vietnams Gorbatschow« bezeichnet.[361]

Nguyen Van Linh sagte selbst, dass der VI. Parteitag, der als Beginn der Doi-Moi-Reformen gilt, inspiriert worden sei durch den 27. Parteitag der KPdSU.[362] Das war der Parteitag, auf dem Gorbatschow für seine Reformpolitik von Perestrojka und Glasnost (russisch гла́сность; Offenheit, Transparenz) geworben hatte.

Im Dezember 1988 erschien in der offiziellen Zeitung der Armee, »Quan Doi Nhan Dan« ein Artikel, in dem es hieß: »Wir haben in Schriftstücken, Resolutionen und Reden unser Bestreben zur Erneuerung des politischen Systems zum Ausdruck gebracht. Doch in Wirklichkeit besteht das gleiche alte System mit all seinen grundlegenden Merkmalen weiter.«[363] In dem Artikel wurden sehr ausführlich Passagen aus Gorbatschows Reden zitiert und seine Reformen als Vorbild gepriesen, an dem sich die Reformen Vietnams messen lassen sollten.[364]

Doch der Einfluss von Gorbatschows Politik der »glasnost« und »perestroika« sollte nicht überschätzt werden. Wie ein hoher Funktionär der Kommunistischen Partei Vietnams bemerkte, »bestand für die Vietnamesen der größte Vorteil der Perestroika darin, dass sie sich nicht mehr an die Doktrinen der kommunistischen (d. h. sowjetischen) Ideologie gebunden fühlten«. Vietnam, so meinte er, solle selbst entscheiden, wie es seine wirtschaftlichen Probleme lösen wolle.[365]

Zudem begannen sich die Vietnamesen stärker für die Reformen in China zu interessieren, die Deng Xiaoping einige Jahre vorher eingeleitet hatte. So fragte Hanoi beispielsweise im Juli 1986 an, ob man nicht eine Delegation von 30 Kadern zu einer Erkundungsreise nach China entsenden könne, um dort die ökonomischen Reformen zu studieren.[366]

Zu Beginn der Reformen waren sowohl die chinesischen Reformen unter Deng Xiaoping als auch Gorbatschows Reformen in der Sowjetunion Modelle, die in Vietnam diskutiert wurden. »Bis zu den dramatischen Umwälzungen in der Sowjetunion und in Osteuropa Ende 1989 beschrieb die vietnamesische Führung ihre Reformen als eine Kombination der besten Aspekte aus den chinesischen und den sowjetischen Ansätzen. Während sich China auf wirtschaftliche Reformen konzentrierte und politische Reformen vernachlässigte, schenkten die sowjetischen Reformen der wirtschaftlichen Dimension keine ausreichende Beachtung. Die Führung in Hanoi war der Meinung, selbst ein besseres Gleichgewicht zwischen Politik und Wirtschaft gefunden zu haben.«[367]

Man orientierte sich jedoch nicht nur an den chinesischen Erfahrungen, sondern auch an denen aus Südvietnam. Dort hatte es ja vor der Wiedervereinigung eine Marktwirtschaft gegeben, und teilweise hatte diese die Zeit des Kommunismus überlebt. Die Parteikader verstanden, dass sie von den unternehmerischen Erfahrungen in Südvietnam lernen könnten.[368]

In der ersten Phase der Doi-Moi-Reformen gab es Bestrebungen, ähnlich wie in Gorbatschows Sowjetunion, auch politische Reformen einzuleiten. Die führende Rolle der Kommunistischen Partei wurde dabei nicht infrage gestellt, aber die Rolle anderer Institutionen, besonders die der Nationalversammlung, sollte gestärkt werden. Auf dem VI. Parteitag im Dezember 1986 hieß es selbstkritisch:

»Die Schlagkraft der staatlichen Führung zu stärken, bedeutet in erster Linie, die Rolle der Nationalversammlung und des Staatsrats sowie des Volksrats auf allen Ebenen zu wahren. Zurzeit werden die vom Volk gewählten Gremien auf den verschiedenen Ebenen immer noch formalistisch gewählt und funktionieren auch so. In vielen Fällen haben die Parteikomitees auf den verschiedenen Ebenen das alleinige

Sagen und führen die Arbeit der Staatsorgane aus. Und vielerorts werden die Mitglieder für gewählte Gremien unter Zwang gewählt. Die Volksräte werden von vielen Volkskomitees in Wirklichkeit nicht respektiert.«[369]

Die Parteiführung erkannte an, dass es auf allen Ebenen eine stärkere Unterscheidung zwischen dem Staat und der Partei geben und die Mitwirkung der Menschen verstärkt werden sollte.[370] Unter dem Slogan »Die Partei führt, das Volk steuert, der Staat verwaltet« sollte klarer unterschieden werden zwischen der Funktion der Partei, des Staates und der gewählten Vertretungen. Man sah das auch bei den »Massenorganisationen«, z.B. den Gewerkschaften. Auf dem VI. Gewerkschaftskongress im Oktober 1988 waren das erste Mal alle Delegierten in lokalen Versammlungen der Mitglieder gewählt worden. In den Wahlen für das Exekutivkomitees der Gewerkschaft wurden 70 Prozent der alten Mitglieder abgewählt und vier von fünf unabhängigen Kandidaten gewannen. Während der Versammlung fand eine offene und sehr kritische Diskussion der Probleme statt.[371]

Auch bei den Wahlen für die Nationalversammlung im April 1987 hatte sich einiges geändert. Bei den vorangegangenen Wahlen im Jahr 1981 hatte es nur 614 Kandidaten für 496 Sitze gegeben, diesmal gab es 829 Kandidaten. Zwar spielte die Vaterländische Front Vietnams auch bei diesen Wahlen eine zentrale Rolle bei der Nominierung der Kandidaten, »aber einzelne Personen durften sich selbst nominieren und als Unabhängige kandidieren«.[372]

Allerdings gab der Zusammenbruch der Ein-Parteienherrschaften in osteuropäischen Ländern den Führern in Vietnam zu denken. In Polen endete die Diktatur der Kommunisten mit den ersten freien Wahlen im Juni 1989, aus denen die Solidarność als führende Bewegung hervorging. Das verdeutlichte den Kommunisten in Vietnam die Risiken, wenn die ökonomischen Reformen auf das Feld der Politik übergingen. »1989 war dann ganz Osteuropa für die vietnamesische Elite eher zu einem Albtraum als zu einem Vorbild geworden.«[373]

Hinzu kam ein weiteres Ereignis im benachbarten China: Auf dem Platz des Himmlischen Friedens in Peking hatte eine von Studenten angeführte Bewegung im Frühjahr 1989 wochenlang friedlich für politische Reformen und Demokratie demonstriert. In der Nacht zum 4. Juni ließ die chinesische Regierung Panzer auffahren und die Demokratiebewegung auch in anderen Teilen der Stadt blutig niederschlagen.

In der Partei gab es zwei Deutungen der Ursachen, die zum Zusammenbruch des Sozialismus in Osteuropa führten. Die Reformer in der Partei sahen vor allem die Fehler und das Missmanagement der Kommunisten und ihr Versäumnis, wirkliche Reformen durchzuführen, als die Ursache – die Traditionalisten sahen den Zusammenbruch als Ergebnis des Wirkens ausländischer Mächte und »imperialistischer Sabotage«.[374]

Generalsekretär Nguyen Van Linh schaffte es, beide Interpretationen gleichzeitig in einer Rede im Februar 1990 zu vereinen. Auf der einen Seite kritisierte er »Fehler in der wirtschaftlichen Entwicklung, schleppende Verbesserung der sozioökonomischen Managementprozesse, Despotismus und mangelnde Demokratie«, andererseits nannte er als Ursache der Krise in den sozialistischen Ländern aber auch »Verstöße gegen marxistisch-leninistische Grundsätze und die Sabotagetätigkeit der imperialistischen Kräfte«.[375]

Auf dem VIII. Plenum des Zentralkomitees im März 1990 schloss Nguyen Van Linh kategorisch eine »bürgerliche Liberalisierung« oder eine Mehrparteiendemokratie für Vietnam aus und betonte vor allem die Notwendigkeit politischer Stabilität und der führenden Rolle der Partei.[376] Andererseits hatte der Zusammenbruch der sozialistischen Systeme in Osteuropa ihm verdeutlicht, dass es keine Alternative zu ökonomischen Reformen gab. Die Alternative aus der Sicht von Nguyen Van Linh war schlicht: »erneuern oder sterben«.[377]

Die Leitlinie in Vietnam lautete von da an, »wirtschaftliche Erneuerung ist die wichtigste Aufgabe«, wie es Do Muoi formulierte, der auf dem VII. Parteitag als Nachfolger von Nguyen Van Linh gewählt wurde.[378] Lockerungen der Pressefreiheit und andere politische Reformen, die es zu Beginn von Doi Moi gegeben hatte, wurden zurückgenommen und beispielsweise festgeschrieben, dass Zeitungen nur im Staatsbesitz erlaubt seien.[379]

Dass der Schwerpunkt auf den ökonomischen Reformen lag und nicht auf politischen Änderungen, war natürlich vor allem Ausdruck des Selbsterhaltungswillens der Partei, die ihre Macht nicht abgeben wollte. Darüber hinaus gab es einen Grund, der selten beim Namen genannt wurde: Ökonomische Reformen führen vorübergehend oftmals zu Verschlechterungen der Situation. Manchmal betrifft dies nur kürzere Zeiträume, beispielsweise zwei Jahre, wie es in Polen der Fall war, mitunter hält diese Phase aber auch länger an. Unter den Bedingungen eines Mehrparteiensystems und einer freien Presse, dies hatte der Reformer Leszek Balcerowicz in Polen erfahren müssen, nutzen Populisten und Medien diese Probleme aus, um die Reformen zu attackieren – im besten Fall führt das zu einer Verwässerung der Reformen, im schlimmsten zu ihrem Abbruch.

»Nach der vorherrschenden (und offiziellen) Sichtweise, die sowohl konfuzianische als auch leninistische Wurzeln hat, führen spontane Partizipation und Mehrparteien-Wettbewerb zu sozialen Konflikten. Diese wiederum führen zu Unterbrechungen bei Produktion, Transport, Märkten und ausländischen Investitionen und machen somit die Hoffnung auf Entwicklung zunichte. Am deutlichsten wurde diese Ansicht 1989 zum Ausdruck gebracht, als die Parteiführer folgerten, die Liberalisierung in anderen sozialistischen Ländern hätte zu Forderungen geführt, die die Regime nicht erfüllen konnten.«[380]

Pragmatismus und Gegenwartsorientierung sind Ursachen des Erfolges

Fragt man nach den tieferen Ursachen des Erfolgs in Vietnam, so sind das vor allem der Pragmatismus und die Gegenwartsorientierung. Dieser Pragmatismus hat seine ideellen Wurzeln im Konfuzianismus. Der Pragmatismus zeigt sich nicht nur in den ökonomischen Reformen, sondern auch im Umgang mit der Geschichte und dem Verhältnis zu den Amerikanern.

Die Unternehmerin Ngyuen Xuan sagte mir: »Ich bin 1987 geboren, als der Krieg schon zwölf Jahre zu Ende war. Meine Eltern und Großeltern haben zwar davon erzählt, wie schrecklich der Krieg war, aber sie haben nie ein negatives Wort über die Amerikaner gesagt. Im Gegenteil: Sie haben mir gesagt: Du musst Englisch lernen, ziehe dich an wie Amerikaner, iss, was die Amerikaner essen, und vor allem lerne zu denken, wie die Amerikaner denken. Dann wirst du erfolgreich sein.«

In einer 2014 vom PEW Research Center durchgeführten Umfrage erklärten 76 Prozent der Vietnamesen, dass sie eine positive Sicht auf die USA haben. Bei den besser gebildeten Vietnamesen waren es sogar 89 Prozent und auch bei den Befragten von 18 bis 29 Jahren sahen 89 Prozent die USA positiv. Selbst bei den Personen über 50 Jahren, die den Krieg noch miterlebt hatten, bewerteten über 60 Prozent die USA positiv.[381]

Ich bewundere immer Menschen, denen es gelingt, den Blick stärker in die Zukunft zu richten als in die Vergangenheit. Solche Menschen sind meist sehr viel erfolgreicher im Leben als jene, die sich ständig vorwiegend mit ihrer Vergangenheit befassen. Und das gilt nicht nur für Individuen, sondern auch für Nationen. Viele afrikanische Länder klagen heute über die Folgen des Kolonialismus und nehmen das als Erklärung für all ihre heutigen Probleme. Die Vietnamesen könnten das ebenso gut, sie tun es aber nicht – und richten ihren Blick in die Zukunft.

Das heißt natürlich nicht, dass sie dabei die Geschichte ignorieren. Ich besuchte in Hanoi eine beeindruckende Erinnerungsstätte, ein ehemaliges Gefängnis, in dem zuerst die französische Kolonialmacht Vietnamesen einsperrte und später die Nordvietnamesen amerikanische Soldaten in Haft hielten. Heute ist das Hoa Lo Prison ein Museum. Damals wurde das Gefängnis von amerikanischen Kriegsgefangenen ironisch »Hotel Hilton« genannt, und unter diesem Titel entstand 1987 ein Film über die Erlebnisse der amerikanischen Kriegsgefangenen dort. Unter anderem war der spätere Präsidentschaftskandidat John McCain in diesem Gefängnis. Die Ausstellung zeigt Fotos, wie er 1967 nach dem Abschuss seines Kampflugzeugs aus einem See bei Hanoi geborgen wurde und wie er im Jahr 2000 das Gefängnis-Museum besuchte.

Aber sogar die Geschichte dieses Gefängnisses zeigt, dass den Vietnamesen im Zweifel die Gegenwart und die Zukunft wichtiger sind als die Vergangenheit. Denn inzwischen sind weite Teile des Hoa-Lo-Komplexes einem gigantischen Einkaufscenter, den Hanoi Towers, gewichen. Ironischerweise bemühte sich die amerikanische Hilton-Gruppe in den 90er-Jahren um das freie Grundstück, das durch den teilweisen Abriss des ursprünglichen Hoa-Lo-Komplexes entstanden war, um das erste Hilton-Hotel in Vietnam zu errichten. »Von der amerikanischen Presse wurde dieses Unterfangen aufgrund des bedeutungsschweren Zusammenhangs mit der amerikanisch-vietnamesischen Geschichte als äußerst makaber kritisiert. Im Jahr 1999 eröffnete dann mit dem Hilton Hanoi Opera Hotel tatsächlich ein Hotel der Hilton-Gruppe in der vietnamesischen Hauptstadt.«[382]

Eine Gruppe von Forschern beschäftigte sich 15 Jahre lang mit den gesundheitlichen Folgen des Einsatzes des Entlaubungsmittels »Agent Orange«, durch das Hunderttausende Kinder in Vietnam an genetischen Schäden leiden. Sie begleiteten 80 Familien, deren behinderte Kinder unter diesen Folgen litten. Die Forscher waren erstaunt, dass »diese Eltern das Leid ihrer Kinder nur selten mit der Hauptursache in Verbindung bringen, nämlich mit Agent Orange und dem Krieg, der ihnen diese Substanz brachte. Der Krieg scheint in weite Ferne gerückt zu sein und damit auch die Verbindung zwischen der Ursache für das Unglück ihrer Kinder und diesem Krieg ... Keine der Familien und auch nicht die Mitarbeiter der Commune Clinic [in der viele behinderte Kinder untergebracht waren, R.Z.] sprachen die Vorgänge an, nicht einmal beiläufig. Für sie ist Agent Orange, wie der Krieg selbst, weit entfernt von ihrem Leben. Alles Beunruhigende muss ignoriert werden, oder, wenn das nicht möglich ist, in beruhigende und verharmlosende Narrative versteckt werden.«[383]

Das heißt nicht, dass die Vergangenheit in Vietnam keine Rolle spielt. Es gibt zahlreiche Erinnerungsstätten, die an die Kriege mit Frankreich und den USA erinnern, und natürlich auch in Vietnam etliche Buchveröffentlichungen und Filme.[384]

Für die Kommunistische Partei spielte der Krieg eine besondere Rolle, denn sie bezog die Legitimation für ihre Herrschaft auch daraus, dass sie den Befreiungskrieg gegen Franzosen und Amerikaner anführte. Doch die Partei weiß, dass diese Verdienste der Vergangenheit keine Basis für die Loyalität der Bevölkerung von heute sind, sondern dass dies vor allem der wirtschaftliche Aufstieg und der Sieg über die Armut in Vietnam sind.

Andreas Margara betont in seinem Buch über den Vietnam-Krieg, die Erinnerung an ihn spiele für die junge Generation »nur noch eine untergeordnete Rolle«. Die jungen Menschen wollten »die Zukunft konsumieren«, ihr Blick sei in eine verheißungsvolle ökonomische Zukunft gerichtet und nicht in die von Entbehrungen geprägte Vergangenheit. »Song voi (lebe jetzt), lautet das carpe-diem-Motto der vietnamesischen Jugend. Amerikaner betrachten sie mittlerweile als Freunde. Kein Wunder: Die Vorbilder des in die Städte heimkehrenden Hedonismus liegen im Westen und heißen Bill Gates und Steve Jobs. Als sichtbaren Beleg ihres wirtschaftlichen Erfolges stellen die neuen Reichen Luxusgüter wie Smartphones und Fahrzeuge offen zur Schau.«[385]

Dass sich Vietnam geändert hat, liegt nicht nur an Reformen in den Strukturen, sondern vor allem daran, dass sich die Einstellungen – der Mindset – geändert haben, sodass die guten Traditionen des Konfuzianismus mit den Denkweisen des Kapitalismus vereint wurden. »Free to choose« – mit diesen Worten bezeichnete Milton Friedman das Wesen des Kapitalismus. Nancy Napier und Dau Thuy Ha beschreiben in ihrem Buch »The Bridge Generation of Vietnam«, wie sich das alte Rezept der »No Choice Soup« in das neue Rezept der »Choice Soup« in Vietnam verändert hat.

Das alte Rezept lautete:

»1. Man nehme zunächst 5 Teelöffel konfuzianische Gesellschaft mit ihren Regeln, dass Kinder den Anweisungen der Eltern in allen Bereichen von der Erziehung über die Familie bis hin zu Arbeit und Ehe gehorchen müssen.

2. 3 TL planwirtschaftliche Grundsätze hinzugeben mit staatlichen Regeln sowie staatlicher Aufsicht und Lenkung der Produktionskapazität in den Bereichen Landwirtschaft, Maschinen und Bildung.
3. 1 TL von dem Mindset jener jungen Menschen hinzugeben, die es ihren Familien und ihrem Land recht machen und beiden gehorchen wollen.
4. Das Ganze fünfzig Jahre lang gut mischen.
5. Das Ergebnis: Junge Menschen, die Regeln befolgen und nicht merken, dass sie keine Wahl haben.«

Das neue Rezept dagegen:

»1. Man nehme zunächst 5 TL konfuzianische Gesellschaft und Gehorsamsregeln für Kinder.
2. 1 großen TL Internet und Kontakt mit Ländern außerhalb des Sowjetblocks hinzugeben.
3. Die planwirtschaftliche Brühe mit 2,5 TL marktorientierten Wirtschaftsprinzipien verdünnen und die Hälfte der Regeln über Produktionskapazität und Geldverdienen herausnehmen.
4. Zehn Jahre lang gut mischen.
5. Das Ergebnis: Junge Menschen, die wissen, dass sie eine Wahl haben, aber vielleicht nicht wissen, wie sie die richtige Wahl treffen sollen.
Weitere zehn Jahre lang köcheln lassen. Das Ergebnis: Die Kinder von Menschen, die von ›keine Wahl‹ auf ›Wahl‹ umgestiegen sind, treffen nun mit aller Macht ihre eigenen Entscheidungen.«[386]

Wie die Vietnamesen Reiche sehen

Reiche Menschen werden in Vietnam heute sehr positiv gesehen. Im September 2022 lud mich die Foreign Trade University in Hanoi ein, die sich mit meinen Recherchen zum Image der Reichen befasst hatte. Thema eines dazu veranstalteten Workshops war das Image reicher Menschen in Vietnam. Dabei stellte ich die Ergebnisse einer Befragung vor, die das Meinungsforschungsinstitut Ipsos MORI zu »Reichtum« und zum Image von reichen Menschen in meinem Auftrag durchgeführt hatte.

Die Ergebnisse erschienen in dem Buch »Die Gesellschaft und ihre Reichen«, das auch in mehreren anderen Ländern in der lokalen Sprache erschien, u.a. in den USA, Italien, Spanien, Schweden, Japan – und auch in Vietnam. Das Projekt begann im Jahr 2018 mit Umfragen in Frankreich, Deutschland, Großbritannien und den USA, später kamen Spanien, Italien, Schweden, China, Südkorea, Japan, Chile und Polen dazu, 2021 auch Vietnam.

Ein interessantes Ergebnis der Befragung dort war: In keinem anderen Land ist der Prozentsatz der Menschen, die sagen, dass es ihnen wichtig ist, reich zu werden, so hoch wie in Vietnam (Grafik 3).

Grafik 3

Wie wichtig ist es Ihnen, reich zu werden?

Frage: »Für manche Menschen ist es sehr wichtig, reich zu werden. Wie ist das bei Ihnen: Wie wichtig ist bzw. wäre es Ihnen persönlich, reich zu sein?«
Antwort: »Sehr wichtig« / »Wichtig«

Angaben in Prozent

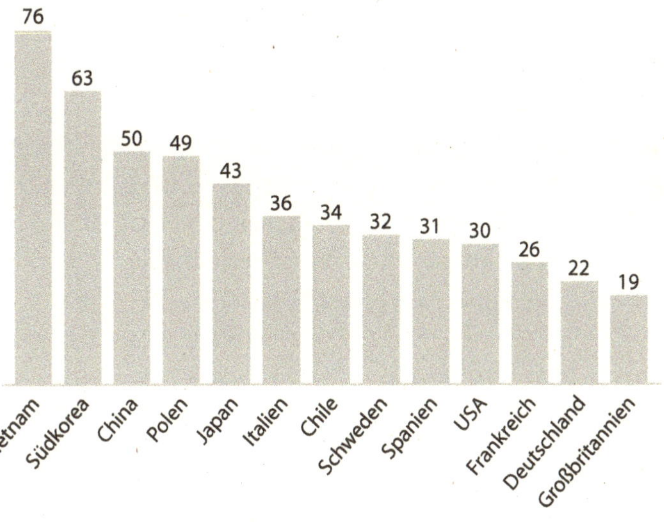

Quelle: Allensbacher Archiv, IfD-Umfrage Nr. 11085 und 8271, Ipsos-MORI-Umfragen Nr. J-18-031911-01-02, J-19-01009-29, J-19-01009-47, J-20-091774-05, J-21-041026-01, 22-087515-44, 22-055857-01 und 22-055857-01

Insgesamt wurden den Vietnamesen 17 positive und negative Aussagen zu reichen Menschen vorgelegt. Die Zustimmung zu den positiven Aussagen über Reiche überwog deutlich (Grafik 4).

Grafik 4

Vietnam: Aussagen über Reiche

Frage: »Hier ist eine Liste von Eigenschaften. Welchen Aussagen auf der Liste würden Sie zustimmen, wenn überhaupt? Bitte denken Sie an Menschen mit einem Vermögen von mindestens 10 Milliarden đồng, ein eigenes Haus oder eine eigene Wohnung nicht mit eingerechnet.«[387]

Durchschnittswerte in Prozent

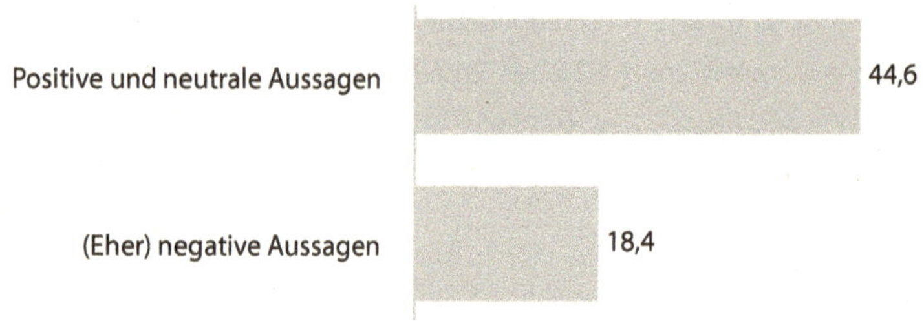

Quelle: Ipsos-MORI-Umfrage Nr. J-21-041026-01

Vietnamesen meinen, Reiche seien vor allem deshalb reich geworden, weil sie bereit seien, mehr Risiken einzugehen (62 Prozent) und weil sie besondere Fähigkeiten und Ideen haben (58 Prozent) und besonders fleißig sind (57 Prozent). 60 Prozent sehen Reiche, die es aus eigener Kraft geschafft haben, als Vorbilder (Grafik 5).

Grafik 5

Vietnam: Aussagen über Reiche – positive und neutrale Aussagen

Frage: »Hier ist eine Liste von Eigenschaften. Welchen Aussagen auf der Liste würden Sie zustimmen, wenn überhaupt? Bitte denken Sie an Menschen mit einem Vermögen von mindestens 10 Milliarden đồng, ein eigenes Haus oder eine eigene Wohnung nicht mit eingerechnet.«

Quelle: Ipsos-MORI-Umfrage Nr. J-21-041026-01

Negative Aussagen zu Reichen fanden sehr viel weniger Unterstützung bei den Vietnamesen. Die meisten negativen Antworten fanden bei ziemlich genau einem Fünftel der Befragten Zustimmung, sodass man folgern kann, dass etwa ein Fünftel der Vietnamesen eine negative Haltung zu Reichen hat (Grafik 6).

Grafik 6

Vietnam: Aussagen über Reiche – (eher) negative Aussagen

Frage: »Hier ist eine Liste von Eigenschaften. Welchen Aussagen auf der Liste würden Sie zustimmen, wenn überhaupt? Bitte denken Sie an Menschen mit einem Vermögen von mindestens 10 Milliarden đồng, ein eigenes Haus oder eine eigene Wohnung nicht mit eingerechnet.«

Angaben in Prozent

Quelle: Ipsos-MORI-Umfrage Nr. J-21-041026-01

Ipsos MORI fragte auch, welche Persönlichkeitsmerkmale nach Meinung der Vietnamesen besonders oft bei Reichen vorkommen (Grafik 7).

Grafik 7

Vietnam: Zuschreibung von Persönlichkeitsmerkmalen von Reichen

Frage: »Hier sind einige Eigenschaften aufgeschrieben. Was meinen Sie, welche davon findet man besonders oft bei reichen Leuten?«

Angaben in Prozent

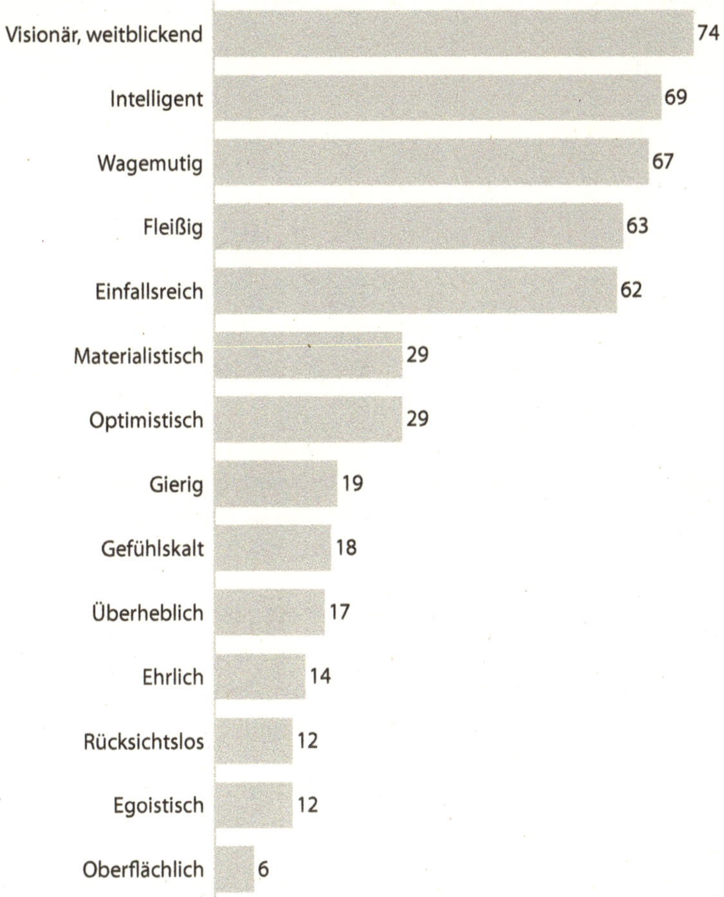

Quelle: Ipsos-MORI-Umfrage Nr. J-21-041026-01

In keinem anderen der insgesamt 13 Länder, wo wir die Befragung in dieser Form durchführten, wurden so häufig positive Persönlichkeitsmerkmale genannt (im Durchschnitt 54 Prozent) und so selten negative (im Durchschnitt 16 Prozent). Daraus folgt, dass der sogenannte »Personality Trait Coefficient« nirgendwo niedriger ist als in Vietnam (je niedriger der Koeffizient, umso positiver werden Persönlichkeitsmerkmale von Reichen bewertet / siehe Grafik 8).

Grafik 8
Personality Trait Coefficient PTC in 13 Ländern

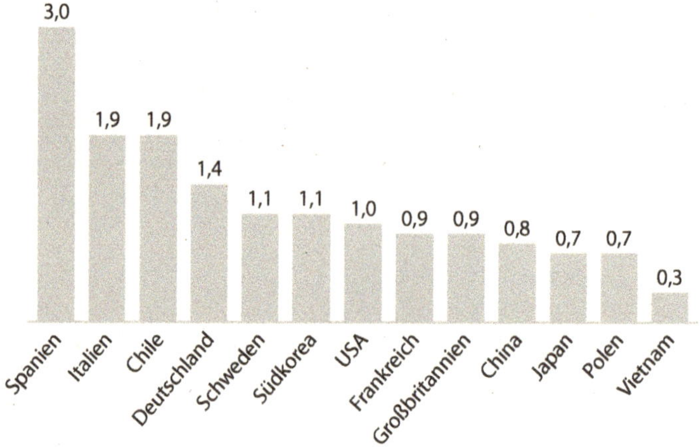

Lesehilfe: Je niedriger die Zahl, umso positiver werden Persönlichkeitsmerkmale von Reichen gesehen.
Quelle: Allensbacher Archiv, IfD-Umfrage Nr. 11085 und 8271, Ipsos-MORI-Umfragen Nr. J18-031911-01-02, J-19-01009-29, J-19-01009-47 J-20-091774-05 und 22-055857-01

Wie stehen die Vietnamesen zur Besteuerung der Reichen? Die meisten Menschen – in allen Ländern – stimmen der Aussage zu, dass die Reichen höhere Steuern zahlen sollen als Personen mit niedrigerem Einkommen. Aber wie hoch sollen die Steuern für die Reichen sein? Wir gaben den Befragten zwei Alternativen zur Auswahl:

> »Die Steuern für Reiche sollten zwar hoch, aber nicht übermäßig hoch sein. Schließlich haben sie sich ihren Wohlstand in der Regel hart erarbeitet, da sollte ihnen der Staat nicht zu viel wegnehmen.«

»Reiche sollten nicht nur hohe, sondern sehr hohe Steuern bezahlen. So kann der Staat dafür sorgen, dass die Ungleichheit zwischen Ärmeren und Reicheren bei uns im Land nicht zu groß wird.«

Die Antwort der Vietnamesen fällt überraschend eindeutig aus: 63 Prozent der Befragten sagen, dass die Steuern für Reiche nicht zu hoch sein sollen, und nur 21 Prozent plädierten für extrem hohe Reichensteuern. In den meisten anderen Ländern (mit Ausnahme von Polen und Schweden) sieht die Bevölkerung das anders – die Mehrheit der Befragten in diesen Ländern befürwortet extrem hohe Reichensteuern. Nirgendwo war die Stimmung gegen hohe Steuern für Reiche so eindeutig wie in Vietnam, gefolgt von Polen (Grafik 9).

Grafik 9

Hohe Steuern für Reiche? Ansichten der Bevölkerung in 13 Ländern

Frage: »Hier unterhalten sich zwei über die Besteuerung von Reichen. Welcher von beiden sagt eher das, was auch Sie denken?«

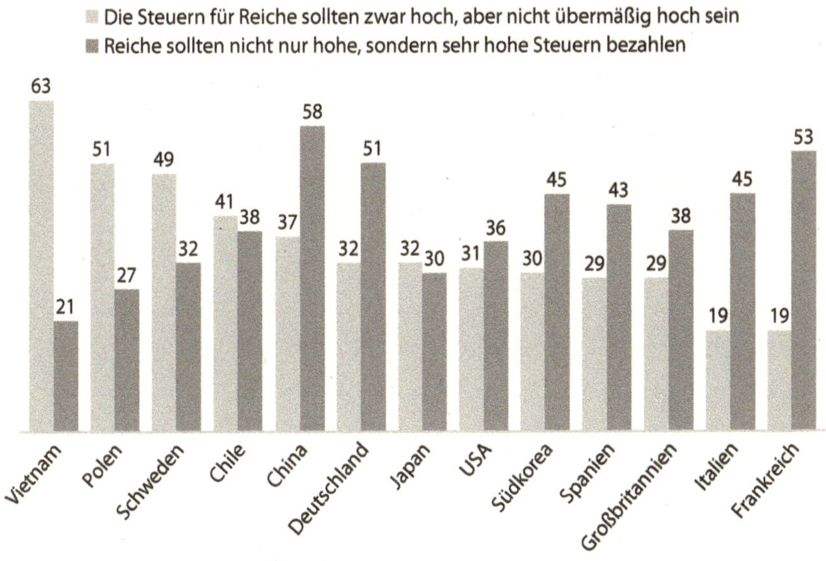

Quelle: Allensbacher Archiv, IfD-Umfrage Nr. 11085, Ipsos-MORI-Umfragen Nr. J-18-031911-01-02, J-19-01009-29, J-19-01009-47, J-20-091774-05

In der Befragung wurden mehrere Fragen gestellt, um herauszufinden, wie groß der Sozialneid gegen Reiche in einem Land ist (zur Methode siehe Seite 168 f. in meinem Buch »Die Gesellschaft und ihre Reichen«). In Vietnam war der Sozialneidkoeffizient mit 0,43 niedrig, etwa auf dem gleichen Niveau wie in den USA. Wenn man den Sozialneidkoeffizient (dreifach gewichtet) und den Personality Trait Coefficient (einfach gewichtet) zusammenfasst, kommt man zu dem »Rich Sentiment Index«, der einen Gesamtvergleich ermöglicht, wie die Menschen in einem Land zu Reichen stehen. Das Ergebnis: Nur in Polen ist die Sicht auf die Reichen noch ein wenig positiver als in Vietnam, in Japan ist sie auf dem gleichen positiven Niveau (Grafik 10).

Grafik 10
Rich Sentiment Index RSI in 13 Ländern

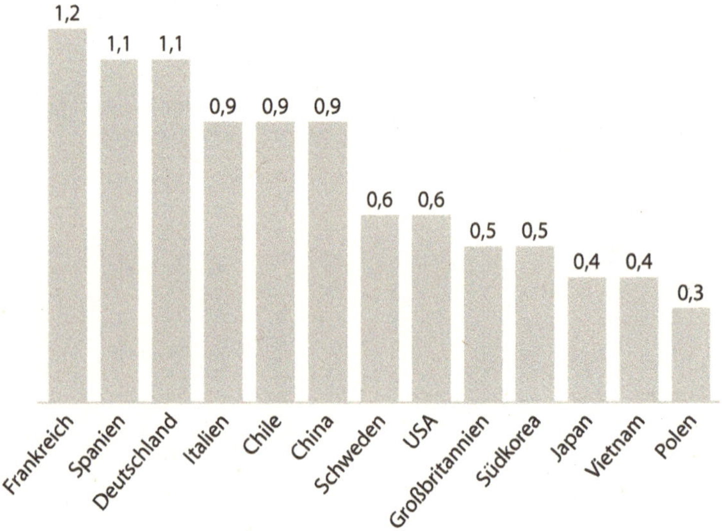

Lesehilfe: Je niedriger die Zahl, desto positiver die Einstellung zu Reichen.

Quelle: Allensbacher Archiv, IfD-Umfrage Nr. 11085, Ipsos-MORI-Umfragen Nr. J-18-031911-01-02, J-19-01009-29, J-19-01009-47, J-20-091774-05

Wie die Vietnamesen den Kapitalismus sehen

Vom Juni 2021 bis zum November 2022 führte Ipsos MORI in meinem Auftrag eine Umfrage in 33 Ländern zum Image des Kapitalismus durch. In Vietnam wurden vom 19. Oktober bis 7. November 2022 insgesamt 800 repräsentativ ausgewählte Personen telefonisch durch das Vietnamesische Institut Indochina Research befragt.

Die Befragung unterscheidet sich nicht nur in der Tiefe (also im Detaillierungsgrad der gestellten Fragen) von vielen anderen Umfragen zum Kapitalismus, sondern auch in einer besonderen Methode: Die Hypothese vor Beginn der Befragung war, dass es manche Menschen gibt, die sich vor allem von dem Wort »Kapitalismus« abgestoßen fühlen, obwohl sie inhaltlich im Grunde eher prokapitalistische Ansichten vertreten. Das kann unterschiedliche Gründe haben: Manche Menschen verbinden nur vage und unklare Vorstellungen mit dem Begriff »Kapitalismus«, für andere ist das Wort einfach zum Synonym für alle Übel dieser Welt geworden.

Ein Fragekomplex (»wirtschaftliche Freiheit«) in der Umfrage mied bewusst und konsequent das Wort »Kapitalismus«. Es wurden den Befragten insgesamt sechs Aussagen vorgelegt, von denen drei Aussagen wirtschaftliche Freiheit und Marktwirtschaft befürworteten und drei für eine starke Rolle des Staates plädierten. Eine Aussage in diesem Fragekomplex »wirtschaftliche Freiheit« lautete beispielsweise: »Wir brauchen deutlich mehr staatliche Eingriffe in die Wirtschaft, da der Markt immer wieder versagt« – eine andere dagegen: »Ich bin für ein Wirtschaftssystem, in dem der Staat zwar Regeln festlegt, aber sich ansonsten möglichst zurückhält«. Für jedes Land wurde die durchschnittliche Zustimmung zu »pro wirtschaftliche Freiheit«-Aussagen und die durchschnittliche Zustimmung zu »pro Staat« berechnet und daraus eine Zahl ermittelt, die zeigt, wie die Menschen in dem betreffenden Land zur wirtschaftlichen Freiheit stehen.

Zählt man die Aussagen pro Staat und pro Markt zusammen, so zeigt sich, dass Aussagen für einen stärkeren Einfluss des Staates in Vietnam bei 79 Prozent der Befragten Zustimmung finden und Aussagen für mehr Markt bei 61 Prozent. Teilt man den Durchschnitt der positiven durch den Durchschnitt der negativen Aussagen, ergibt sich ein Koeffizient von 0,78. Dieser Koeffizient wird im Folgenden noch häufiger erwähnt: Werte über 1 bedeuten, dass Meinungen pro wirtschaftliche Freiheit dominieren, Werte unter 1 bedeuten, dass Meinungen contra wirtschaftliche Freiheit überwiegen.

In zwei anderen Fragekomplexen wurde dagegen der Begriff »Kapitalismus« verwendet. Nimmt man die beiden letzten Fragekomplexe zusammen, dann erfährt man, wie die Menschen zum Kapitalismus stehen, wenn das Wort genannt wird. Interessant ist der Vergleich zum ersten Fragekomplex, bei dem die Antworten zeigen, wie Menschen zum Kapitalismus stehen, wenn das Wort nicht genannt wird. Aus dem Vergleich der Antworten kann man genau sehen, welche Rolle das Wort »Kapitalismus« spielt. In Vietnam sinkt die Zustimmung zum Kapitalismus um 41 Prozent, wenn das Wort »Kapitalismus« *nicht* verwendet, sondern inhaltlich umschrieben wird. Das ist anders als in fast allen anderen Ländern, wo die Zustimmung zum Kapitalismus – zum Teil erheblich – steigt, wenn umschrieben wird, was damit gemeint ist, ohne das Wort selbst zu erwähnen. In der Bevölkerung von Vietnam hat das Wort Kapitalismus also keinen schlechten, sondern einen guten Klang.

Allen Befragten wurden zehn Begriffe vorgelegt – positive und negative – und die Frage gestellt, welche davon sie mit dem Wort »Kapitalismus« verbinden. Das Ergebnis: Der durchschnittliche Prozentsatz, mit dem negative Begriffe wie zum Beispiel Gier, Kälte oder Korruption genannt werden, liegt in Vietnam bei 65 Prozent. Positive Begriffe wie Wohlstand, Fortschritt und Freiheit werden dagegen von 77 Prozent genannt. Das ist in dieser Klarheit erstaunlich: Vietnamesen verbinden mit dem »Kapitalismus« ganz überwiegend positive Aspekte, und dies bei gleichzeitiger (moderater) Kritik der Marktwirtschaft (wie wir beim ersten Fragekomplex gesehen haben).

In anderen Ländern war es umgekehrt: Die Zustimmung zur Marktwirtschaft stieg in den meisten Ländern, wenn man das Wort Kapitalismus nicht verwendete.

In Vietnam hingegen verbinden die Menschen mit dem Begriff Kapitalismus überwiegend positive Dinge wie »Fortschritt« (81 Prozent), »Innovation« (80 Prozent), »großes Warenangebot« (77 Prozent), »Wohlstand« (74 Prozent) und »Freiheit« (71 Prozent). Negative Begriffe wie »Gier« und »Korruption« (je 64 Prozent) und »Kälte« (55 Prozent) wurden etwas seltener genannt. Kritisch gesehen werden jedoch beim Kapitalismus von 72 Prozent »Leistungsdruck« und »Umweltzerstörung« (70 Prozent) (Grafik 11).

Grafik 11

Vietnam: Assoziationstest »Kapitalismus«

Frage: »Bitte denken Sie jetzt einmal an das Wort ›Kapitalismus‹. Darf ich Ihnen mal einiges vorlesen? Sie sagen mir dann bitte, an welches dieser Worte Sie bei ›Kapitalismus‹ denken.«

Angaben in Prozent

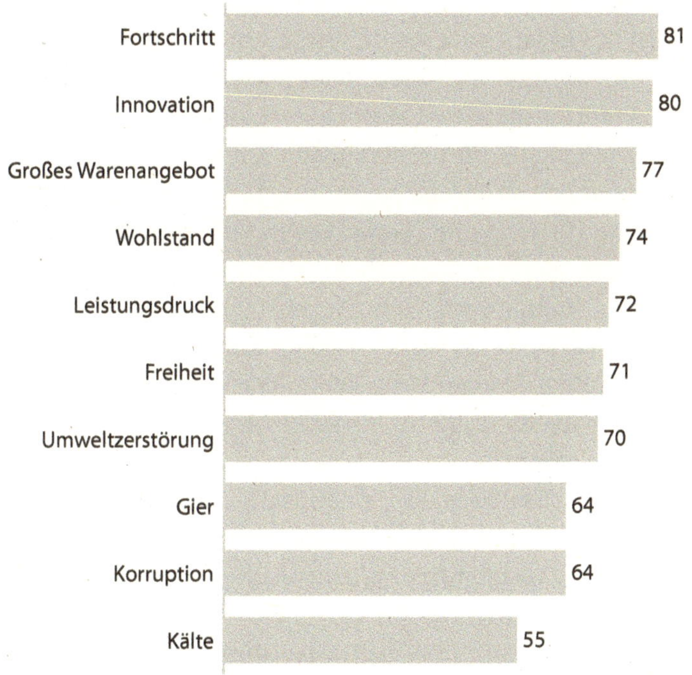

Quelle: Indochina Research

Allen Befragten wurden 18 Aussagen zum Kapitalismus vorgelegt, davon waren zehn negativ und acht positiv. Bei diesem Fragekomplex bestätigt sich das, was wir schon beim Assoziationstest gesehen haben – Vietnamesen assoziieren mit Kapitalismus vor allem positive Vorstellungen. Bei dieser Fragegruppe wird es sogar besonders klar. Vietnam war das einzige von 33 Ländern, wo die fünf Statements, die die höchste Zustimmung erhalten, alle prokapitalistisch ausfielen.

Am höchsten war mit 78 Prozent die Zustimmung zu der Aussage »Kapitalismus bedeutet wirtschaftliche Freiheit«. Nur in Japan und Südkorea kam sie auch auf den ersten Platz – und lediglich in fünf von bislang 33 Ländern, in denen wir die Befragung durchführten, kam diese Aussage unter die Top 5, also die fünf Aussagen mit der größten Unterstützung.

Die zweithöchste Zustimmung mit 74 Prozent bekam die Aussage: »Kapitalismus hat in vielen Ländern die Lage der einfachen Leute verbessert«. In nur einem anderen der insgesamt 33 Länder (Nigeria) kam dieses Statement unter die fünf mit der höchsten Zustimmung. In den meisten Ländern stimmten deutlich mehr Menschen der negativen Aussage zu: »Kapitalismus ist verantwortlich für Hunger und Armut«. In Deutschland beispielsweise sagten nur 15 Prozent, der Kapitalismus habe die Lage für einfache Menschen in vielen Ländern verbessert, aber 45 Prozent meinten, Kapitalismus sei verantwortlich für Hunger und Armut. In Vietnam war es umgekehrt: Hier bekam diese negative Aussage, Kapitalismus sei verantwortlich für Hunger und Armut, mit 53 Prozent deutlich weniger Unterstützung als die positive Aussage, der Kapitalismus habe die Lage für einfache Menschen in vielen Ländern verbessert (74 Prozent).

Auch die in Vietnam am dritthäufigsten genannte Aussage »Kapitalismus spornt die Menschen an, ihr Bestes zu geben« fand mit 71 Prozent große Unterstützung. Nur in drei anderen der 33 Länder kam diese Aussage unter die Top 5.

Am vierthäufigsten unterstützten Vietnamesen die Aussage, »Kapitalismus ist ein besonders effizientes Wirtschaftssystem« (70 Prozent). In keinem anderen der 32 Länder erreichte diese Aussage die Top 5.

Auf Platz 5 kam in Vietnam die Aussage »Kapitalismus sorgt für Wohlstand« – in nur einem der insgesamt 33 Länder kam diese Aussage ebenfalls unter die Top 5.

An sechster Stelle stand in Vietnam die Aussage, »Kapitalismus ist vielleicht nicht ideal, aber immer noch besser als alle anderen Wirtschaftssysteme« (59 Prozent).

Die kritische Meinung, »Kapitalismus verführt Menschen zum Kauf von Produkten, die sie nicht brauchen« kam dagegen in 11 von 33 Ländern unter die Top 5, fand aber in Vietnam mit 23 Prozent weniger Zustimmung als jede andere der insgesamt 18 Aussagen (Grafik 12).

Für alle drei Fragenkomplexe wurde die durchschnittliche Zustimmung zu pro- und antikapitalistischen Aussagen berechnet und daraus per Division der beiden Durchschnitte ein Koeffizient ermittelt: In einer einzigen Zahl kann man so zusammenfassen, wie die Menschen in einem Land zum Kapitalismus stehen. Fasst man alle Antworten auf 34 Statements zusammen, dann sieht man, dass in nur sechs von 33 Ländern der Kapitalismus noch positiver gesehen wird als in Vietnam, während er in 26 Ländern ein negativeres Image hat (Grafik 13).

Wir wollten wissen, welche Wirtschaftssysteme in anderen Ländern Vietnamesen »vorbildlich« finden. Wir fragten, welche der folgenden Wirtschaftssysteme sie positiv oder negativ sehen: China, Südkorea, Nordkorea, Japan, Taiwan, Frankreich, Singapur, die USA und Russland.

Die klaren Gewinner waren die kapitalistischen Länder Japan mit 82 Prozent, Südkorea mit 79 Prozent und Singapur mit 78 Prozent Zustimmung. Auch die USA erhielten 71 Prozent Zustimmung. Russland bekam eine gleich hohe Zustimmung wie die USA – ein Ergebnis, das angesichts des ineffizienten Wirtschaftssystems in Russland schwer verständlich ist (Grafik 14).

Grafik 12

Vietnam: 18 Aussagen über den Kapitalismus

Frage: »Welche der folgenden Aussagen über den Kapitalismus würden Sie unterstützen?«

Angaben in Prozent

Quelle: Indochina Research

Grafik 13

Gesamtkoeffizient: Einstellung zum Kapitalismus in 33 Ländern

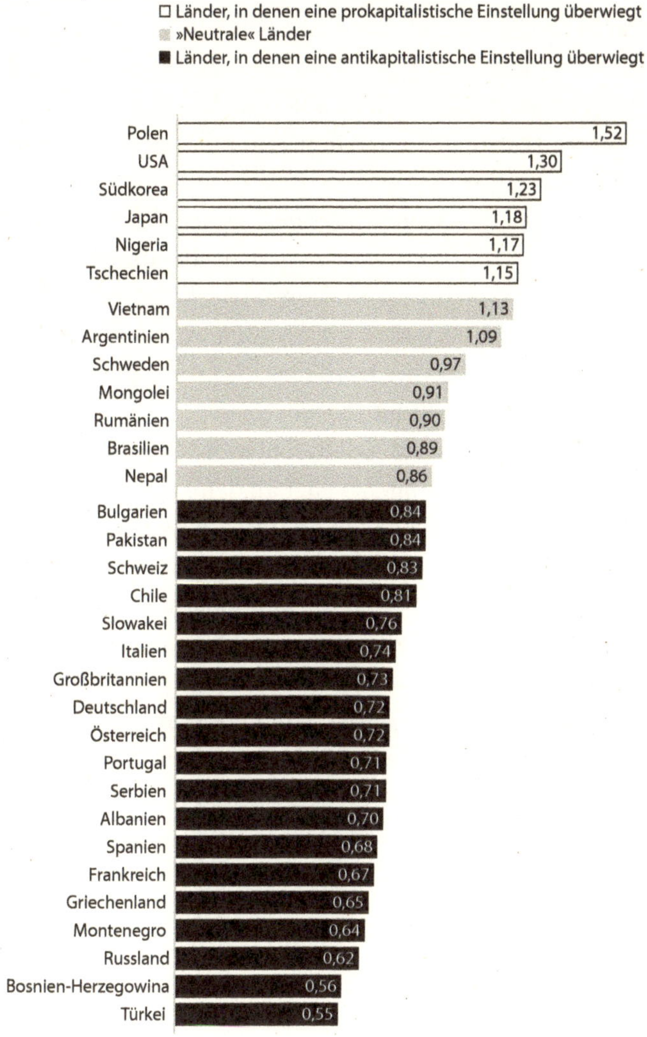

Lesehilfe: Je kleiner die Zahl, desto ausgeprägter die antikapitalistische Einstellung.

Quelle: Allensbacher Archiv, IfD-Umfrage Nr. 12038, Sant Maral Foundation, Ipsos-MORI-Umfragen Nr. 20-091774-30, 21-087515-07 und 22-014242-04-03, Indochina Research, und FACTS Research & Analytics Pvt. Ltd.

Dagegen erhielten die beiden Länder, die sich – so wie Vietnam – als sozialistisch bezeichnen, die geringsten Zustimmungswerte: Nur 40 Prozent mochten Chinas Wirtschaftssystem, während 55 Prozent dieses System ablehnten. Bei Nordkorea war der Anteil derjenigen, die dieses System mögen, mit 35 Prozent noch geringer, während 38 Prozent sagen, dass sie dieses System ablehnen (Grafik 14).

Möglicherweise drückt sich in den Ergebnissen teilweise aber auch die generelle Sympathie/Antipathie für die Länder aus – so wissen wir, dass die USA, trotz des Vietnamkrieges, generell ein gutes Image in Vietnam haben und China ein sehr negatives. Bei jungen Vietnamesen unter 30 Jahren ist das amerikanische Wirtschaftssystem sogar das – nach Japan – zweitbeliebteste, zusammen mit Südkorea. Und die Zustimmung zum System in Nordkorea ist noch geringer als in der Gesamtbevölkerung (Grafik 14).

Obwohl Vietnam sich sozialistisch nennt, orientieren sich die Menschen – vor allem die jungen – eher an den kapitalistischen Ländern wie Japan oder den USA. Sie haben erfahren, dass Kapitalismus nicht – wie viele Menschen im Westen glauben – für Armut verantwortlich ist, sondern ganz im Gegenteil, dass nur Kapitalismus hilft, der Armut zu entrinnen. Wenn Vietnam weiter dem marktwirtschaftlichen Weg folgt und die Reformen, die noch ausstehen, wirklich durchführt, hat es die Chance, eine der führenden Wirtschaftsnationen der Welt zu werden. Sollte Vietnam jedoch – so wie China in den letzten Jahren – vergessen, was die Gründe für die enorme Verbesserung des Lebensstandards sind, und wieder mehr auf den Staat setzen, dann hieße dies, eine riesige Chance zu verspielen.

Grafik 14

Vietnam: Welches Wirtschaftssystem die Vietnamesen mögen

Frage: »Wenn Sie an die Wirtschaftssysteme in verschiedenen Ländern denken, welches gefällt Ihnen gut und welches weniger gut?«

Antwort: »Das Wirtschaftssystem dieses Landes gefällt mir/ gefällt mir gut«

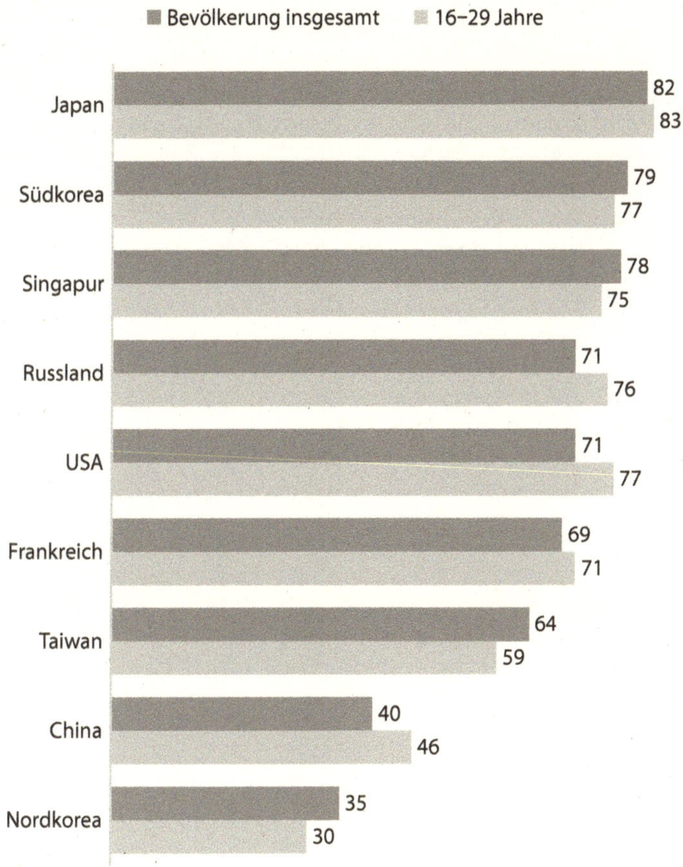

Quelle: Indochina Research

4. Resümee: Wohlstand und Armut von Nationen

»Die Definition von Wahnsinn ist, immer wieder das Gleiche zu tun und andere Ergebnisse zu erwarten.« Dieses Zitat wird oft Albert Einstein zugeschrieben, obwohl kein Beleg existiert, dass er das wirklich gesagt hat. Aber natürlich stimmt die Aussage. 50 Jahre Entwicklungshilfe und über 100 Jahre Erfahrungen mit sozialistischen Experimenten haben gezeigt, dass Armut nicht durch Umverteilung überwunden wird.

In der Welt der Wirtschaft lernen Firmen von den Besten – im BWL-Jargon heißt das treffend »Best Practice«. Auch Nationen können voneinander lernen. In diesem Buch habe ich am Beispiel von Polen und Vietnam gezeigt, wie Nationen der Armut entkommen. Trotz schrecklicher Zerstörungen durch Krieg und Sozialismus haben es diese Länder geschafft, mehrere Jahrzehnte lang den Lebensstandard der Menschen Jahr für Jahr zu verbessern. Das Rezept war in beiden Fällen ähnlich: kapitalistische Reformen.

Aber solche Reformen können nicht einfach von oben verordnet werden. In Polen und Vietnam hatten sich schon in der sozialistischen Zeit im Untergrund marktwirtschaftliche Strukturen herausgebildet. In Polen gab es, wie in allen sozialistischen Ländern, eine umfangreiche Schattenwirtschaft, ohne die die Menschen nur schwer hätten überleben können. Der Schwarzmarkt entstand parallel zum offiziellen Konsumgütermarkt, und obwohl diese Praktiken strafbar waren, wurden sie von der Partei geduldet.

In Vietnam hatten sich, ähnlich wie in China, schon vor Beginn der Reformen informelle Marktstrukturen herausgebildet. Teilweise legitimierten die Reformen nur, was schon zuvor als spontane Entwicklung in vielen Dörfern stattgefunden hatte. Viele landwirtschaftliche Kollektive und sogar Staatsbetriebe ignorierten die offiziellen staatlichen Bestimmungen und Regulierungen. Sie weigerten sich, in Kollektiven zu arbeiten, und schlossen unerlaubte Verträge (»khoan chui«) zwischen Kollektiven und Familien oder zwischen Staatsbetrieben und privaten Händlern ab. Diese Praxis wurde als »Überwindung der Zäune« (»pha rao«) bezeichnet.

Kapitalismus kann nicht von oben verordnet werden. Das Beste, was die politische Führung tun kann, ist, sich den spontanen Entwicklungen nicht entgegenzustemmen, sondern einen legalen Rahmen dafür zu schaffen, der Rechtssicherheit bringt.

Sowohl in Polen als auch in Vietnam gab es zahllose Versuche, den Sozialismus zu verbessern und zu »reformieren«. Aber spätestens Ende der 80er-Jahre erkannten die Menschen, dass eine systemimmanente Reform nicht möglich ist. Vietnam bezeichnet sich zwar bis heute als »sozialistisches« Land und die Staatspartei nennt sich kommunistisch. Doch findet man in Vietnam weniger überzeugte Marxisten als in den USA und Europa. In Polen kam es, anders als in Vietnam, zu einem Bruch auch mit dem alten politischen System.

Neben Unterschieden gibt es aber mehr Gemeinsamkeiten zwischen beiden Ländern. Sozialneid ist in Vietnam und Polen nur wenig verbreitet. Der Rich Sentiment Index, den ich für 13 Länder auf Basis umfassender Umfragen erhoben habe, zeigt, dass die positivste Sicht auf reiche Menschen die Bevölkerungen in Polen und Vietnam haben.[388] Dass Menschen Reichtum nicht vor allem mit negativen Gefühlen und Neid betrachten, sondern dass sie selbst den Drang haben, reich zu werden, ist eine Voraussetzung dafür, dass wirtschaftliche Dynamik in einem Land entsteht. In 13 Ländern haben wir die Menschen gefragt, wie wichtig es ihnen ist, reich zu werden. In Deutschland sagten 22 Prozent, ihnen sei das wichtig, in den USA waren es 30 Prozent, in Polen 49 Prozent, in China 50 Prozent, in Südkorea 63 Prozent und in Vietnam sogar 76 Prozent.[389]

Dieses Buch handelt von Nationen, die der Armut entkommen sind, aber es lohnt ein Blick auch auf Nationen, die verarmen. Es gibt vermutlich kein Land auf der Welt, das in den letzten 100 Jahren so dramatisch abgestiegen ist wie Argentinien. Anfang des 20. Jahrhunderts war das durchschnittliche Pro-Kopf-Einkommen der Bevölkerung eines der höchsten der Welt. Der Ausdruck »*riche comme un argentin*« – reich wie ein Argentinier – war damals ein geflügeltes Wort.[390]

Der Abstieg Argentiniens ist mit einem Namen eng verbunden – Oberst Juan Domingo Perón. Im Februar 1945 wurde er zum Präsidenten gewählt. Seine erste Amtszeit dauerte bis 1955. Sein Programm: mehr Staat. Die Telefongesellschaft wurde verstaatlicht, die Eisenbahn, die Energieversorgung, der private Rundfunk. Allein zwischen 1946 und 1949 verdreifachten sich die Staatsausgaben. Die Zahl der Staatsbediensteten stieg von 243.000 im Jahr 1943 auf 540.000 im Jahr 1955 – viele neue Jobs in Behörden und im öffentlichen Dienst wurden geschaffen, um die Anhänger von Peróns Arbeiterpartei zu versorgen.[391] Die Wirtschaftspolitik war sozialistisch: Obwohl das Passagier- und Frachtaufkommen für die Eisenbahn stagnierte, stieg zwischen 1945 und 1955 die Zahl der Beschäftigten um mehr als die Hälfte. Die peronistischen Gewerkschaften wurden neben dem Militär zur mächtigsten Organisation in Argentinien. Wie eine Heldin wurde Peróns Frau Eva Duartes verehrt, die mit vollen Händen das Geld für Soziales ausgab.

Militärdiktaturen und peronistische Regierungen lösten sich ab, Argentinien versank immer mehr in Schulden. 1973 kam Perón ein drittes Mal an die Macht – und wieder bestand sein Programm aus Umverteilung und starker staatlicher Regulierung. Von 1976 bis 1983 wurde Argentinien von den Militärs regiert, die Oppositionelle brutal verfolgten.

Wirtschaftlich ist die Geschichte Argentiniens eine Geschichte von Inflation, Hyperinflation, Staatspleiten und Verarmung. Seit seiner Unabhängigkeit im Jahr 1816 erlebte das Land neun Staatskonkurse, den letzten im Jahr 2020. Eine tragische Geschichte für ein so stolzes Land, das einmal zu den reichsten der Welt zählte. Ich habe dieses Land besucht und mit einfachen Menschen, Ökonomen und Politikern gesprochen. Meine Beobachtung: Mehr und mehr Menschen dort erkennen, dass eine Lösung ihrer Probleme und ein Weg aus der Armut heraus nur durch mehr Kapitalismus möglich sein wird.

Ein anderes trauriges Beispiel für den Abstieg einer Nation ist Venezuela. War es zu Beginn des 20. Jahrhunderts eines der ärmsten Länder in Lateinamerika, so hatte Venezuela bis Ende der 1960er-Jahre eine erstaunliche Entwicklung genommen. 1970 war es das reichste Land Lateinamerikas und eines der 20 reichsten Länder der Welt. Das Bruttoinlandsprodukt pro Kopf war höher als das von Spanien, Griechenland oder Israel und nur 13 Prozent niedriger als das von Großbritannien.[392]

Der Abschwung begann in den 70er-Jahren. Einer der Gründe für die Probleme war die Fixierung auf die enormen Vorräte an Erdöl. Es kamen weitere Ursachen hinzu, insbesondere ein ungewöhnlich hoher Grad an staatlicher Regulierung des Arbeitsmarktes, die seit 1974 durch immer neue Vorschriften verschärft wurde. In kaum einem anderen Land Lateinamerikas (und weltweit) war der Arbeitsmarkt mit einem so engmaschigen Netz von Regulierungen überzogen. Während die Unternehmen 1972 noch das Äquivalent von 5,35 Monatslöhnen für die Lohnnebenkosten zahlen mussten, hatte sich diese Zahl bis 1992 auf 8,98 Monatslöhne massiv erhöht.[393]

Aber, auch dies zeigt das Beispiel Venezuela: Wenn die Probleme immer größer werden, führt dies keineswegs zwingend dazu, dass die Menschen lernen – Geschichte ist eben nicht wie ein Hollywood-Film mit garantiertem Happy Ending. Oder, um es anders zu sagen: Schlimmer geht immer.

Viele Menschen in Venezuela hofften, der charismatische Sozialist Hugo Chávez würde die Probleme des Landes lösen. Chávez wurde 1998 zum Präsidenten gewählt. 1999 rief er die »Bolivarische Republik Venezuela« aus. Er war nicht nur Hoffnungsträger für viele arme Menschen im Land, sondern er entfesselte die Utopiesehnsüchte der Linken in Europa und Nordamerika mit der Parole vom »Sozialismus im 21. Jahrhundert«. Das Ende kennen wir: Venezuela verlor zuerst die wirtschaftliche, dann die politische Freiheit. Die Inflation stieg zwischenzeitlich auf absurde 1 Million Prozent, die Menschen litten Hunger, Millionen sind schon aus dem Land geflüchtet.

Die Geschichte Venezuelas sollte uns eine Warnung sein: Auch wohlhabende demokratische Länder sind nicht dagegen gefeit, binnen weniger Jahre ihren Wohlstand und ihre Freiheit zu verlieren. Freiheit, wirtschaftliche wie politische, ist nicht selbstverständlich, sondern muss immer wieder neu erkämpft werden.

Auch in Polen und Vietnam ist es nicht selbstverständlich, dass der Weg, der seit Ende der 80er-Jahre beschritten wurde, weiterverfolgt wird. Oft vergessen die Menschen nach einer gewissen Zeit, warum ihr Land erfolgreich wurde. In Polen gibt es heute eine gefährliche Tendenz zu mehr Staat und weniger Markt. In Vietnam ist eine solche Tendenz bisher nicht zu erkennen. Doch ohne politische Reformen wird es in Vietnam letztlich nicht möglich sein, Probleme wie etwa die Korruption erfolgreich zu bekämpfen.

Ich bewundere beide Länder und hoffe, dass sich die Menschen in vielen heute armen Ländern ein Beispiel an ihnen nehmen. Ich möchte ihnen zurufen: Hört auf, euch mit der Vergangenheit zu befassen und nach Schuldigen im Westen zu suchen, hört auf, zu glauben, der Westen könne euch mit »Entwicklungshilfe« aus der Armut befreien. Studiert die Geschichte von Polen und Vietnam, denn sie enthält den Schlüssel, zu verstehen, wie Nationen der Armut entkommen!

Der Autor

Rainer Zitelmann wurde 1957 in Frankfurt am Main geboren. Er studierte von 1978 bis 1983 in Darmstadt Geschichte und Politikwissenschaft und schloss sein Studium »mit Auszeichnung« ab. 1986 promovierte er bei Prof. Dr. Dr. h. c. K. O. Frhr. von Aretin mit einer Arbeit über »Hitler. Selbstverständnis eines Revolutionärs« zum Dr. phil. Die Studie, die mit summa cum laude bewertet wurde, fand weltweit Beachtung und Anerkennung (historiker-zitelmann.de).

Von 1987 bis 1992 arbeitete Zitelmann am Zentralinstitut für sozialwissenschaftliche Forschung der Freien Universität Berlin. Danach war er Cheflektor des Ullstein-Propyläen-Verlages, damals die drittgrößte Buchverlagsgruppe Deutschlands, und leitete bis zum Jahr 2000 verschiedene Ressorts der Tageszeitung »Die Welt«. Im Jahr 2000 macht er sich selbstständig und gründete das PR-Unternehmen Dr. ZitelmannPB. GmbH, das seitdem Marktführer für die Positionierungsberatung von Immobilienunternehmen in Deutschland ist. Im Jahr 2016 verkaufte er das Unternehmen.

2016 promovierte er ein zweites Mal – diesmal in Soziologie zum Dr. rer. pol. – bei dem Reichtumsforscher Prof. Dr. Wolfgang Lauterbach an der Universität Potsdam. Diese zweite Dissertation erschien unter dem Titel »Psychologie der Superreichen« und wurde auch in den USA, China, Südkorea und Vietnam veröffentlicht.

Zitelmann hat bislang 27 Bücher geschrieben und herausgegeben, die weltweit in 30 Sprachen erfolgreich sind. Er ist ein gefragter Vortragsredner in Asien, den Vereinigten Staaten, Lateinamerika und Europa. In den vergangenen Jahren schrieb er Artikel oder gab Interviews in führenden Medien wie »Le Monde«, »Corriere della Sera«, »Il Giornale«, »Frankfurter Allgemeine Zeitung«, »Die Welt«, »Der Spiegel«, »Focus«, »Neue Zürcher Zeitung«, »Daily Telegraph«,

»Times«, »Newsweek«, »Forbes« und zahlreichen Medien in China und Vietnam. Den Lesern dieses Buches seien vor allem seine Bücher »Kapitalismus ist nicht das Problem, sondern die Lösung« sowie »Die 10 Irrtümer der Antikapitalisten« empfohlen.

Detaillierte Informationen über den Lebensweg von Rainer Zitelmann finden Sie in seiner Autobiografie »Wenn du nicht mehr brennst, starte neu!« und auf rainer-zitelmann.de. Seminare von Rainer Zitelmann finden Sie unter zitelmann-veranstaltungen.de.

Anmerkungen

1. Was gegen Armut hilft – und was nicht

1 Bremer, 50 Jahre Entwicklungshilfe, S. 7. Im Original sind mehrere Wörter kursiv.
2 Zitiert nach: Bremer, S. 44 f.
3 Bremer, S. 46.
4 Bremer, S. 52.
5 Bremer, S. 83 f.
6 Bremer, S. 62 f.
7 Bremer, S. 64.
8 Easterly, Wir retten die Welt zu Tode, S. 151.
9 Moyo, Dead Aid, S. 74.
10 Bremer, S. 75.
11 https://www.focus.de/politik/ausland/630-millionen-euro-allein-im-jahr-2017-fast-10-milliarden-euro-seit-1979-darum-zahlt-deutschland-entwicklungshilfe-an-china_id_10817274.html
12 Vgl. Pinker, S.118, Rosling, S. 69 und Fink / Kappner: https://de.irefeurope.org/Diskussionsbeitrage/Artikel/article/Globale-Armut-Positive-Entwicklung-negative-Einschatzung sowie: https://www.worldbank.org/en/publication/poverty-and-shared-prosperity
13 Burnside / Dollar »Aid, Policies, and Growth«.
14 Ovaska, The Failure of Development Aid, S. 186.
15 Ovaska, The Failure of Development Aid, S. 187.
16 Easterly, Can Foreign Aid Buy Growth?, S. 27.
17 Easterly, Can Foreign Aid Buy Growth?, S. 30.
18 Easterly, Can Foreign Aid Buy Growth?, S. 38.
19 Easterly, Was Development Assistance a Mistake? S. 329.
20 Easterly, Was Development Assistance a Mistake? S. 329.
21 Easterly, Was Development Assistance a Mistake? S. 330.
22 Easterly, Was Development Assistance a Mistake? S. 331.
23 Easterly, Wir retten die Welt zu Tode, S. 69.
24 Easterly, Wir retten die Welt zu Tode, S. 100.
25 Easterly, Wir retten die Welt zu Tode, S. 106 f.
26 Coase / Wang, S. 49.
27 Paldam, S. 457.

[28] Dreher / Langlotz, S. 20.
[29] Dreher / Langlotz, S. 20.
[30] Djankow / Montalvo, S. 1.
[31] Meegan, S. 12.
[32] Rubin, S. 157 f.
[33] Rubin, S. 158.
[34] Vgl. Rubin, S. 162.

2. Polen: Der Aufstieg des weißen Adlers

[35] Kienzler, Życie w PRL. I strasznie i śmiesznie, S. 300.
[36] Solska, 80-te. Jak naprawdę żyliśmy w ostatniej dekadzie PRL, S. 52.
[37] Lewis, Hammer und Tickle, S. 210.
[38] https://data.worldbank.org/indicator/NY.GDP.PCAP.KN?locations=PL (Von 1989 19.900 auf 58.614 in 2021 – GDP per capita constant LCU)
[39] https://www.deutsche-bank.de/ms/results-finanzwissen-fuer-unternehmen/international/01-2020_im-wirtschaftswunderland.html und https://de.statista.com/statistik/daten/studie/164004/umfrage/prognostizierte-bevoelkerungsentwicklung-in-den-laendern-der-eu/
[40] Miller, Terry; Kim, Anthony B.; Roberts, James M., 2022 Index of Economic Freedom.
[41] Miller, Terry; Kim, Anthony B.; Roberts, James M., 2022 Index of Economic Freedom, S. 452–454.
[42] https://www.bpb.de/themen/europa/polen-analysen/281439/analyse-deutsche-kriegsreparationen-an-polen-hintergruende-und-einschaetzungen-eines-nicht-nur-innerpolnischen-streites/
[43] Informationen nach der Ausstellung »Faces of totalitarianism« des KARTA Archivs in Polen: »Soviet repression after 1939«.
[44] Gnauck, S. 101.
[45] Gnauck, S. 102.
[46] Korys, S. 287 f.
[47] Friszke / Dudek, S. 179.
[48] Korys, S. 267.
[49] Friszke / Dudek, S. 187.
[50] Friszke / Dudek, S. 188.
[51] Friszke / Dudek, S. 197.
[52] Korys, S. 268.
[53] Korys, S. 295.
[54] Piatkowski, S. 88, Tabelle 3.1.
[55] Piatkowski, S. 89.
[56] Piatkowski, S. 90.
[57] Piatkowski, S. 90.
[58] Piatkowski, S. 90 f.
[59] Friszke / Dudek, S. 204.

60 Friszke / Dudek, S. 205.
61 Friszke / Dudek, S. 220.
62 Friszke / Dudek, S. 221.
63 »Inicjatywa na marginesie«, Karta Nr. 26, 1998, Bericht aus Krakau, Juli 1950, in: Karta Centre, Enterprise the Polish Way, S. 26.
64 Friszke / Dudek, S. 244.
65 Friszke / Dudek, S. 268.
66 Friszke / Dudek, S. 282.
67 Friszke / Dudek, S. 286.
68 Rae, S. 45.
69 Friszke / Dudek, S. 391.
70 Kienzler, Życie w PRL. I strasznie i śmiesznie, S. 55.
71 Solska, 80-te. Jak naprawdę żyliśmy w ostatniej dekadzie PRL, S. 136.
72 Solska, 80-te. Jak naprawdę żyliśmy w ostatniej dekadzie PRL, S. 117.
73 Solska, 80-te. Jak naprawdę żyliśmy w ostatniej dekadzie PRL, S. 53.
74 http://www.e-teberia.pl/czy-mozna-stad-zadzwonic-na-miasto/
75 https://stat.gov.pl/files/gfx/portalinformacyjny/pl/defaultaktualnosci/5501/34/1/1/polska_19182018.pdf, S. 272.
76 Statistisches Jahrbuch 1990 für die Bundesrepublik Deutschland, Statistisches Jahrbuch 1991 für das vereinigte Deutschland, Sozialreport 1990 (Daten und Fakten zur sozialen Lage in der DDR), Datenreport 2008.
77 https://stat.gov.pl/files/gfx/portalinformacyjny/pl/defaultaktualnosci/5501/34/1/1/polska_19182018.pdf
78 Statistisches Jahrbuch 1990 für die Bundesrepublik Deutschland.
79 Mieczysław F. Rakowski, Dzienniki polityczne 1972-1975, Warsaw 2002, zitiert nach Karta Centre, Enterprise the Polish way, S. 32.
80 Korys, S. 294.
81 Kienzler, Życie w PRL. I strasznie i śmiesznie, S. 136–137.
82 »Pan Krzysio i handel zagraniczny«, Wprost Nr. 27/1986, in: Karta Centre, Enterprise the Polish Way, S. 39.
83 https://foodpolka.com/2013/12/24/the-christmas-tale-of-food-polka-oranges-and-irony/
84 Kaminski, S. 51.
85 Kaminski, S. 52.
86 Kaminski, S. 73.
87 Kaminski, S. 73.
88 Vgl. dazu z.B. Korys, S. 278 ff.
89 Rae, S. 49, 53.
90 Rae, S. 54.
91 Piatkowski, S. 125.
92 Piatkowski, S. 126.
93 Piatkowski, S. 126.
94 Piatkowski, S. 127.
95 Piatkowski, S. 127.

[96] Friszke / Dudek, S. 326
[97] Friszke / Dudek, S. 329.
[98] Friszke / Dudek, S. 417.
[99] Stodolak, ohne Seitenangabe.
[100] Lenin, Die NÖP und die Aufgaben der Ausschüsse, in: Lenin Werke, Bd. 33, S. 43.
[101] Lenin, Die NÖP und die Aufgaben der Ausschüsse, in: Lenin Werke, Bd. 33, S. 44 f.
[102] Baberowski, Verbrannte Erde, S. 88.
[103] Journal of Laws of the Republic of Poland, No. 109/2000, zitiert nach; Karta Center, Enterprise the Polish way, S. 40.
[104] Leszek Kostrzewski, Piotr Miaczynski, 20 lat minelo, Warschau 2009, zitiert nach; Karta Center, Enterprise the Polish way, S. 41.
[105] Stodolak, ohne Seitenangabe.
[106] Balcerowicz, Stabilization and Reforms under Extraordinary and Normal Politics, in: The Great Rebirth, S. 19.
[107] Balcerowicz, Stabilization and Reforms under Extraordinary and Normal Politics, in: The Great Rebirth, S. 20.
[108] Rae, S. 48.
[109] Piatkowski, S. 93.
[110] Balcerowicz, Socialism, Capitalism, Transformation, S. 315, Table 16.1.
[111] Balcerowicz, Socialism, Capitalism, Transformation, S. 316.
[112] Balcerowicz, Socialism, Capitalism, Transformation, S. 307.
[113] Balcerowicz, Socialism, Capitalism, Transformation, S. 323 f.
[114] Balcerowicz, Socialism, Capitalism, Transformation, S. 324.
[115] Rae, S. 56.
[116] Balcerowicz, Socialism, Capitalism, Transformation, S. 325, Table 16.2.
[117] Rae, S. 61.
[118] Balcerowicz, Socialism, Capitalism, Transformation, S. 323.
[119] Piatkowski, S. 169, längere Zeitreihen für Arbeitslosigkeit bei Rae, S. 64, Table 3.5.
[120] https://www.news.de/wirtschaft/834923025/wirtschaft-im-sozialismus-wie-die-ddr-arbeitslose-versteckte/1/#:~:text=Experten%20sprechen%20dabei%20von%20verdeckter,auf%20dem%20Papier%20anders%20aussah
[121] http://www.repozytorium.uni.wroc.pl/Content/34836/PDF/009.pdf
[122] https://bazhum.muzhp.pl/media/files/Annales_Universitatis_Mariae_Curie_Sklodowska_Sectio_H_Oeconomia/Annales_Universitatis_Mariae_Curie_Sklodowska_Sectio_H_Oeconomia-r1997-t31/Annales_Universitatis_Mariae_Curie_Sklodowska_Sectio_H_Oeconomia-r1997-t31-s1-14/Annales_Universitatis_Mariae_Curie_Sklodowska_Sectio_H_Oeconomia-r1997-t31-s1-14.pdf
[123] Jarosz-Nojszewska, Anna. »Unemployment in Poland in 1918–2018.« *Kwartalnik Kolegium Ekonomiczno-Społecznego Studia i Prace 3 (35) (2018): 102-120.*
[124] Kienzler, Życie w PRL. I strasznie i śmiesznie, S. 244.
[125] Lewis, Hammer und Tickle, S. 291.
[126] Balcerowicz, Socialism, Capitalism, Transformation, S. 328.
[127] Balcerowicz, Socialism, Capitalism, Transformation, S. 328.
[128] Balcerowicz, Socialism, Capitalism, Transformation, S. 329.

129 In: Kobieta i zycie Nr. 42/1990, zitiert nach: Karta Center, Enterprise the Polish way, S. 46.

130 Cash No 22/1993, zitiert nach: Karta Center, Enterprise the Polish way, S. 78.

131 Balcerowicz, Socialism, Capitalism, Transformation, S. 329.

132 Balcerowicz, Socialism, Capitalism, Transformation, S. 333.

133 Alle Zahlen in Table 16.3, Balcerowicz, Socialism, Capitalism, Transformation, S. 334.

134 Piatkowski, S. 127.

135 Gomułka, ohne Seitenangabe.

136 Piatkowski, S. 114 f.

137 Piatkowski, S. 128.

138 Piatkowski, S. 130.

139 Piatkowski, S. 131.

140 Piatkowski, S. 139.

141 Piatkowski, S. 146.

142 Balcerowicz, Socialism, Capitalism, Transformation, S. 333.

143 https://www.statista.com/statistics/827777/air-pollution-deaths-poland/

144 Piatkowski, S. 147 f.

145 Tatała, S. 122.

146 https://data.worldbank.org/indicator/EN.ATM.CO2E.PC?locations=PL

147 Piatkowski, S. 150.

148 https://www.tilasto.com/land/polen/bevoelkerung-und-gesundheit/lebenserwartung-bei-der-geburt-gesamt

149 Piatkowski, S. 260.

150 Balcerowicz, Stabilization and Reforms under Extraordinary and Normal Politics, in: in: The Great Rebirth, S. 25.

151 Balcerowicz, Stabilization and Reforms under Extraordinary and Normal Politics, in: in: The Great Rebirth, S. 24.

152 Piatkowski, S. 167.

153 Piatkowski, S. 167.

154 Piatkowski, S. 171.

155 Havrylyshyn, Meng, Tupy, 25 Years of Reforms, S. 1.

156 Havrylyshyn, Meng, Tupy, 25 Years of Reforms, S. 13 f.

157 Havrylyshyn, Meng, Tupy, 25 Years of Reforms, S. 17.

158 Vgl. dazu Havrylyshyn, Meng, Tupy, 25 Years of Reforms, S. 15.

159 Vgl. dazu Havrylyshyn, Meng, Tupy, 25 Years of Reforms, S. 22.

160 Balcerowicz, Post communist transition, S. 18.

161 Balcerowicz, Post communist transition, S. 49.

162 Balcerowicz, Stabilization and Reforms under Extraordinary and Normal Politics, in: The Great Rebirth, S. 27.

163 Balcerowicz, Socialism, Capitalism, Transformation, S. 309.

164 Tatała, It's Not Only ..., S. 117.

165 Balcerowicz, Socialism, Capitalism, Transformation, S. 308.

166 Balcerowicz, Socialism, Capitalism, Transformation, S. 308.

167 Balcerowicz, Socialism, Capitalism, Transformation, S. 263.

168 Balcerowicz, Stabilization and Reforms under Extraordinary and Normal Politics, in: The Great Rebirth, S. 27.

169 Daten: Balcerowicz, Stabilization and Reforms under Extraordinary and Normal Politics, in: The Great Rebirth, S. 17.

170 Balcerowicz, Stabilization and Reforms under Extraordinary and Normal Politics, in: The Great Rebirth, S. 34.

171 Balcerowicz, Stabilization and Reforms under Extraordinary and Normal Politics, in: The Great Rebirth, S. 35.

172 Balcerowicz, Stabilization and Reforms under Extraordinary and Normal Politics, in: The Great Rebirth, S. 28.

173 Balcerowicz, Stabilization and Reforms under Extraordinary and Normal Politics, in: The Great Rebirth, S. 28.

174 Dudek / Zielinski, More free market or more government, S. 7.

175 Dudek / Zielinski, More free market or more government, S. 7 f.

176 Wojciechowski, ohne Seitenangabe.

177 Wojciechowski, ohne Seitenangabe.

178 Laszek / Trzeciakowski / Zielinski, S. 4.

179 Darius Filar, Rückkehr Staatseigentum. https://forumdialog.eu/2019/02/21/rueckkehr-zum-staatseigentum/

180 https://www.heritage.org/index/pdf/2022/countries/2022_IndexofEconomicFreedom-Poland.pdf

181 https://www.heritage.org/index/pdf/2022/countries/2022_IndexofEconomicFreedom-Poland.pdf

182 Tatała / Rutynowska / Wachowiec, S. 18.

183 Tatała / Rutynowska / Wachowiec, S. 14.

184 Laszek / Trzeciakowski / Zielinski, S. 5.

185 Laszek / Trzeciakowski / Zielinski, S. 5.

186 Zur genauen Berechnung vgl. Zitelmann, Die Gesellschaft, S. 168 f.

3. Vietnam: Doi Moi – der Aufstieg des Drachen

187 Napier / Ha, Bridge Generation, S. 94.

188 Zitiert nach: Napier / Ha, Bridge Generation, S. 96.

189 Zitiert nach: Napier / Ha, Bridge Generation, S. 96 f.

190 Napier / Ha, Bridge Generation, S. 98 f.

191 Zitiert nach: Napier / Ha, Bridge Generation, S. 109.

192 Napier / Ha, Bridge Generation, S. 109.

193 Napier / Ha, Bridge Generation, S. 110f.

194 Zitiert nach: Napier / Ha, Bridge Generation, S. 125.

195 Zitiert nach: Napier / Ha, Bridge Generation, S. 188.

196 Tam T. T. Nguyen, Vietnam und sein Transformationsweg, S. 84.

197 Tran Thi Anh-Dao, Rethinking Asian Capitalism, S. 3, Fußnote 1.

198 Mio, Vietnamese Economic Reforms, S. 24, Tabelle 1 und 2.

199 Tarp, Vietnam, Wider Working Paper, S. 5.

200 World Bank Group, From the Last Mile to the Next Mile, S. 28, Table 1.1.

201 Pfeifer, Konfuzius, S. 49.

202 https://de.statista.com/statistik/daten/studie/1165881/umfrage/verluste-nach-kriegspartei-im-vietnamkrieg/#:~:text=Im%20Vietnamkrieg%20in%20den%20Jahren,und%20weitere%20300.000%20wurden%20verwundet

203 Pfeifer, Konfuzius, S. 49.

204 https://de.statista.com/statistik/daten/studie/1165881/umfrage/verluste-nach-kriegspartei-im-vietnamkrieg/#:~:text=Im%20Vietnamkrieg%20in%20den%20Jahren,und%20weitere%20300.000%20wurden%20verwundet

205 Tam T. T. Nguyen, Vietnam und sein Transformationsweg, S. 14.

206 Napier / Ha, Bridge Generation, S. 120.

207 Hồ Chí Minh, Testament, in : 45 years of President Ho Chi Minh's Testament, Vietnam Law and Legal Forum, 29.9. 2014, vietnamlawmagazine.vn/45-years-of-president-ho-chi-minhs-testament-4550.html

208 Tarp, Vietnam, Wider Working Paper, S. 4, Fußnote 8.

209 Pfeifer, Konfuzius, S. 60.

210 Pfeifer, Konfuzius, S. 61.

211 Vu Le Thao-Chi, Agent Orange, S. 24.

212 Vu Le Thao-Chi, Agent Orange, S. 24.

213 Vu Le Thao-Chi, Agent Orange, S. S. 55 f., Table 2.7. und 2.8.

214 Pfeifer, Konfuzius, S. 61.

215 Pfeifer, Konfuzius, S. 67.

216 Tarp, Vietnam, Wider Working Paper, S. 8.

217 Pfeifer, Konfuzius, S. 72.

218 Pfeifer, Konfuzius, S. 82.

219 Ngo Vinh Long, Reform and Rural Development, S. 166.

220 Napier / Ha, Bridge Generation, S. 126.

221 Tam T. T. Nguyen, Vietnam und sein Transformationsweg, S. 17.

222 Tarp, Vietnam, Wider Working Paper, S. 5.

223 Alle Zahlen nach Mai Anh Hoang, S. 23, Table 2.1.

224 Chu Van Lam, Doi Moi in Vietnams Agriculture, S. 153.

225 Ngo Vinh Long, Reform and Rural Development, S. 172.

226 Ngo Vinh Long, Reform and Rural Development, S. 176.

227 Altrichter, S. 88.

228 Zum Hintergrund Geisenfeld, S. 297 ff.

229 Pfeifer, Konfuzius, S. 84.

230 Tarp, Vietnam, Wider Working Paper, S. 22.

231 Tam T. T. Nguyen, Vietnam und sein Transformationsweg, S. 17.

232 Pfeifer, Konfuzius, S. 86.

233 Mai Anh Hoang, S. 23.

234 Vu Le Thao-Chi, Agent Orange, S. 25.

235 Tran Thi Anh-Dao, Rethinking Asian Capitalism, S. 7.

236 Tran Thi Anh-Dao, Rethinking Asian Capitalism, S. 8.

237 Mai Anh Hoang, S. 25.

238 Vu Le Thao-Chi, Agent Orange, S. 28.
239 Tam T. T. Nguyen, Vietnam und sein Transformationsweg, S. 20.
240 Wurfel, S. 24.
241 Glewwe / Agrawal / Dollar, Worldbank, Economic Growth..., S. 1.
242 Szalontai, S. 215.
243 Nguyen Tri Hung, The inflation of Vietnam..., https://citeseerx.ist.psu.edu/viewdoc/download?doi=10.1.1.565.4348&rep=rep1&type=pdf, S. 4. figure 3.
244 Mio, Vietnamese Economic Reforms, S. 32 f.
245 Interview mit Nguyen Trong Hoa am 24.11.2022
246 Interview mit Nguyen Trong Hoa am 24.11.2022
247 Interview mit Nguyen Quoc Minh-Quang, 11.12.2022.
248 Interview mit Vu Dinh Loc, 29.11.2022.
249 Interview mit Vu Dinh Loc, 29.11.2022.
250 Szalontai, S. 216.
251 Szalontai, S. 212.
252 Mio, Vietnamese Economic Reforms, S. 39.
253 Szalontai, S. 217.
254 Szalontai, S. 220.
255 Zitiert nach: Furuta, The 6th Congress of the Communist Party of Vietnam, S. 10.
256 Furuta, The 6th Congress of the Communist Party of Vietnam, S. 9 f.
257 Pfeifer, Konfuzius, S. 98.
258 Pfeifer, Konfuzius, S. 98 f.
259 Zitiert nach Giesenfeld, S. 380.
260 Tam T.T. Nguyen, S. 24.
261 Zitiert nach: Furuta, The 6th Congress of the Communist Party of Vietnam, S. 15.
262 Furuta, The 6th Congress of the Communist Party of Vietnam, S. 15.
263 Napier / Ha, Bridge Generation, S. 198.
264 Zum Folgenden vgl. Turly, Introduction, S. 7.
265 Wurfel, Doi Moi in Comparative Perspective, S. 32; Turly, Introduction, S. 7.
266 Tran Thi Anh-Dao, Rethinking Asian Capitalism, S. 7.
267 Tran Thi Anh-Dao, Rethinking Asian Capitalism, S. 12.
268 Vu Le Thao-Chi, Agent Orange, S. 39, Table 2.2.
269 Vu Le Thao-Chi, Agent Orange, S. 39, Table 2.2.
270 https://data.worldbank.org/indicator/SL.AGR.EMPL.ZS?locations=VN.
271 https://www.statista.com/statistics/1027971/vietnam-gdp-contribution-of-agriculture-forestry-and-fishing-sector/#:~:text=In%202021%2C%20Vietnam's%20agriculture%2C%20forestry,gross%20domestic%20product%20(GDP)
272 Tam T.T. Nguyen, S. 27 f..
273 Wolz, Transformation and Development, S. 21.
274 Pfeifer, Konfuzius, S. 106.
275 Pfeifer, Konfuzius, S. 107.
276 Pfeifer, Konfuzius, S. 107.
277 Tam T.T. Nguyen, S. 45.
278 Tam T.T. Nguyen, S. 50.

279 Pfeifer, Konfuzius, S. 114.
280 Tam T.T. Nguyen, S. 51.
281 Tam T.T. Nguyen, S. 50.
282 Pfeifer, Konfuzius, S. 114 f.
283 Tam T.T. Nguyen, S. 34.
284 Hayton, Rising Dragon, S. 8 f.
285 Furuta, The 6th Congress of the Communist Party of Vietnam, S. 16.
286 Furuta, The 6th Congress of the Communist Party of Vietnam, S. 16.
287 Furuta, The 6th Congress of the Communist Party of Vietnam, S. 16.
288 Interview mit Lam Duc Hung, 14.12.2022.
289 Turley, Introduction, S. 8.
290 Tam T.T. Nguyen, S. 54 f.
291 Mania / Rieber / Tran Thi Anh-Dao, S. 225.
292 https://vn.usembassy.gov/our-relationship/policy-history/bilateral-trade-agreement/
293 https://vovworld.vn/de-DE/politische-aktualitat/handel-zwischen-vietnam-und-den-usa-nach-zehn-jahren-handelsabkommen-61686.vov
294 Mania / Rieber / Tran Thi Anh-Dao, S. 245.
295 Mania / Rieber / Tran Thi Anh-Dao, S. 225.
296 Ho, Crossing the street, S. 17.
297 Ho, Crossing the street, S. 8.
298 Ho, Crossing the street, S. 8.
299 Vgl. Mai Anh Hoang, Understanding the causes, S. 116.
300 Mai Anh Hoang, S. 125.
301 Mai Anh Hoang, S. 124.
302 https://www.state.gov/reports/2022-investment-climate-statements/vietnam/
303 World Bank Group, From the Last Mile to the Next Mile, S. 58.
304 World Bank Group, From the Last Mile to the Next Mile, S. 58.
305 Interview mit Vu Dinh Loc, 29.11.2022.
306 Interview mit Nguyen Trong Hoa, 24.11.2022, Hanoi.
307 Interview mit Nguyen Thi Quat, 5.12.2022, Hanoi.
308 Interview mit Nguyen Quoc Minh-Quang, 11.12.2022.
309 Mai Anh Hoang, Understanding the causes, S. 30.
310 Mai Anh Hoang, Understanding the causes, S. 33.
311 World Bank Group, From the Last Mile to the Next Mile, S. 28, Table 1.1.
312 World Bank Group, From the Last Mile to the Next Mile, S. 28, Table 1.1.
313 https://de.statista.com/statistik/daten/studie/751227/umfrage/lebenserwartung-in-vietnam/#:~:text=Im%20Jahr%202021%20betrug%20die,1%20Jahre%20bei%20den%20M%C3%A4nnern.
314 https://www.theglobaleconomy.com/Vietnam/human_development/
315 https://www.theglobaleconomy.com/Vietnam/human_development/
316 World Bank Group, From the Last Mile to the Next Mile, S. 4.
317 World Bank Group, From the Last Mile to the Next Mile, S. 4.
318 World Bank Group, From the Last Mile to the Next Mile, S. 8.
319 Bui / Truong Si Anh, S. 210, Table 9.1.

320 Deaton, 89.

321 Bui / Truong Si Anh, S. 212, Table 9.2.

322 World Bank Group, From the Last Mile to the Next Mile, S. 42.

323 Nguyen Trong Chuan / Nguyen Minh Luan / Le Huu Tang, Social Policy, in: Boothroyd/Nam; Socioeconomic Renovation in Viet Nam, S. 153.

324 Nguyen Trong Chuan / Nguyen Minh Luan / Le Huu Tang, Social Policy, in: Boothroyd/Nam; Socioeconomic Renovation in Viet Nam, S. 153.

325 Nguyen Trong Chuan / Nguyen Minh Luan / Le Huu Tang, Social Policy, in: Boothroyd/Nam; Socioeconomic Renovation in Viet Nam, S. 153.

326 Nguyen Trong Chuan / Nguyen Minh Luan / Le Huu Tang, Social Policy, in: Boothroyd/Nam; Socioeconomic Renovation in Viet Nam, S. 157.

327 Nguyen Trong Chuan / Nguyen Minh Luan / Le Huu Tang, Social Policy, in: Boothroyd/Nam; Socioeconomic Renovation in Viet Nam, S. 158.

328 Nguyen Trong Chuan / Nguyen Minh Luan / Le Huu Tang, Social Policy, in: Boothroyd/Nam; Socioeconomic Renovation in Viet Nam, S. 158.

329 Nguyen Trang Chuan / Nguyen Minh Luan / Le Huu Tang, Social Policy, in: Boothroyd/Nam; Socioeconomic Renovation in Viet Nam, S. 155, Fußnote 155.

330 Nguyen Trong Chuan / Nguyen Minh Luan / Le Huu Tang, Social Policy, in: Boothroyd/Nam; Socioeconomic Renovation in Viet Nam, S. 158.

331 World Bank Group, From the Last Mile to the Next Mile, S. 39, Table 1.5.

332 Houtart, zitiert nach: Giesenfeld, S. 389.

333 Houtart, zitiert nach: Giesenfeld, S. 390.

334 https://onlinelibrary.wiley.com/doi/10.1111/ecaf.12524

335 https://www.destatis.de/Europa/DE/Thema/Bevoelkerung-Arbeit-Soziales/Arbeitsmarkt/Qualitaet-der-Arbeit/_dimension-1/08_frauen-fuehrungspositionen.html#:~:text=Lettland%20war%20mit%20einem%20Frauenanteil,mit%20lediglich%2021%2C3%20%25.

336 Riest, Kriegsheldinnen, Männerersatz und viele Blumen.

337 https://fortune.com/2017/04/14/vietjet-bikini-billionaire/

338 https://www.cnbc.com/2016/05/24/nguyen-thi-phuong-thao-takes-vietjet-from-bikini-flights-to-ipo-in-5-years.html

339 Ho, Crossing the Street, S. 104.

340 Ho, Crossing the Street, S. 107.

341 Ho, Crossing the Street, S. 101.

342 Ho, Crossing the Street, S. 107.

343 Le Ngoc Dang / Dinh Dung Nguyen / Taghizadeh-Hesary, S. 2.

344 Le Ngoc Dang / Dinh Dung Nguyen / Taghizadeh-Hesary, S. 2.

345 Le Ngoc Dang / Dinh Dung Nguyen / Taghizadeh-Hesary, S. 3.

346 Le Ngoc Dang / Dinh Dung Nguyen / Taghizadeh-Hesary, S. 2.

347 Le Ngoc Dang / Dinh Dung Nguyen / Taghizadeh-Hesary, S. 4.

348 Le Ngoc Dang / Dinh Dung Nguyen / Taghizadeh-Hesary, S. 6, Figure 4.

349 Le Ngoc Dang / Dinh Dung Nguyen / Taghizadeh-Hesary, S. 8, Table 3.

350 Beresford, S. 263.

351 Ho, Crossing the Street, S. 43.

352 Beresford, S. 263.

[353] https://vovworld.vn/de-DE/politische-aktualitat/beschleunigung-der-privatisierung-staatlicher-unternehmen-701892.vov

[354] Beresford, S. 260.

[355] Beresford, S. 261.

[356] Beresford, S. 264.

[357] Beresford, S. 262.

[358] https://www.laenderdaten.info/Asien/Vietnam/korruption.php

[359] https://www.freiheit.org/de/videoueberwachung-und-todesstrafen-vietnams-kampf-gegen-die-korruption

[360] https://www.freiheit.org/de/videoueberwachung-und-todesstrafen-vietnams-kampf-gegen-die-korruption

[361] Womack, Political Reform and Political Change, S. 282.

[362] Wurfel, Doi Moi in Comparative Perspective, S. 19.

[363] Turley, Party, State, and People, S. 265.

[364] Turley, Party, State, and People, S. 266.

[365] Szalontai, S. 241 f.

[366] Szalontai, S. 212.

[367] Elliott, Dilemmas of Reform in Vietnam, S. 73.

[368] Wurfel, S. 20.

[369] Zitiert nach: Turley, Party, State, and People, S. 259.

[370] Turley, Party, State, and People, S. 259.

[371] Turley, Party, State, and People, S. 263.

[372] Turley, Party, State, and People, S. 263.

[373] Wurfel, Doi Moi in Comparative Perspective, S. 46.

[374] Wurfel, Doi Moi in Comparative Perspective, S. 38.

[375] Wurfel, Doi Moi in Comparative Perspective, S. 38 f.

[376] Turley, Party, State, and People, S. 259 f.

[377] Turley, Introduction, S. 8.

[378] Wurfel, Doi Moi in Comparative Perspective, S. 41.

[379] Wurfel, Doi Moi in Comparative Perspective, S. 34 f.

[380] Turley, Party, State, and People, S. 272.

[381] https://www.pewresearch.org/fact-tank/2015/04/30/vietnamese-see-u-s-as-key-ally/

[382] Margara, Der amerikanische Krieg, S. 54.

[383] Vu Le Thao-Chi, Agent Orange, S. 7.

[384] Margara, Der amerikanische Krieg, S. 54.

[385] Margara, Der amerikanische Krieg, S. 101 f.

[386] Napier / Ha, Bridge Generation, S. 213 f.

[387] In den EU-Ländern und den USA wurde der Begriff »Millionär« in der Befragung verwendet. Das hätte in Vietnam keinen Sinn ergeben, da währungsbedingt praktisch jeder Millionär ist. 10 Milliarden đồng entsprechen zwar nur 400.000 Euro (nicht dem in der Umfrage in Deutschland verwendeten Betrag von einer Million Euro), aber die Zahl wurde in Vietnam etwas niedriger gewählt, um sie den örtlichen Gegebenheiten anzupassen. Es ging hier nicht um eine genaue Summe, sondern darum, dass die

Befragten eine ähnliche Vorstellung damit verbinden, was mit dem Begriff »reich« gemeint ist.

4. Resümee: Wohlstand und Armut von Nationen

388 Siehe Grafik auf Seite 166.
389 Siehe Grafik auf Seite 159.
390 Rieckenberg, Geschichte Argentiniens, S. 110.
391 Rieckenberg, S. 148 f.
392 Hausmann / Rodríguez, Einleitung, S. 1.
393 Bello / Bermúdez, S. 117.

Literatur

1. Literatur zum Kapitel über Armut und Entwicklungshilfe

Bremer, Frank, 50 Jahre Entwicklungshilfe. 50 Jahre Strohfeuer, R.G. Fischer Verlag, Frankfurt 2021.

Burnside, Craig; Dollar, David, Aid, Policies, and Growth, in: American Economic Review, December 2000, 81, S. 1345–1351.

Coase, Ronald; Wang, Ning, How China Became Capitalist, Palgrave Macmillan, New York 2012.

Djankov, Simeon; Montalvo, Jose G.; Reynal-Querol, Marta, The Curse of Aid, The World Bank Group, 2005. *https://openknowledge.worldbank.org/handle/10986/5663*

Dreher, Axel; Langlotz, Sarah, Aid and Growth. New Evidence Using an Excludable Instrument, June 2017, *http://www.axel-dreher.de/Dreher%20and%20Langlotz%20Aid%20and%20Growth.pdf*

Easterly, William, Can Foreign Aid Buy Growth? In: The Journal of Economic Perspectives, Summer 2003, Vol 17, No 3, S. 23–48.

Easterly, William, Was Development Assistance a Mistake? In: The American Economic Review, May 2007, Vol 97, No. 2, S. 328–332.

Easterly, William, Wir retten die Welt zu Tode. Für ein professionelleres Management im Kampf gegen die Armut, Campus Verlag, Frankfurt / New York 2006.

Meegan, Daniel V., Zero-Sum Bias: Perceived Competition Despite Unlimited Resources, in: Frontiers in Psychology, 2010, *https://www.ncbi.nlm.nih.gov/pmc/articles/PMC3153800/*

Moyo, Dambisa, Dead Aid. Warum Entwicklungshilfe nicht funktioniert und was Afrika besser machen kann, Berlin 2012.

Ovaska, Tomi, The Failure of Development Aid, in: Cato Journal Vol. 23 No. 2 (Fall 2003), Washington D.C., S. 175–188.

Paldam, Martin, The Aid Effectiveness Literature: The Sad Results of 40 Years of Research, in: Journal of Economic Surveys (2009), Vol. 23, No. 3, S. 433–461.

Pinker, Steven, Aufklärung jetzt. Für Vernunft, Wissenschaft, Humanismus. Eine Verteidigung, S. Fischer, Frankfurt am Main 2018.

Rosling, Hans; mit Anna Rosling und Ola Rosling, Factfulness. Wie wir lernen, die Welt so zu sehen, wie sie wirklich ist, Ullstein Verlag, Berlin 2019.

Rubin, Paul H. »Folk Economic«. Southern Economic Journal, Vol. 70. No. 1 (2003), S. 157–171.

2. Literatur zum Kapitel über Polen

Aslund, Anders; Djankov, Simeon (ed.), The Great Rebirth. Lessons from the Victory of Capitalism over Communism, Peterson Institute for International Economics, Washington, DC, 2014.

Balcerowicz, Leszek, Post-Communist Transition: Some Lessons, The Institute of Economic Affairs, London 2001.

Balcerowicz, Leszek, Socialism, Capitalism, Transformation, Central European University Press, Budapest, London, New York, 1995.

Balcerowicz, Leszek, Stabilization and Reform under Extraordinary and Normal Politics, in: Aslund, Anders; Djankov, Simeon (ed.), The Great Rebirth. Lessons from the Victory of Capitalism over Communism, Peterson Institute for International Economics, Washington, DC, 2014, S. 17–38.

Dudek, Slawomir; Zielinski, Marcin, More Free Market or More Market. How to Strengthen Post-Pandemic Recovery? FOR Civil Development Forum, Warsaw, 2021.

Filar, Darius, Rückkehr zum Staatseigentum, Dialog Forum. Perspektiven aus der Mitte Europas, Februar 2019. *https://forumdialog.eu/2019/02/21/rueckkehr-zum-staatseigentum/*

Friszke, Andrzej; Dudek, Antoni, Geschichte Polens 1939 – 2015, Brill Schöningh, Paderborn 2022.

Gnauck, Gerhard, Polen verstehen. Geschichte, Politik, Gesellschaft, Klett-Cotta, Stuttgart 2018.

Gomułka, Stanisław, Poland's Economic Growth in the Global and Long-Term Perspective. Until 2015, The Last Two Years, Forecast, in: Civil Development Forum, Perspectives for Poland. The Polish Economy from 2015–2017. Against the Background of the Previous Years and Future Forecasts. Brussels *https://www.politico.eu/wp-content/uploads/2017/11/Report-Perspectives-for-Poland.-The-Polish-Economy-from-2015%E2%80%932017-Against-the-Background-of-the-Previous-Years-and-Future-Forecasts.pdf*

Havrylyshyn, Oleh; Meng, Xiaofan; Tupy, Marian L., 25 Years of Reforms in Ex-Communist Countries. Fast and Extensive Reforms Led to Higher Growth and More Political Freedom, Cato Institute, Policy Analysis, Washington D.C. July 12, 2016, Number 795, S. 1–26. *https://www.cato.org/policy-analysis/25-years-reforms-ex-communist-countries-fast-extensive-reforms-led-higher-growth*

Jarosz-Nojszweska, Anna, Unemployment in Poland in 1918-2018, in: Kwartalnik Kolegium Ekonomiczno-Społecznego Studia i Prace 3 (35), Warsaw 2018, S. 102–120.

Kaminski, Bartłomiej, The Collapse of State Socialism. The Case of Poland, Princeton University Press, Princeton, New Jersey, 1991.

Karta Centre, Polish Agency for Enterprise Development, Enterprise the Polish Way, Warsaw 2011.

Kienzler, Iwona, Życie w PRL. I strasznie i śmiesznie, Bellona, Warszawa 2015.

Korys, Piotr, Poland from Partitions to EU Accession. A Modern Economic History, 1772 – 2004, Palgrave Macmillan, London 2018.

Laszek, Aleksander; Trzeciakowski, Rafael; Zielinski, Marcin, Poland: Stagnation or growth? Jobs, the rule of law, investments and innovations, Civil Development Forum, Warsaw, February 2021. *https://for.org.pl/en/publications/for-reports/poland-stagnation-or-growth-jobs-the-rule-of-law-investments-and-innovations*

Lenin, Wladimir Iljitsch, Die NÖP und die Aufgaben der Ausschüsse für politisch-kulturelle Aufklärung, in: Lenin Werke Bd. 33, Dietz Verlag Berlin 1977, S. 42–46.

Lewis, Ben, Hammer and Tickle, A History of Communism told through Communist Jokes, Phoenix, London 2008.

Miller, Terry; Kim, Anthony B.; Roberts, James M., 2022 Index of Economic Freedom, The Heritage Foundation, Washington 2022. *https://www.heritage.org/index/pdf/2022/book/2022_IndexOfEconomicFreedom_FINAL.pdf*

Mises, Ludwig von, Die Gemeinwirtschaft. Untersuchungen über den Sozialismus, Verlag Gustav Fischer, Jena 1932.

Piatkowski, Marcin, Europe's Growth Champion. Insights from the Economic Rise of Poland, Oxford University Press, Oxford 2018.

Rae, Gavin, Poland's Return to Capitalism. From the Socialist Bloc to the European Union, Palgrave Macmillan, New York 2018.

Solska, Joanna, 80-te. Jak naprawdę żyliśmy w ostatniej dekadzie PRL, Czerwone i Czarne, Warszawa 2018.

Stodolak, Sebastian, A single law can free the economy. Not for long, though, Obserwator Finansowy.pl, 16. Dezember 2013. Warsaw. *https://www.obserwatorfinansowy.pl/in-english/a-single-law-can-free-the-economy-not-for-long-though/*

Tatała, Marek, It's Not Only the Economy, Stupid: Progress in Poland after Socialism, in: Transformative Transformation? 30 Years of Change in CEE: 4liberty.eu Review No. 11, S. 114 – 127. *http://4liberty.eu/transformative-transformation-30-years-of-change-in-cee-4liberty-eu-review-no-11-now-available-online/*

Tatała, Marek; Rutynowska, Eliza; Wachowiec, Patryk, Rule of law in Poland 2020: A Diagnosis of the Deterioration of the Rule of Law from a Comparative Perspective, Civil Development Forum, Warsaw, August 2020. *https://for.org.pl/en/publications/for-reports/rule-of-law-in-poland-2020-a-diagnosis-of-the-deterioration-of-the-rule-of-law-from-a-comparative-perspective*

Wojciechowski, Wiktor, The Labor Market. Impact of Actions after the Elections of 2015: Accelerated Decline in the Workforce, in:

Civil Development Forum, Perspectives for Poland. The Polish Economy from 2015–2017. Against the Background of the Previous Years and Future Forecasts. *https://www.politico.eu/wp-content/uploads/2017/11/Report-Perspectives-for-Poland.-The-Polish-Economy-from-2015%E2%80%932017-Against-the-Background-of-the-Previous-Years-and-Future-Forecasts.pdf*

3. Literatur zum Kapitel über Vietnam

Altrichter, Helmut, Kleine Geschichte der Sowjetunion 1917 – 1991, Verlag C.H. Beck, 3. Auflage 2007.

Anh Thu Nguyen; Stoffers, Andreas, Vietnam und Deutschland, Nachhaltige Entwicklung im Kontext des globalen Wandels. Festschrift zum 45. Jubiläum der deutsch-vietnamesischen Beziehungen, Verlag der Nationalen Universität von Hanoi, 2019.

Baum, Anja, IMF Working Paper, Asia Pacific Department. Vietnam's Development Success Story and the Unfinished SDG Agenda, February 2020. *https://www.imf.org/en/Publications/WP/Issues/2020/02/14/Vietnam-s-Development-Success-Story-and-the-Unfinished-SDG-Agenda-48966*

Beresford, Melanie, The Development of Commercial Regulation in Vietnam's Market Economy, in: Gillespie, John; Albert H. Y. Chen (ed.), Legal Reforms in China and Vietnam. A comparison of Asian Communist regimes, Routledge, London and New York 2010, S. 254–268.

Boothroyd, Peter; Pham Xuan Nam (ed.), Socioeconomic Renovation in Viet Nam. The Origin, Evolution, and Impact of Doi Moi, International Development Research Centre Ottawa etc. and Institute of Southeast Asian Studies, Singapore, Ottawa 2000.

Bui, Cuong; Truong Si Anh, in: Income-Based Social Stratification in Vietnam 1998 – 2018, in: Tran Thi Anh-Dao, Rethinking Asian Capitalism. The Achievements and Challenges of Vietnam Under Doi Moi, Palgrave Macmillan, Cham 2022, S. 205–219.

Chu Van Lam, Doi Moi in Vietnamese Agriculture, in: Turley, William S.; Mark Selden, Reinventing Vietnamese Socialism. Doi Moi in Comparative Perspective, Routledge Taylor & Francis Group, London and New York 2019, S. 151–164.

Deaton, Angus, Der große Aufbruch. Von Armut und Wohlstand der Nationen, Klett-Cotta, Stuttgart 2017.

Diez, Javier Revilla, Vietnam 30 Years After Doi Moi: Achievements and Challenges, Zeitschrift für Wirtschaftsgeographie 60(3). *https://www.researchgate.net/publication/309449779_Vietnam_30_years_after_Doi_Moi_Achievements_and_challenges*

Edwards, Vincent; Anh Phan, Managers and Management in Vietnam. 25 Years of Economic Renovation (doi moi), Routledge, London and New York 2013.

Elliott, David W. P., Dilemmas of Reform in Vietnam, in: Turley, William S.; Mark Selden, Reinventing Vietnamese Socialism. Doi Moi in Comparative Perspective, Routledge Taylor & Francis Group, London and New York 2019, S. 53 – 94.

Gillespie, John; Chen, Albert H. Y. (ed.), Legal Reforms in China and Vietnam. A comparison of Asian Communist regimes, Routledge, London and New York 2010.

Giesenfeld, Günter, Land der Reisfelder. Vietnam, Laos und Kambodscha. Geschichte und Gegenwart, Argument Verlag, Hamburg 2013.

Glewwe, Paul; Agrawal, Nisha; Dollar, David, Economic Growth, Poverty, and Household Welfare in Vietnam, World Bank Regional and Sectoral Studies, The International Bank for Reconstruction and Development, Washington 2004.

Guanni, Lim, The Political Economy of Growth in Vietnam. Between States and Markets, Routledge, New York 2021.

Hayton, Bill, Vietnam. Rising Dragon. New Edition, Yale University Press, New Haven and London 2020.

Heberer, Thomas, Private Entrepreneurs in China and Vietnam. Social and Political Funtioning of Strategic Groups, Brill, Leiden and Boston, 2003.

Ho, Andy, mit Joel Weiden, Crossing the Street. How to make a success of investing in Vietnam, Harriman House, Hampshire 2021.

Hồ Chí Minh, Testament, in: 45 years of President Ho Chi Minh's Testament, Vietnam Law and Legal Forum, 29.9. 2014. *https://vietnamlawmagazine.vn/45-years-of-president-ho-chi-minhs-testament-4550.html*

Klump, Rainer; Mutz, Gerd (Hrsg.), Doi Moi in Wirtschaft und Gesellschaft. Soziale und ökonomische Transformation in Vietnam, Metropolis Verlag, Marburg 2002.

Le Ngoc Dang; Dinh Dung Nguyen, Taghizadeh-Hesary, Farhad, State-Owned Enterprise Reform in Viet Nam: Progress and Challenges, Asian Development Bank Institute, Working Papers Series No 1071, January 2020. *https://www.adb.org/publications/state-owned-enterprise-reform-viet-nam-progress-challenges*

Lim, David, Economic Growth and Employment in Vietnam, Routledge, London und New York 2014.

Mai Anh Hoang, Understanding the Causes of Vietnamese Economic Growth from 1986 to 2005, regiospectra Verlag, Berlin 2011.

Mania, Elodie; Rieber, Arsène; Tran Thi Anh-Dao, Vietnam's WTO Accession and the Pathway to a Global Field: A Critical Perspective, in: Tran Thi Anh-Dao, Rethinking Asian Capitalism. The Achievements and Challenges of Vietnam Under Doi Moi, Palgrave Macmillan, Cham 2022, S. 223–250.

Margara, Andreas, Der Amerikanische Krieg. Erinnerungskultur in Vietnam, regiospectra, Berlin 2012.

Mio, Tadashi, Vietnamese Economic Reforms: A Period of Trial and Error And the Present Situation, in: Mio, Tadashi, Indochina in Transition, Confrontation or Co-prosperity, Japan Institute of International Affairs, Toranomon, Minatoku, Tokyo, 1989, S. 20–56.

Motoo, Furuta, The 6th Congress of the Communist Party of Vietnam: A Turning Point in the History of the Vietnamese Communists, in: Mio Tadashi, Indochina in Transition, Confrontation or Co-prosperity, Japan Institute of International Affairs, Toranomon, Minatoku, Tokyo 1989, S. 1- 19.

Napier, Nancy K., Dau Thuy Ha, The Bridge Generation of Vietnam. Spanning Wartime to Boomtime, CCI Press, Boise, Idaho 2020.

Ngo Vinh Long, Reform and Rural Development: Impact on Class, Sectoral, and Regional Inequalities, in: Turley, William S.; Mark Selden, Reinventing Vietnamese Socialism. Doi Moi in Comparative Perspective, Routledge Taylor & Francis Group, London und New York 2019, S. 165x`–207.

Nguyen, Tam T.T., Vietnam und sein Transformationsweg. Die Entwicklung seit der Reformpolitik 1986 und aktuelle Herausforderungen, Diplomica Verlag, Hamburg 2014.

Nguyen Tri Hung, The Inflation of Vietnam in Transition, Centre for ASEAN Studies and Centre for International Management and Development Antwerp, January 1999.

Nuguyen Trong Chuan; Nguyen Minh Luan; Le Huu Tang – with Peter Boothroyd and Sharon Manson Singer, Social Policy, in: Boothroyd, Peter; Pham Xuan Nam (ed.), Socioeconomic Renovation in Viet Nam. The Origin, Evolution, and Impact of Doi Moi, International Development Research Centre Ottawa etc. and Institute of Southeast Asian Studies, Singapore, Ottawa 2000, S. 141–172.

Nguyen Van Minh, The transformation of mobility in post-doi moi, in: Civilisations. Revue internationale d'anthropologie et de sciences humaines, No 69, s.i. 2020. *https://journals.openedition.org/civilisations/5770?lang=en*

Opletal, Helmut (Hrsg.), Doi Moi. Aufbruch in Vietnam. Mit Beiträgen von Werner Clement, Dang Hoang Giang, Le Dang Doanh, Christa Esterházy, Georg Lennkh, Helmut Opletal, Oskar Weggel, Brandes & Apsel Verlag, Frankfurt 1999.

Pfeifer, Claudia, Konfuzius und Marx am Roten Fluss. Vietnamesische Reformkonzepte nach 1975, Horlemann Verlag, Bad Honnef 1991.

Phan Le Ha; Doan Ba Ngoc, Higher Education in Market-Oriented Socialist Vietnam, New Players, Discourses, and Practices, Palgrave Macmillan, Springer Nature, Cham 2020.

Riest, Manfred, Kriegsheldinnen, Männerersatz und viele Blumen – Vietnam hat gleich zwei Frauentage, in: Neue Zürcher Zeitung, 8. März 2021.

Rushing, Rosanne M.; Watts, Charlotte, The New Market Economy (Doi Moi) in Viet Nam and its impact on young people, Princeton EU Papers. *https://ipc2005.popconf.org/papers/50294*

Szalontai, Balazs, The Diplomacy of Economic Reform in Vietnam. The Genesis of Doi Moi 1986 – 1989. *http://www.coldwar.hu/publications/Doi%20Moi%20Article.pdf*

Stoffers, Andreas; Long Quang Pham, Der aufsteigende Drache. Erfolgreich in Vietnam. Ein interkultureller Guide für alle, die in Vietnam arbeiten oder arbeiten wollen, Springer Gabler, Wiesbaden 2021.

Tarp, Finn, Vietnam. The Dragon that Rose From the Ashes, United Nations University Unu-Wider, October 2018. *https://ideas.repec.org/p/unu/wpaper/wp-2018-126.html*

Tran Thi Anh-Dao, Rethinking Asian Capitalism. The Achievements and Challenges of Vietnam Under Doi Moi, Palgrave Macmillan, Cham 2022.

Tran Thi Que; To Xuan Phuc, The Doi Moi Policy and its Impact on the Poor, in: Social Watch Report 2003. The Poor and the Market, Uruguay 2003. *https://www.socialwatch.org/node/11120*

Turley, William S., Introduction to: Turley, William S.; Selden, Mark, Reinventing Vietnamese Socialism. Doi Moi in Comparative Perspective, Routledge Taylor & Francis Group, London and New York 2019, S. 1–15.

Turley, William S., Party, State, and People: Political Structure and Economic Prospects, in: Turley, William S.; Selden, Mark, Reinventing Vietnamese Socialism. Doi Moi in Comparative Perspective, Routledge Taylor & Francis Group, London and New York 2019, S. 257–276.

Turley, William S.; Selden, Mark, Reinventing Vietnamese Socialism. Doi Moi in Comparative Perspective, Routledge Taylor & Francis Group, London und New York 2019.

Vu Le Thao-Chi, Agent Orange and Rural Development in Post-War Vietnam, Routledge, New York 2020.

Weggel, Oskar, Modernisierungspolitik in Vietnam, in: Opletal, Helmut (Hrsg.), Doi Moi. Aufbruch in Vietnam. Mit Beiträgen von Werner Clement, Dang Hoang Giang, Le Dang Doanh, Christa Esterházy, Georg Lennkh, Helmut Opletal, Oskar Weggel, Brandes & Apsel Verlag, Frankfurt 1999, S. 15–28.

Were, Graeme, Representing Doi Moi: History, Memory and Shifting National Narratives in Late-Socialist Vietnam, International Journal of Heritage Studies, December 2017. *https://www.tandfonline.com/doi/abs/10.1080/13527258.2017.1413677*

Wolff, Peter, Vietnam. Die unvollendete Transformation, Weltforum Verlag, Köln 1997.

Wolz, Axel, Transformation and Development of Agricultural Co-operatives in Vietnam, in: Klump, Rainer; Mutz, Gerd (Hrsg.), Doi Moi in Wirtschaft und Gesellschaft. Soziale und ökonomische Transformation in Vietnam, Metropolis Verlag, Marburg 2002, S. 11–42.

Womack, Brantly, Political Reform and Political Change in Communist Countries: Implications for Vietnam, in: Turley, William S.; Mark Selden, Reinventing Vietnamese Socialism. Doi Moi in Comparative Perspective, Routledge Taylor & Francis Group, London and New York 2019, S. 277–305.

World Bank Group, From the Last Mile to the Next Mile, 2022 Vietnam Poverty and Equity Assessment, 2022. *https://openknowledge.worldbank.org/handle/10986/37952*

World Bank Group, Educate to Grow, Taking Stock, August 2022. *https://openknowledge.worldbank.org/handle/10986/37834*

Wurfel, David, Doi Moi in Comparative Perspective, in: Turley, William S.; Mark Selden, Reinventing Vietnamese Socialism. Doi Moi in Comparative Perspective, Routledge Taylor & Francis Group, London und New York 2019, S. 19–52.

Zitelmann, Rainer, Die Gesellschaft und ihre Reichen. Vorurteile über eine beneidete Minderheit, FinanzBuch Verlag, München 2019.

Zitelmann, Rainer, Attitudes towards the rich in China, Japan, South Korea, and Vietnam, Economic Affairs, Vol. 42, Issue 2, June 2022, S. 210–224.

4. Literatur zum Nachwort

Bello, Omar; Bermúdez, Adriana, The Incidence of Labor Market Reforms on Employment in the Venezuelan Manufacturing Sector, 1995–2001, in: Hausmann, Ricardo; Rodríguez, Francisco (Hrsg.), Venezuela Before Chávez. Anatomy of an Economic Collapse, University Park, Pennsylvania 2014, S. 115–155.

Hausmann, Ricardo; Rodríguez, Francisco, Why Did Venezuelan Growth Collapse? In: Hausmann, Ricardo; Rodríguez, Francisco (Hrsg.), Venezuela Before Chávez. Anatomy of an Economic Collapse, University Park, Pennsylvania 2014, S. 15–50.

Riekenberg, Michael, Kleine Geschichte Argentiniens, Verlag C.H. Beck, München 2009.

Personenregister